DER WEG NACH LUV

Gesamtgestaltung: Eugen Kunz
Titelfoto: © Mauritius (Steve Vidler, Schwäbisch Hall)
Druck: Dönges-Druck, 6340 Dillenburg
Satz: OMNIGRAPH, 6340 Dillenburg
ISBN 3-89287-715-7

Der Weg nach Luv

Alte Erzählungen – neu entdeckt

Band XV

1992

Christliche Schriftenverbreitung
Postfach 10 01 53
5609 Hückeswagen

‚Luv‘ ist in der Seemannssprache die Seite eines Schiffes, die dem Wind zugekehrt ist.

‚Lee‘ ist die Seite, die vom Wind abgekehrt ist.

Der Kapitän eines Segelschiffes achtet auf See nicht nur auf den Kompaß, sondern orientiert sich beim Steuern grundsätzlich auch nach der Windrichtung, nach der ständig gegenwärtigen Linie von Luv nach Lee, die immer den Drehpunkt seines Schiffes schneidet.

Luv ist oben, Lee ist unten.

Den Weg nach Luv – gegen den Wind – muß man sich erkämpfen, nach Lee kommt man von selbst, treibt man, versackt man. Also ist Luv das Mühsame, Zeitraubende – zugleich aber das Bessere, Sicherere. Lee dagegen ist das Zweitrangige, Mindere – auch das Gefährlichere.

„. . . damit ihr prüfen möget, was das Vorzüglichere sei . . .“

(Philipper 1, 10)

Inhalt:

Doktor Luthers Singerlein

Die Glocke des Kapuzinerklosters bei dem Dörflein 'Wald' im Thüringerland bimmelte lustig über die verschneite Landschaft dahin. Sie rief zur Christmette. In der Klosterkapelle war eine Krippe gar kunstvoll aufgebaut.

Von den Höhen herunter, die Täler herauf, aus allen Richtungen kamen auf dem knirschenden Schnee große und kleine Gestalten auf das Kloster zu. Sie sahen auf der weißen Schneefläche so kohlschwarz aus, daß der helle Mond, der auf sie heruntersah, zu lächeln schien. Auch die Kinder durften mitgehen in die Christmette. Wer wollte nicht gern die Krippe sehen?

Die Leute brachten Kerzen mit, die sie in der Kapelle anzündeten, weil es noch Nacht war. So saßen sie in der Kirche mit den vielen Lichtlein, sangen und beteten und hörten andächtig zu, was vorne der Mönch sagte, der, auf die Krippe deutend, ihnen die Liebe und Freundlichkeit Marias, der Mutter Jesu, schilderte und die Zuhörenden ermahnte, gut und fromm zu sein und in jeder Not sie anzurufen und um ihre Hilfe zu bitten.

Die Kapelle war gefüllt bis auf den letzten Platz; und doch waren nicht alle Leute aus dem Dörflein Wald in die Christmette gekommen. Die Alten und Kranken mußten zu Hause bleiben, und die ganze Familie Brandin, die am Ende des Dorfes in einer elenden, strohbedeckten Hütte wohnte, war auch daheim geblieben. Nicht nur, weil sie lutherisch war, sondern weil die Kinder keine Schuhe hatten, um den weiten, kalten Weg zu gehen. Es war eine bleiche, abgehärmte Frau mit sechs Kindern, die traurig um den wärmenden Ofen saßen. Die Mutter beugte sich liebevoll über ihr jüngstes Kind auf ihrem Schoß, und heiße Tränentropfen fielen auf das Blondköpfchen nieder. Die anderen, drei Mägdlein und zwei Buben, saßen schweigend bei der Mutter.

Dorothea Brandin hatte schon manche Weihnacht in Armut erlebt, aber so trostlos wie diesen Abend war es noch nie gewesen.

Es war das böse Jahr 1524, da die Bauern sich im Süden Deutschlands gegen ihre Herren erhoben hatten und die Kriegsfackel durch die deutschen Lande trugen.

Der Vater der sechs Kinder, den sie alle sehr lieb gehabt, hatte schon im Sommer während der Ernte hinausgehorcht in die Welt des Krieges, denn der Bauern Los war hart, und er, Franz Brandin, wollte dabei sein, wenn der arme Bauer befreit wurde aus Leibeigenschaft und Bedrückung.

Kaum war die spärliche Ernte eingebracht, da verschloß er seine geliebten Bücher in einer Truhe, hängte seine Laute an die Wand, küßte Frau und Kinder und versprach, bald wiederzukommen. Er kam nicht mehr. Vor wenigen Tagen hatte ein heimkehrender Mann gemeldet, daß Franz Brandin mit den Bauernrotten gezogen, Klöster zerstört und Burgen niedergerissen habe, und daß er auf der Flucht vor dem Grafen Gemmingen in den Fluten des Neckars ertrunken sei.

Da saß nun Dorothea Brandin in allergrößter Not. Die Scheune war bald nach Franz' Weggehen abgebrannt, und mit ihr waren die kärglichen Vorräte alle vernichtet worden. Der Hunger ging um im Hause, und selbst am Weihnachtsabend hatten die Kinder nicht satt zu essen. „Brot!" verlangte der kleine Heiner. Aber es war kein Stücklein im Hause.

Die Kinder gingen still zu Bett, eines nach dem andern. Die Mutter blieb mit dem kleinsten noch am Ofen sitzen. Frieren brauchten sie nicht, gottlob, der deutsche Wald hatte genug Holz, um die Menschen vor dem Erfrieren zu schützen. – Dorothea Brandin schloß die Augen, sie schlief aber nicht. Sie dachte an vergangene Zeiten, da sie, die Tochter eines reichen Hofbesitzers zu Wittenberg, Weihnacht gefeiert hatte in Freude und Überfluß. War sie nicht der Sonnenschein des Hauses gewesen? Sie wurde geboren, als ihre beiden Schwestern Gertraude und Monika schon fast erwachsen waren. Von einem Schoß pflegte sie damals auf den andern zu klettern, hatte getollt und gelacht, und die beiden Schwestern hatten sich darum gestritten, wer das kleine, liebe Dorthelchen zu Bett bringen durfte. O, es war daheim so schön gewesen! Doch Vater und Mutter starben schnell hintereinander, und als Dorothea den Franz heiraten wollte, sagte Gertraude, die man Traudel nannte, der Franz sei zu alt für sie, auch sei er bettelarm, und er könne nicht ordentlich arbeiten. Dorthel wollte aber von ihrem Franz nicht lassen, darum heiratete sie gegen den Willen der Schwestern.

Darin hatte Traudel recht, Franz war kein Bauer. Er hätte sollen ein Spielmann oder ein Gelehrter werden. Wenn er Geld hatte, kaufte er teure Bücher und las, anstatt auf das Feld zu fahren und zu arbeiten. Oder aber er griff nach der Laute und sang dazu. Und wie er sang! Die Leute blieben vor der elenden Hütte stehen, um zu lauschen.

Liebevoll und gut war der Franz gewesen zu Dorothea und den Kindern.

Ein Weilchen sann Dorthel Brandin noch nach, dann stand sie entschlossen auf, legte das Kindlein in die Wiege und setzte sich an den Tisch. Sie tat, was sie seit vielen Jahren nicht mehr getan, sie schrieb einen Brief an ihre Schwestern in Wittenberg. Schwester Monika, die sanfte, gute, wohnte bei Traudel. Dorothea wußte, daß Monika ihr gern geholfen hätte, wenn es möglich gewesen wäre.

„Vielliebe Schwestern", schrieb sie, „ich weiß, daß Traudel meinem seligen Franz – ach, er ist in den Fluten des Neckar ertrunken – und meinen Kindern nicht hold gewesen. Es ist auch kein Leugnen, mein Franz hat zu Lebzeiten sein Sach nicht geschafft, wie es einem Bauern ziemt. Durch ihn ist meine herzliebe Schwester Monika, die uns oft aushalf, zu Schaden gekommen, indem ihr Hab und Gut dabei verloren ging, was mir gar leid tut. Aber mein seliger Franz war mein liebwerter Eheherr, mir und den Kindern in Treue zugetan. – Aber ich muß um meiner Kinder willen vermelden, daß im Herbst groß Ungemach mich heimgesucht. Die Scheune mit der Frucht ist verbrannt. Wir haben nichts zu essen. Meines reichen Vaters Enkelkinder haben müssen betteln gehen. Eine gute Nachbarin hat uns heute um Gotteslohn eine Suppe gebracht. Um Gottes Barmherzigkeit willen, helft, erbarmt Euch meiner Kinder! Eure heimgesuchte, betrübte Schwester Dorothea."

Gleich am andern Morgen wollte der Schmied in seinem Schlitten nach Wittenberg zum Bader fahren, weil er auf dem Heimweg von der Christmette gefallen war und den linken Arm gebrochen hatte. Dorothea nahm ein Tuch um die Schultern und eilte hinaus in den dämmernden Morgen, um dem Schmied den Brief zu bringen, der ihn gerne mitnahm nach Wittenberg und versprach, ihn der Jungfer Scheuerlin zu überreichen. –

Zu derselben Zeit, als die Leute von Wald in die Christmette gingen, schritten auch in Wittenberg schwarze Gestalten hin zur schönen Schloßkirche. Feierlich tönten ihre großen Glocken über die Stadt dahin. Der klare, silberne Mond lächelte auch hier auf die großen und kleinen Menschen herunter. Alle hörten aufmerksam und andächtig auf das, was der Prediger sagte, der aussah wie ein Mönch und doch keiner mehr war. Sein Angesicht strahlte, als er aus dem Lukas-Evangelium die sogenannte Weihnachtsgeschichte vorlas.

Wie gern hörten die Männer, Frauen und Kinder zu, als er ihnen in der Predigt alles erklärte und ans Herz legte. „Denkt daran", sagte er, „die zwei Leutlein sind in einem fremden Land, in einer fremden Stadt, da sie weder Haus noch Hof haben. Und wenn sie allda Freunde gehabt haben, so haben diese ihrer nicht geachtet. Dazu war die Stadt so voll Menschen, daß sie keinen Raum hatten in der Herberge, mußten deshalb in den Stall und sich da wie die ärmsten Leute behelfen! Da wird weder Bett, Leinlaken, Polster, Kissen noch Federbett gewesen sein. Ein Bund Stroh hat genügen müssen, daß sie bei dem lieben Vieh sich eine Ruhestätte gemacht haben. Daselbst bei Nacht wird das Kindlein Jesus geboren – unser Heiland und Herr! Seine Wiege ist die Krippe! Die arme Mutter will sich nicht erkälten, so mag sie sich mit ihrem Mantel und anderen geringen Geräten, die sie mitgebracht, decken. Denn hier ist niemand, der Kind oder Mutter etwas leihen, ihnen dienen oder mit dem Geringsten helfen will.

Siehe, wie gar schlicht und einfältig die Dinge zugehen auf Erden, und doch so groß gehalten werden sie im Himmel! Sie werden in einen Stall gewiesen, indes mancher böse Mensch im Gasthaus obenan gesessen und sich als einen Herrn hat ehren lassen. Da merkt und erkennt niemand, was Gott in dem Stall wirkt! Er läßt die großen Häuser und köstlichen Gemächer beiseite, läßt die Menschen essen und trinken und guten Mut haben; aber dieses Heil, dieser Schatz, dieser Trost ist ihnen verborgen.

Was geschieht aber im Himmel über dieser Geburt? So verachtet sie auf Erden ist, so hoch und tausendmal mehr ist sie geehrt im Himmel! Darum spricht der Engel: 'Siehe, ich verkündige euch große Freude!' Und das ist auch eine recht große Freude! Wollte Gott, wir ließen uns dieselbe so gern eingehen, wie sie der Engel hat ausgesprochen! 'Euch', so spricht er, 'ist geboren der Heiland!' Wie könnte er fröhlicher reden? Er will sagen: Singt, springt, laßt alle andere Freude fahren und nehmt diese Freude an!" –

In Wittenberg gingen die Leute nach der Christmette heim mit strahlenden Augen und fröhlich klopfendem Herzen, denn sie freuten sich, daran denken zu dürfen, daß ihnen ein Heiland geboren war. –

Gertraude und Monika Scheuerlin schritten dem großen Haus am Stadttor zu, das breit und behaglich in einem schönen Garten lag, der durch die Stadtmauer geschützt und begrenzt war.

Als die beiden Schwestern in der warmen Wohnstube standen, ergriff Monika beide Hände ihrer älteren Schwester und sagte froh: „Welch eine Gottesgabe ist es, daß Gott uns durch unseren Doktor Martinus das Evangelium also freudig predigen ließ! Ich bin so froh!"

„Ich freue mich auch", gab Traudel zurück und löste langsam ihre Hände.

Gertraude Scheuerlin hatte es verlernt, ihre Freude zu äußern. Sie schritt von der Schwester zur Tür, öffnete sie und rief in die Küche: „Ihr Mägde, macht keinen Lärm! Seht fleißig nach der Gans, daß sie nicht anbrennt!" Darauf wurde es totenstill in der Küche.

Gertraude Scheuerlin war reich. Der ganze große Hof mit allem Vieh, allen Wiesen und Äckern, dazu ein großes Stück Wald, alles gehörte ihr, ihr ganz allein! Außerdem verfügte sie noch über eine schöne Summe Geldes.

Und dennoch war sie ein armes Menschenkind! Vor lauter Reichtum, Arbeit und Sorge um irdisches Gut hatte sie den Heiland vergessen und das Lieben verlernt. Und über ihrem Haus und Vieh und Geld vergaß sie auch die Menschen.

Sie hatte ihres Herzens Türlein zugemacht, verschlossen gegen alle, so daß keiner mehr hineinkommen konnte. Zum Glück hatte ihre Schwester Monika schon seit früher Jugendzeit einen Platz darin, sonst hätte kein Mensch auf der weiten Welt die arme Traudel Scheuerlin liebhaben können.

Manch einer in Wittenberg sagte, Gertraude Scheuerlin sei ein böses Weib. Andere meinten, sie habe eine böse Zunge, oder sie sei ein Geizhals. Jeder ging ihr aus dem Wege. Kein Nachbar sprang einmal bei ihr herein, um dies oder jenes zu leihen. Jeder wußte, daß Traudel Scheuerlin nichts auslieh. Es gab in dem großen Haus niemals Besuch, auch nicht jene traulichen Abendstunden, da die Nachbarinnen mit dem Spinnrad zusammenkamen, erzählten und plauderten über ihre Abendsuppe, über ihr Vieh, ihre Männer und Kinder, oder auch über eine Predigt von Doktor Martinus Luther. Für solche Dinge hatte Gertraude Scheuerlin keine Zeit. Sie mußte immer arbeiten, sich plagen, nach dem Rechten sehen. Um Menschen konnte sie sich nicht kümmern. Kein Kind wagte sich zur Sommerzeit in ihren Garten, auch nicht, wenn die schönsten reifen Birnen unter den Bäumen lagen. Sie verzichteten lieber, denn die Scheuerlin hatte eine gar harte Hand, wenn sie zuschlug.

Ihre Schwester Monika wohnte ganz bei ihr im Hause, trotzdem sie kränklich war und keinen Pfennig mehr besaß. Durch Franz Brandin war ihr ganzes Vermögen verlorengegangen. Traudel zeigte der Schwester ihre Liebe nicht durch einen stillen Händedruck oder durch einen Kuß. Gertraude Scheuerlin konnte nicht mehr küssen. Wahrscheinlich hatte sie dazu auch keine Zeit.

Sie tat jedoch alles für die schwache Gesundheit der Schwester, was sie konnte. Während jeder im Hause schaffen und arbeiten mußte vom frühen Morgen bis zum späten Abend, wurde Monika geschont. Sie wurde gepflegt, und niemals fiel ihr gegenüber ein unzufriedenes oder mürrisches Wort. Monika war der einzige Mensch, um den sich Traudel sorgte. Sie hatte diese Schwester auf ihre Art wirklich lieb, wenn auch ein klein wenig die Angst mitspielte, Monika könnte sterben. Traudel fürchtete sich, so ganz allein und verlassen in ihrem großen Haus zu sein.

Als Dank tat Monika der Schwester alles zuliebe, was in ihren Kräften stand. Sie schickte sich in alles, und kein Widerspruch wurde laut gegen Traudel, selbst wenn Monika anderer Meinung war.

Nur wenn es um Dorothea ging, tat sie den Mund auf, nahm sie die unglückliche Schwester in Schutz und verwies Traudel ihrer Härte. Darüber war diese oft sehr böse und gekränkt; aber Monika wußte, daß nach einer Stunde Traudel wieder einlenkte und oft auch ihren harten Sinn gegen Dorothea änderte.

Traudel hatte auch ihre guten Eigenschaften, das war nicht zu leugnen. Sie war streng, aber gerecht, sie war fleißig, sie sorgte für ihr Gesinde, das wohl tüchtig schaffen mußte, aber auch sein reichlich Essen und seinen guten Lohn bekam. Sie ging überaus regelmäßig zur Kirche. Aber an der Hauptsache, an der Liebe, ließ sie es fehlen. Darum war es um sie her immer kalt, darum verlebten die beiden Schwestern trotz ihrer knusprigen Weihnachtsgans und der gekochten Äpfel, trotz des Kuchens und Weins, ein stilles, einsames und trauriges Weihnachtsfest. Wieviel froher und glücklicher wären die beiden wohl gewesen, wie hätte es in dem großen Haus gejubelt und gelacht, wenn Traudel ihre Schwester Dorothea und deren sechs Kinder eingeladen hätte! Aber Gäste konnte sie keine gebrauchen, die machten zuviel Unruhe, Kosten und Arbeit. –

Wie anders dagegen bei Doktor Martinus Luther, als er fröhlich die Schloßkirche verließ und nach Hause eilte! Er wohnte in dem großen, weitläufigen Augustinerkloster zu Wittenberg, das in der Stadt das „Schwarze Kloster“ genannt wurde. Dort hauste er, so gut es ging, mit dem früheren Prior des Klosters, einsam und still. Ach, er hätte doch so gern recht viele liebe Menschen um sich gehabt!

Als er seine Stube betrat, warteten schon zwei Männer auf ihn. Jeder wollte ihn für den Abend einladen. Da war sein Freund Bugenhagen, der sagte: „Meine ehrsame Hausfrau bittet heute abend Doktor Martinus zu Gaste."

Bescheiden trat ein junger Student herzu und stotterte verlegen: „Verzeiht, Ehrwürden, mein Vater und meine Mutter haben mich zu Doktor Martinus beschieden, um ihn auf dem Weg zu unserem Hause zu geleiten."

Doktor Luther fragte herzlich lachend: „Was soll ich tun?"

„Ihr sollt dem jungen Mann folgen!" rief Bugenhagen und klopfte dem Freund auf die Schulter. „Geht ruhig zum Stadtschreiber Reichenbach, ich bin es zufrieden." Schmunzelnd ging er nach Hause, eine stille Hoffnung im Herzen.

Doktor Luther und sein Freund waren zu einsam und verlassen in dem großen Kloster. Sie hatten auch nicht die nötige Pflege. Oft war das Essen schlecht oder nicht zur rechten Zeit gekocht, die Stuben nicht sauber gekehrt und geputzt. Darum hatten ihm liebe Freunde schon öfter geraten, er solle sich mit des Herrn Hilfe eine Frau suchen, die ihn pflege und liebhabe, damit er gesund und froh das Evangelium verkündigen und für seinen himmlischen Meister wirken und arbeiten könne.

Bei Stadtschreiber Reichenbach wohnte ein Mädchen, das wohl so eine gute Frau werden konnte, wie Luther sie brauchte. Es war Katharina von Bora, eine frühere Nonne, die aus dem Kloster entflohen war und beim Stadtschreiber Unterkunft gefunden hatte. Sie arbeitete in dem großen Haushalt wie eine eigene Tochter, immer froh und heiter. Sie spielte mit den Kindern und hielt darauf, daß sie artig und fleißig und fromm wurden. Und kochen konnte sie wie nur wenige Frauen in Wittenberg. Sie hatte es im Kloster gelernt, und im Kloster hatte man nicht schlecht gegessen.

Doktor Martinus und der junge Peter Reichenbach schritten dem schönen Reichenbachschen Hause zu, wo sie mit hellem Jubel begrüßt wurden von den Eltern und Kindern und auch von Katharina von Bora. Hier wurde der Abend ganz anders gefeiert als bei Traudel Scheuerlin. Sie sangen und beteten und waren fröhlich miteinander. Doktor Martinus, der doch so viel zu denken und zu tun hatte, brachte sogar den Kindern etwas mit! Sie standen mit großen, erwartungsvollen Augen um ihn her und streckten ihre Hände aus. Jedem reichte er ein Päcklein vom Feinsten, was es gab, von köstlichem Marzipan! War das eine Freude, ein Hüpfen und Zappeln von kleinen Händen und Füßen, daß man das Dankesagen und sein eigenes Wort kaum verstehen konnte!

Doch siehe, jetzt zog Doktor Martinus sehr umständlich noch ein Päcklein aus seiner Rocktasche heraus, und es war kein Kind mehr da, dem er es geben konnte!

„Ein Päcklein ist übrig!" rief er. „Was soll ich damit machen?"

„Gebt es der Käthe, Herr Doktor!" rief ein feines Stimmlein.

Alle lachten. Doktor Martinus nickte ernsthaft. Er reichte das Päcklein Katharina von Bora hin, die ihn so strahlend anschaute, als sie „Dankeschön!" sagte, daß er sich über die schönen tiefen Augen gar nicht genug wundern konnte.

Bevor die Kleinen an diesem Abend zu Bett gingen, durfte jedes ein Stück von dem feinen Marzipan kosten. Wie das schmeckte! –

Am anderen Morgen hielt nach dem Gottesdienst ein Schlitten vor Traudel Scheuerlins Haus. Darin saß ein Mann, der trug den Arm in einer Schlinge. Sein Sohn saß neben ihm und knallte lustig mit der Peitsche.

„Laßt mich den Brief hineintragen, Vater", sagte der junge Bursche; aber der Alte schüttelte den Kopf und antwortete: „Ich habe der Dorothea Brandin gelobt, den Brief selbst abzugeben. Das muß ich nun auch tun. Überdies hoffe ich auf einen warmen Trunk als Botenlohn. Mein Arm schmerzt mich und mir ist kalt."

Der alte Mann betrat das Haus. Gertraude Scheuerlin, die gerade aus der Kirche nach Hause gekommen war, nahm ihm den Brief ab. „Was hat sie zu vermelden?" fragte sie, als der Mann sagte: „Von der Dorthel Brandin." Er zuckte mit der Schulter und blieb eine kurze Weile stehen. Dann verließ er enttäuscht das Haus.

„Das Weib hat kein Herz im Leibe!" rief der Sohn, als der Vater wieder aufgestiegen war. Er knallte zornig mit der Peitsche, die Pferde zogen an, und flugs sausten die beiden über die weiße Schneefläche dahin, dem Dörflein Wald zu, das fünf Wegstunden von Wittenberg entfernt lag. –

Als Traudel und Monika Scheuerlin Dorotheas Brief gelesen hatten, fragte Monika sanft und leise: „Schwester, was gedenkst du zu tun?"

„Tun...?" gab Traudel gereizt zurück, „nichts gedenke ich zu tun! Dorotheas Hab und Gut ist dahin, deinen Besitz haben sie verpraßt! Meinst du, ich solle jetzt auch noch opfern, wofür ich mich geplagt und geschunden habe mein Lebtag? Nie und nimmermehr!“

„Traudel“ , mahnte Monika wieder und ergriff der Schwester harte Arbeitshand. „Hab und Gut sollst du nicht opfern, beileibe nicht, aber du sollst dem Hungrigen dein Brot brechen! Also steht in der Heiligen Schrift, auf daß wir danach tun. Dorothea ist unsere Schwester. Willst du die unschuldigen Kindlein strafen für ihres Vaters Tun?“

„Ich werde nichts tun, nie und nimmermehr!“ rief Traudel unwirsch und verließ die Stube, um in der Küche nach dem Rechten zu sehen.

Monika setzte sich traurig auf das Fensterbänklein nieder und faltete die Hände. Sie hatte kein Vermögen mehr, sie konnte nichts tun für Dorothea.

Beim Mittagsmahl saßen sich die beiden Schwestern schweigsam gegenüber. Das gute Essen schmeckte ihnen nicht. „Dorothea hat mir mit ihrem Brief das ganze Fest verdorben“, brummte endlich Traudel.

Monika schwieg. Sie wußte, daß Traudel in der schlechten Stimmung keinen Widerspruch ertrug.

Nach einer Weile fing die ältere Schwester wieder an: „Ich habe mich besonnen.“

Monikas Augen leuchteten auf. So war es immer. Zuerst hieß es : „Nimmermehr!“, und später kam ein „Ich habe mich besonnen“.

„Worüber hast du dich besonnen, Traudel?“ fragte Monika ruhig.

„Worüber werde ich mich besonnen haben?“ brummte sie. „Ich fahre gleich nach dem Essen im Schlitten nach Wald, um nach dem Rechten zu sehen.“

„Gott lohne es dir!“ rief Monika fröhlich, stand auf und gab der Schwester einen Kuß. Sie sah dabei so glücklich aus, daß selbst über Traudels harte Züge ein Lächeln huschte.

Eine Stunde später war der Schlitten bepackt mit einem Riesenschinken, mit Brot, Butter, Eiern, Käse und allen möglichen nahrhaften Dingen.

Als Monika der Schwester zu allen warmen Hüllen noch ein Kopftuch umband, flüsterte sie halblaut: „Wäre es nicht christlich, wir nähmen eines der sechs Kinderlein zu uns ins Haus? Es heißt ja wiederum in Gottes Wort: 'Die, so in Elend sind, führe in dein Haus.'“

Traudel Scheuerlin mußte sich auf einen Stuhl setzen, so erschrocken war sie über diese Rede.

„Was sinnst du?“ rief sie böse. „Ein Kind hier ins Haus? Soll ich zu aller Arbeit auch noch diese Last, diese Unruhe und diesen Ärger tragen? Nimmermehr!“

Damit bestieg sie den Schlitten und sauste mit dem Knecht Xaver nach Wald zur Schwester Dorothea. Unterwegs sprach sie kein Wort. Sie starrte in die Schneelandschaft hinein mit nachdenklichen, unruhigen Augen. –

Dorothea Brandin saß nach einem kärglichen Mittagsmahl mit ihren Kindern um den großen, eichenen Tisch beim Ofen und betrachtete mit ihnen schöne biblische Bilder. Franz hatte sie einst für teures Geld gekauft. Sie mußte sie jetzt verkaufen, um Brot für ihre Kinder zu schaffen. Es fiel ihr sehr schwer, diese Bilder waren ein liebes Andenken. Aber es mußte sein.

Plötzlich hörte sie helles Schellengeklingel. Ein Schlitten hielt vor der Hütte. Alle schauten auf. Das zwölfjährige Gretlein mit den großen dunklen Augen und dem schwarzen Wuschelköpfchen rief entsetzt: „Die Muhme Traudel kommt! Ich verstecke mich in der Kammer!“ Das kleine Quecksilber hatte schon seinen

Bruder Veit am Arm gefaßt, damit es nicht so langweilig wurde in der Kammer. Doch Mutter Dorothea hielt sie fest und sagte: „Bleibt alle hier."

Sie war nicht weniger erschrocken als das Kind; sie war im ersten Augenblick nicht fähig, sich vom Stuhl zu erheben. Mittlerweile stand Traudel Scheuerlin schon in der Stube und befahl den Kindern, ins Haus zu tragen, was im Schlitten lag. Hatte sie einen freundlichen Gruß vergessen, oder wollte sie die Schwester nicht begrüßen? Traurig ging Dorothea hinaus, um den Kindern zu helfen. Während dieser Zeit schritt Traudel mit gerunzelter Stirne durch das kleine Anwesen. Die Hütte war verwohnt und schadhaft, die Scheune lag in Asche, kein Heu, kein Korn, nichts! Und erst im Stall! Traudel schlug die Hände über dem Kopf zusammen. Kein Stück Vieh! Nicht einmal eine Ziege! Nur ein paar zerzauste, halbverhungerte Hühner saßen auf der Stange.

Traudel Scheuerlin ging mit großen Schritten zurück in die Wohnstube. Ihre grauen Augen blitzten, und ihre Lippen waren ganz schmal vor innerer Erregung.

„Wo sind die Kühe?" fragte sie streng.

„Verkauft", antwortete Dorothea schuldbewußt und leise.

„Und die Ziege?" fuhr Traudel fort.

„Die ist eingegangen. Es war zu kalt im Stall", lautete die zögernde Antwort.

„Und das Heu?"

„Ist verbrannt."

„Und das Korn?"

„Ist schon aufgebraucht. Es war nicht viel. Ein gut Teil ist verbrannt."

„So, so", sagte Traudel und nickte dreimal heftig mit

dem Kopf, „jetzt nagt ihr am Hungertuch, und nun soll ich helfen. Soll ich auch noch um mein Gut kommen, so wie ihr, du und Monika?“

Dorothea zuckte zusammen. Die Kinder drängten sich um sie her, als wenn sie die Mutter schützen wollten.

„Das verhüte Gott“, gab Dorothea leise zurück. „Ich meinte nur, ob du nicht könntest helfen bis zur nächsten Ernte.“

„Dorthel!“ rief Traudel außer sich. „Dorthel, bist du denn zum Narren geworden bei deinem Franz?“

Da stand das kleine Gretlein vor ihr mit blitzenden Augen, die Fäuste geballt, und rief: „So dürft Ihr nicht reden mit unserer lieben Mutter! Sie ist gut, sie ist ganz lieb und gut!“

„Schweig still!“ schrie die Muhme wütend. Das Kind lief zu seiner Mutter zurück und brach in Tränen aus. Dabei wurde dem kleinen Heiner so unheimlich zumute, daß er sich von der Mutter Hand löste und unter das Bett kroch.

Traudels Stimme war ruhiger, ihr Gesicht nicht mehr verzerrt vor Zorn, als sie fortfuhr: „Hättest sollen schreiben, Dorthel, ehe du die Kühe verkauftest.“

„Ich hab’s nicht gewagt“, schluchzte Dorothea auf. „Angst hat die Mutter vor Euch, Ihr...“

„Schweig still!“ rief Traudel wieder, aber nicht ganz so zornig wie das erstemal. „Klagen und Weinen hilft nichts“, fuhr sie fort. „Ich kann euch doch nicht verhungern lassen! Was würden die Leute sagen? Ich will dir die Wirtschaft wieder aufrichten mit zwei Kühen und dem nötigen Heu und Korn. Ich werde alles genau berechnen, und im Laufe der Zeit gibst du mir alles zurück. Jahr um Jahr werde ich um Martini kommen und mein Teil holen. Bist du damit einverstanden?“

„Ja, das bin ich", gab Dorothea zurück, „ich und meine Kinder werden es dir danken unser Leben lang."

Traudel stand schon unter der Tür, um zu gehen. Sie wandte sich noch einmal um und sagte: „Die nächsten Tage wird der Xaver alles herbringen. Nun fangt einmal an zu schaffen und zu sparen wie Christenmenschen!"

Dorothea streckte der Schwester die Hand hin, um zu danken, aber Traudel schien es nicht zu sehen. Als sie im Schlitten saß, rief sie plötzlich laut zurück: „Deine älteste Tochter, die Christine, kann bei uns in Wittenberg Wohnung nehmen. Ich gebe ihr Kleider und Essen, und sie soll bei mir arbeiten lernen." Die Pferde zogen an, der Schlitten sauste davon. Dorothea machte ein sehr trauriges Gesicht. Eines ihrer Kinder, die Christine, zu Traudel geben? Ja, Essen und Kleider bekam sie wohl, und arbeiten lernte sie auch. Aber davon konnte ein Kind nicht leben! Ein Kind brauchte mehr, brauchte Liebe! Nein, sie konnte keines ihrer Kinder nach Wittenberg schicken! –

Wohl war Frau Sorge aus der strohbedeckten Hütte verbannt. Freude und Jubel waren jedoch nicht eingekehrt. Es war ein bitteres, hartes Gnadenbrot, das Dorothea mit ihren Kindern aß, und das fürwitzige, zungenfertige Gretlein verzog sein Mäulchen und sagte, das Brot schmecke nach Muhme Traudel.

Nach einigen Tagen ging es schon besser. Es war doch ein ganz anderes Leben, wenn man morgens und abends zwei Kühe melken, wenn man Brot backen und Hafersuppe oder Hirsebrei kochen konnte! Den Kindern schmeckte es prächtig, ihre Bäckchen wurden wieder rund und rot, so daß Dorothea erleichtert aufatmete. Um diesen Preis nahm sie Schelte und Demütigung auf sich. Auch wenn die Kinder mit ihren neuen, festen Holzschuhen, die Traudel geschickt hatte, durch das Haus donnerten, klang es wie liebliche Musik in ihren Ohren.

Als der Haushalt wieder in Ordnung war, zeigte es sich, daß die Mutter ihre älteste Tochter bei der vielen Arbeit nicht entbehren konnte. Christine konnte schon melken, sie konnte den Brotteig kneten, wenn gebakken wurde, sie war ein großes, kräftiges Mädchen, viel kräftiger als die kränkliche, abgearbeitete Mutter.

Der älteste Junge, Veit, war gut für Stall und Scheune, aber im Hause konnte er nicht viel helfen.

Gretlein war solch ein kleines, zartes Menschlein für ihr Alter, ein so schmächtiges, zappliges Ding, daß es solch schwere Arbeit unmöglich leisten konnte.

Alle andern Kinder waren blond und blauäugig wie die Mutter, nur Gretlein artete dem Vater nach, nicht nur äußerlich mit den schwarzen Locken, die sich nicht bändigen lassen wollten, sondern auch mit seinem oft unbesonnenen Wesen, seiner Vorliebe für Bücher und mit seinem wunderbaren Singstimmlein.

Was sollte die Mutter tun? Sie tat nichts. Sie ließ die Sache laufen. Als aber Ende Januar das Wetter aufging und der Schnee geschmolzen war, schickte Traudel Scheuerlin Botschaft, Christine solle kommen.

Damals gab es weder Eisenbahn noch Auto, noch Flugzeug. Man ging auf Schusters Rappen, man fuhr im Wagen oder ritt auf einem Pferd von Ort zu Ort. Wenn arme Leute einen allzuweiten Weg zu gehen hatten, warteten sie auf einen Fuhrmann, der sie wenigsten eine Strecke des Weges mitnehmen konnte. So sollte es auch Christine machen.

Die Mutter sprach viel mit ihren Kindern davon, daß sie Christine nicht entbehren könne, daß man aber auch Muhme Traudel nicht erzürnen dürfe, weil sie der ganzen Familie aus der schweren Not geholfen hatte.

Wußte man denn, was die Muhme tat, wenn man ihrem Befehl nicht gehorchte? Konnte sie nicht jeden Tag die Kühe wieder holen, das Heu und das schöne Mehl, das in Säcken auf dem Dachboden stand? Wenn die Muhme zornig war, mußte man auf alles gefaßt sein.

„Wenn Gretlein ginge?" meinte eines Tages Veit. Das Kind schrie auf: „Nein, Mutter, nein, lieber will ich hungern als zur Muhme gehen! Mutter, Mutter, laß mich bei dir bleiben!"

Die Mutter machte ein bedenkliches Gesicht. Daran gedacht hatte sie auch schon, sie hatte es aber nicht übers Herz gebracht, den Vorschlag zu machen.

„Könntest ja wieder heimkehren, Kind", sagte sie tröstend, „wenn das Heimweh dich plagt oder die Muhme allzustreng mit dir verfährt. Bedenke, dort wohnt auch die Muhme Monika, die gar sanft sein wird und liebreich zu dir. Wolltest doch immer gerne einmal nach Wiittenberg fahren, um den berühmten Doktor Martinus von Angesicht zu sehen. Das kannst du dort alle Tage, er geht auf der Straße einher wie alle andern Leute."

Gretlein hörte auf zu weinen. Doktor Martinus, den mochte sie wohl gerne sehen, von dem der Vater ihr so viel Gutes erzählt hatte. – Mutter wußte aber noch etwas Schönes! „Immer wolltest du gern in die Schule gehen und etliches lernen", fing sie wieder an. „In Wittenberg haben sie wie an vielen andern Orten eine Mägdleinschule. Weil du gar zart noch bist, glaube ich, die Muhme würde dich in diese Mägdleinschule schicken. Auf dem Feld bist du noch nicht fähig viel zu helfen."

Das war ein Lichtstrahl für das kleine Mädchen! In

eine Schule gehen und viele, viele schöne Dinge lernen, das war immer sein sehnlichster Wunsch gewesen. In Wald war wohl ein Schneider, der mit dem Stock in der Hand die Kinder lesen und schreiben lehrte und die biblischen Geschichten erzählte. Er wollte aber dafür Geld haben, und das konnte Mutter Dorothea nicht bezahlen. Beim Vater, ja, da hatte sie schon etwas lesen und schreiben, sogar die Laute spielen gelernt. Aber das war ja nun vorbei für immer.

„Jeden Sonntag darfst du den Doktor Martinus hören in der schönen Schloßkirche", fuhr die Mutter fort, „und wenn du willig nach Wittenberg gingst, würdest du deiner Mutter und deinen Geschwistern gar viel Gutes tun. Muhme Traudel holte uns dann die Kühe nicht weg und wir brauchten nicht mehr zu hungern."

„Dann will ich hinfahren, Mutter", sagte das Kind leise und rannte aus der Stube. Niemand sollte sehen, daß es die Tränen nicht zurückhalten konnte, weil es nach Wittenberg mußte.

Jetzt war alles in Ordnung. Gretlein ging an Christines Statt zu Muhme Traudel. Es wurde nicht mehr viel darüber gesprochen, es tat der Mutter im Herzen zu weh.

Gretlein aber, wenn es am Abend sein Gebet gesprochen hatte, betete es noch ganz leise für sich allein: „Lieber Heiland, laß lange keinen Fuhrmann kommen, der nach Wittenberg fährt."

Es währte auch noch eine ganze Woche, bis einer kam, dann aber hieß es Abschied nehmen.

Es war ein herrlicher, warmer Vorfrühlingstag, als die Mutter ihrem Töchterlein auf den Wagen half. Der alte Fuhrmann rückte ein wenig zur Seite und lächelte in seinen dunklen Stoppelbart hinein. Er trug einen riesengroßen Hut auf dem Kopfe und ein weißes Schaffell um die Schultern.

Gretlein weinte nicht. Sie war nur sehr blaß. Sie fürchtete sich auch ein wenig vor dem fremden Fuhrmann, sagte aber nichts. Sie war ein tapferes kleines Menschenkind, das der Mutter und den Geschwistern das Herz nicht noch schwerer machen wollte. Sie fühlte es tief drinnen im Herzen, sie durfte jetzt nicht weinen und jammern! Nun brachte Veit die Kiste mit Gretleins Kleidern. Sie war nicht schwer, es war nicht viel darin. Doch alle Kinderhände rührten sich, alle hoben, alle schoben und halfen, wo sie konnten. Diesen allerletzten Liebesdienst wollte jedes dem Schwesterlein erweisen.

Wie blaß Veit war. Alle andern auch. Der große Bruder stand mit gespreizten Beinen, die Hände in den Hosentaschen, und pfiff leise vor sich hin. Er pfiff immer, wenn die Tränen kommen wollten. Das wußte Gretlein. In ihrem Hals stieg ein Knäuel auf, daß sie meinte ersticken zu müssen.

Während die Mutter mit dem Fuhrmann verhandelte, schluckte Gretlein tapfer das Knäuel hinunter, winkte mit der Hand und lächelte den Geschwistern zu. Ach, es war ein trauriges Lächeln. Sprechen konnte man nicht, nein, das durfte man nicht, sonst – das fühlte das Kind drinnen im Herzen – sonst wäre es vom Wagen heruntergesprungen.

Gretlein war froh, daß die Geschwister auch nicht sprachen. Jetzt reichte die Mutter ihrem Kinde die Hand zum Abschied. „Gott sei mit dir“, sagte sie liebevoll. In den Gesichtern der Geschwister zuckte es verdächtig. Gretlein aber lächelte.

„Weine nicht, liebe Mutter“, sagte sie, „ich bin doch ein großes Mädchen und kein kleines Kind!“

Der Fuhrmann schaute lächelnd auf das kleine Ding herunter, und die Mutter fuhr fort: „Sei brav, Gretlein, sei nicht unbesonnen, und hüte dein Zünglein! Kämme immer deine Locken glatt zurück und hab fein acht auf deine Sachen!"

Ach, alle Fehler ihres Kindes hätte sie gern von ihm genommen, damit Muhme Traudel keinen Grund fand zum Schelten oder Strafen.

„Ich will schon achthaben auf alles, liebe Mutter", gelobte Gretlein. Immer noch hielt die Mutter die Hand des Kindes fest, trotzdem der Fuhrmann mit der Peitsche knallte. „Sage den Muhmen viele Grüße und..." sie mußte ihr Gretlein loslassen. Die Pferde zogen an, der Wagen setzte sich in Bewegung.

„Vergiß das Beten nicht!" rief die Mutter noch schnell. Dann ein Winken, und hinaus ging es in die weite Welt. Die Mutter und die Geschwister blickten dem Wagen nach mit gefalteten Händen, bis er verschwunden war.

Nun ging auch des Kindes Kraft zu Ende. Es holte sein Tüchlein heraus und weinte zum Herzbrechen. Ohne daß es davon wußte, lehnte es sein dunkles Krausköpfchen an das weiße Schaffell des Fuhrmanns, der sich nicht rührte, damit die Kleine sich ausweinen konnte.

Bald wurde der Weg so steinig und schlecht, daß Gretlein ihre Tränen trocknen mußte, um sich am Sitz festzuhalten. Der Wagen hopste und tanzte auf der Landstraße hin und her, so daß ein so leichtes, dünnes Geschöpf wie Gretlein immer in Gefahr war, aus dem Wagen zu fliegen.

Die Welt ringsum war jedoch schön, wunderschön! Der wolkenlose blaue Himmel, an dem die goldene Sonne so strahlend und wärmend hing, breitete sich über die ganze Erde aus. Durch ein Meer von Licht und Glanz rumpelte der Wagen. Ein silbernes Bächlein begleitete die Reisenden eine große Strecke Wegs; geschwätzig plätschernd sprang es über Stock und Stein. Gretlein wurde nicht müde, ihm zuzuschauen und sich zu freuen. Sie war ein Kind, das nicht lange traurig sein, nicht lange schweigen und stillsitzen konnte. An ihrem Gürtel hing ein Täschchen, da hinein hatte Mutter Butterbrot und Speck gepackt. Das durfte sie unterwegs essen. Aber sie öffnete nur von Zeit zu Zeit das Täschchen ein wenig und freute sich, daß alles noch drinnen war. Manchmal sah sie auch schüchtern zu dem Fuhrmann auf. Der Mann war so still! Es fing an, ein wenig langweilig zu werden. Wenn er nur etwas sagen wollte!

Endlich faßte sich Gretlein ein Herz. Sie versuchte mit ihrem Stimmlein das Rasseln und Knarren des Wagens zu überschreien und rief so laut sie konnte: „Die Wiesen sind schon grün!"

„Ja", sagte der Mann. Das war alles.

„Fällt auch meine Kiste mit den Kleidern nicht vom Wagen?" fragte Gretlein weiter.

Als der Fuhrmann nach einiger Anstrengung die Worte verstanden hatte, antwortete er nur: „Fällt nit!"

Das war eine Enttäuschung. „Geht es noch lange bis Wittenberg?" fuhr Gretlein fort, denn sie mochte nun einmal kein Stillschweigen.

„Mächtig lang", tönte es zurück.

„Es ist von wegen meinem Speck in der Tasche. Sagt mir, wenn ich ihn essen soll!" schrie es wieder zum Fuhrmann empor.

„Hast du Hunger?"

„Ein wenig. Aber ich will ihn noch aufsparen, daß ich nicht hungrig ankomme bei Muhme Traudel, sonst

esse ich zuviel am ersten Tag."
„Die Muhme ist wohl auch arm? Hat selber nix?"
Jetzt war Gretlein am Ziel, jetzt redete der Mann, und sie konnte schwatzen und plaudern und erzählen. „Nein!" rief sie wichtig, „Muhme Traudel ist reich, mächtig reich! Zwei Kühe hat sie uns geliehen, und sie hat noch viele im Stall! Und Schinken hat sie gebracht und Mehl und allerlei."
„Das ist aber eine gute Muhme!"
„Ein wenig gut ist sie, aber längst nicht so gut wie meine Mutter!" Jetzt war Gretlein froh. Sie erzählte von zu Hause, von den Geschwistern, von Not und Hunger. Alles mit lachendem Mund, denn alles war ja vorbei! Sie wurde ganz lebhaft und froh dabei. Als sie jedoch sagte: „Muhme Traudel wollte nicht mich, sie wollte Christine haben", wurde ihr Gesicht wieder ernst.
„Fährst du nicht gern nach Wittenberg?" fragte der Fuhrmann.
„Nein, aber ich muß, sonst holt die Muhme vielleicht die Kühe wieder weg. Ich werde aber Doktor Martinus sehen in Wittenberg, und ich ginge auch gern in die Schule."
„Hast du noch viele Geschwister?"
„Ja, noch fünf! Nach Christine kommt Veit, den habe ich sehr lieb. Wenn wir groß sind, koche ich für ihn. Nach ihm komme ich, dann kommt Traudel. Mutter hat sie nach der Muhme Traudel getauft, aber es hat die Muhme nicht gefreut. Zwei ganz kleine sind noch da, der Heiner und der Max, mit denen spielt man nur."
„Wie schreibt sich dein Vater?"
Das Kind wurde traurig. „Vater ist tot." Mehr sagte sie nicht. Diesen größten Schmerz ihres jungen Lebens konnte sie nicht fremden Leuten enthüllen. „Ich habe ganz neue Schuhe an", fuhr Gretlein fort. „Mutter

konnte sie nicht bezahlen, darum holt der Schuster jeden Tag bei uns Milch. Unsere Muhme Traudel ist streng, sie darf es nicht wissen. Sie war auch gar streng zu Mutter und Vater. Den mochte sie nicht leiden. Für einen Herrn war er zu arm und für einen Bauern zu fein. Ich kann zur Laute singen wie er. Haltet den Wagen an. Ich hole meine Laute aus der Kiste und singe Euch ein Lied!"

Der Fuhrmann schnappte nach Luft. Einen solch zungenfertigen Reisegefährten hatte er noch nicht gehabt. Er schüttelte den Kopf, er wollte lieber hurtig vorwärtskommen als ein Lied hören. Das konnte Gretlein nicht verstehen.

„Kannst du auch lesen und schreiben?" fragte der Mann.

„Veit und ich, wir zwei können's", gab das Kind zurück, „nur noch nicht so gut wie Mutter. Christine kann fast nichts. Sie behält die Buchstaben nicht im Kopf. Vater hat uns gelehrt im Neuen Testament. Das verkauft die Mutter nun doch nicht, weil uns die Muhme die Kühe gegeben hat. Bibelsprüche weiß ich auch. Am schönsten ist: Freuet euch in dem Herrn allewege, und abermals sage ich euch: freuet euch! – Mutter sagt, es ist nicht gut, immer traurig zu sein. Man darf auch lachen. Ich lache gern. Jetzt hungert mich, ich esse mein Brot und meinen Speck. Wollt Ihr ein Stück haben?"

Sie reichte dem Fuhrmann die Hälfte des Brotes hin, aber er wehrte ab. Er aß doch dem Kind sein Brot nicht weg!

Lächelnd schaute er auf Gretlein herunter und dachte: Reden kann sie wie ein Pfaffe.

Es wurde still, ganz still. Das Plappermäulchen hatte genug zu tun mit Brot und Speck. Plötzlich tauchten in der Ferne Türme auf.

„Was ist das?“ rief das kleine Mädchen.

„Das ist Wittenberg“, lautete die Antwort.

„O weh, schon so nahe?“ Gretlein umfaßte ängstlich des Mannes Arm.

„Ist dir so bange im Herzen?“ fragte er verwundert.

„Sie wollte doch Christine haben! Wird sie mich wiederfortschicken? Wo soll ich denn die Nacht herbergen?“

„Sei getrost. Sie schickt dich nicht fort.“

„Ganz gewiß nicht?“

„Ganz gewiß nicht.“

Trotz dieses Trostes fuhr Gretlein mit leisem Zittern durch das Stadttor von Wittenberg. Der Wagen hoppelte und rumpelte durch die Straßen hin zu dem großen Haus, das die Leute dem Fuhrmann wiesen.

Traudel und Monika Scheuerlin saßen in der großen, warmen Wohnstube am Fenster und spannen. Von Zeit zu Zeit warf die eine oder die andere einen Blick zum Fenster hinaus. Es war an der Zeit, daß Christine nach Wittenberg kommen sollte. Monika freute sich so sehr darauf! Sie machte heimlich allerlei Pläne, wie sie Christine die Stadt, die schöne Schloßkirche und die Elbe zeigen wollte. Sie hoffte, daß das stille, einförmige Leben im Hause wieder fröhlicher werde durch ein junges Menschenkind mit seinem frohen Reden und seinem herzlichen Lachen. Alles wollte sie nähen für das Kind, was es brauchte. Das war ja sicher, daß seine Kleider und seine Wäsche nicht so instand waren, daß Christine neben den Bürgerstöchtern von Wittenberg bestehen konnte.

Dieser Ansicht war auch Traudel. Nein, das ließ sie sich nicht nachsagen, daß ihrer Schwester Kind ärmlich gekleidet sei! Ob Christine in die Schule gehen sollte, wie es sich für eine Bürgerstochter ziemte? Das wußte Traudel noch nicht. Christine war ja nun schon vierzehn Jahre alt! Allerdings, wenn sie nicht lesen und schreiben konnte, mußte sie es lernen. Doktor Martinus wollte ja, daß die Mädchen auch etwas lernten, und er wollte überall im Lande nicht nur Knaben –, sondern auch Mädchenschulen einrichten.

Im Grunde ihres Herzens war das kommende Kind für Traudel eine Last, nicht eine Freude. Ja, sie ärgerte sich darüber. „Arbeit und Sorge wird unser Teil sein", meinte sie, „Christine kann nur hier bleiben, wenn sie arbeiten will."

„Arbeit dient ihr zum Nutzen", gab Monika zurück. „Aber solch ein Mägdlein bringt auch Freude ins Haus."

„Dieses wird sich zeigen", antwortete Traudel und horchte auf. Ein knarrender, schwerer Wagen hielt vor der Türe, und der Fuhrmann knallte mit der Peitsche.

„Christine kommt!" rief Monika und sprang von ihrem Stuhl empor.

„Wird wohl sein", antwortete Traudel und blieb sitzen.

„Komm mit", bat Monika, „du mußt dem Kinde doch ein freundliches Willkommen bieten!"

Darauf erhob sich die Schwester langsam und folgte Monika zur Haustüre. „Was hat das zu bedeuten?" rief sie laut, „das ist doch nimmermehr Christine!"

Das kleine Mädchen warf dem Fuhrmann noch einen letzten verzweifelten Blick zu und kam zögernd heran. Schon auf halbem Wege fing es an zu stottern: „Christine muß bei Mutter bleiben, weil sie melken kann. Ihr möget mit mir zufrieden sein." Ängstlich und mit Tränen in den Augen schaute sie zu den beiden

Schwestern auf.

„Warum weinst du?“ fragte Muhme Traudel. „Ist dir ein Leid geschehen? Habe ich ein unnütz Wort zu dir geredet?“

„Nein, nein“, schluchzte Gretlein, „aber – aber – “

Weiter verstand man nichts mehr. Sie lag in den weichen, warmen Armen von Muhme Monika.

Der Fuhrmann stand während dieser Begrüßung neben seinem Wagen und besah sich aufmerksam die beiden Schwestern. Traudel Scheuerlin gefiel ihm nicht. „Böses Weib“, knurrte er zwischen den Zähnen.

Es gehörte nicht zu seiner Pflicht – er hatte das Kind um Gotteslohn mitgenommen –, er holte aber doch die Kleiderkiste vom Wagen herunter und trug sie zum Haus. Wie leicht sie war! Er stellte sie dicht vor Traudel nieder, blickte ihr in die Augen und sagte: „Freut Euch!“

„Worüber soll ich mich freuen?“ fragte Traudel kurz.

„Es kommt ein gar liebes, lustiges Mägdlein in Euer Haus“, antwortete er.

„Brauchen wir nicht“, gab sie zurück, „wir benötigen Hilfe bei der Arbeit.“

„Behüt dich Gott“, sagte der Mann ernst und legte seine große Hand auf Gretleins Lockenkopf. Ein dankbarer Blick lohnte es ihm.

„Laßt uns zunächst hinaufgehen in die Schlafstube“, schlug Muhme Traudel vor und befahl dem Xaver, daß er die Kleiderkiste hinauftrage.

Gretlein stand schon auf der untersten Stufe der schönen dunklen Eichentreppe, als Traudel rief: „Da gehst du niemals hinauf! Wisse, so oft du das Haus betrittst, werden hier an diesem Ginster die Schuhe gereinigt! Hier bei der Küche ist ein Wendeltrepplein, das benutzen wir alle. Hast du wohl aufgemerkt?“

„Ja“, hauchte Gretlein und gab sich Mühe, alle die Befehle zu behalten. Zwei Minuten später stand sie mit Muhme Traudel in einer freundlichen, blitzsauberen Kammer, die nun ihre Schlafstube werden sollte. Sie schaute sich ängstlich, fast erschrocken um. „Werde ich hier allein schlafen?“ fragte sie leise.

„Gewiß“, antwortcte die Muhme, „wer soll denn bei dir schlafen?“

O weh! Daran hatten weder die Mutter noch das Kind, noch die Geschwister gedacht. Allein in der Stube schlafen! Das war in Wald nicht Sitte gewesen. Wie lustig war es immer, wenn Gretlein mit ihren Schwestern schlafen ging! Neben ihrem Bett hatte Heiners Wiege gestanden, den sie ganz allein betreuen durfte! O, der kleine Heiner! Wenn sie gewußt hätte, daß sie allein schlafen mußte, wäre sie nicht nach Wittenberg gegangen!

Muhme Traudel schreckte sie aus ihren Gedanken auf, als sie rief: „Was stehst du so herum? Komm und hilf mir deine Kleider auspacken! An diese Nägel sollst du die Kleider aufhängen, die du täglich trägst. Merk dir’s! An jeden Nagel immer nur ein Stück! Die Wäsche kommt hierhin, und in die Truhe legst du fein säuberlich und glatt die guten Kleider! Hast du’s verstanden?“

„Ja“, flüsterte Gretlein wieder. Wenn sie aber all die Befehle und Ermahnungen hätte wiederholen sollen, die sie in dem fremden Haus seit ihrer Ankunft gehört, sie hätte es nicht gekonnt.

Als die Kiste geöffnet war, stieß Muhme Traudel einen Schreckensruf aus. „Was ist dies?“ fragte sie und schaute Gretlein entsetzt an.

„Meine Laute“, antwortete das Kind, und zum erstenmal huschte etwas wie ein Lächeln über ihr blasses Gesicht. „Ich kann zur Laute singen“, fügte sie froh hinzu, nicht wissend, daß gerade diese Worte die Muhme ärgerlich machten.

„Kann mir's wohl denken“, gab sie zurück, „damit hat es aber jetzt ein Ende! Wir pflegen hier weder zu singen noch zu pfeifen, wir arbeiten! Da oben an der Stubendecke ist ein Haken, daran hänge ich sie auf, und da bleibt sie auch!“

Zitternd schaute Gretlein hinauf zu ihrer Laute, die nun hoch oben an der Decke baumelte. Ob sie hier nie, nie wieder singen durfte? Sie konnte ja die Laute gar nicht allein herunterholen! Ein Schmerz, ein Schrecken löste den andern ab. Sie wußte nicht, welches der größte war.

„Meinst du nicht, Traudel , das Gretlein hätte sollen zuerst einen Imbiß einnehmen und einen warmen Trunk?“ fragte, den Kopf zur Türe hereinsteckend, Muhme Monika.

Ganz anders war es auf einmal in der kalten Kammer! Es schien wärmer geworden zu sein! Gretleins müde Augen leuchteten auf, trotzdem Muhme Traudel befahl: „Zuerst müssen die Kleider aufgehängt werden – wegen der Falten. Sie wird derweil nicht Hungers sterben. – Du wirst dein gut Teil Arbeit haben, Monika! Sieh, die elende Wäsche und die alten Kleider!“

„Mutter konnte mir keine neuen kaufen!“ ertönte plötzlich wie Verteidigung Gretleins Stimme. Fast klang es wie Trotz aus ihren Worten.

Muhme Traudel schaute Gretlein überrascht an und sagte ein wenig ruhiger: „Das habe ich nicht anders erwartet. Ist auch kein Schaden.“

Endlich, endlich war die Kammer aufgeräumt und genauso ordentlich und blitzblank wie vorher.

Weiß wie die Kalkwand vor Hunger, Müdigkeit und Kälte setzte sich Gretlein unten in der Wohnstube vor ihre Milchsuppe und ließ es sich schmecken. Hier gefiel es ihr schon besser. Es war so mollig warm, und Muhme Monikas Augen blickten so lieb.

Als Traudel Scheuerlin den Abendsegen las, fielen dem übermüden Kinde die Augen zu. Der Muhme blieb vor Entsetzen der Mund offen stehen. Gretlein schlief, das Köpfchen auf dem Arm, und sie atmete tief und regelmäßig.

„Ist das ein Christenmensch?" fragte die Muhme scharf; aber Monika breitete beide Arme aus über ihrer Schwester Kind und sagte: „Traudel, denke daran, was dieses Kind heute in seinem Herzen gelitten und was es geleistet hat! Der Abschied von allen seinen Lieben, die lange Fahrt in Kälte und Wind! Sage nicht, Gretlein sei kein Christenmensch, sie ist ein kleines, gar zartes Mägdlein. Ich bringe sie hinauf in die Kammer."

Die beiden wollten das Kind wecken, sie schüttelten es, sie riefen seinen Namen, sie wollten es auf die Füße stellen, alles umsonst. Gretlein schlief und schlief. Höchstens daß sie einmal die Augen weit aufmachte, die aber immer schnell wieder zufielen. Sie schlief den tiefen Erschöpfungsschlaf der Jugend, der sich auch durch Muhme Traudel nicht stören ließ.

So mußten die beiden Schwestern das schlafende Kind die eichene Treppe hinauftragen. Das Wendeltreppchen war viel zu schmal. Sie mußten es ausziehen und ins Bett legen wie ein kleines Kind. Gretlein ließ sich nicht stören. Insgeheim war Monika froh, daß sie von dem ersten, schweren Abend in der Fremde gar nichts weiter wußte und empfand.

Schnaufend und pustend von der Anstrengung gingen die beiden Muhmen wieder das Wendeltrepplein hinunter. Traudel holte schnell ein Tuch und wischte die schöne, dunkle Eichentreppe damit, obwohl sie nicht schmutzig geworden war.

Nachher setzten sich die beiden in die Wohnstube und spannen. Beim Spinnen kann man gar gemütlich plaudern. Monika hätte es gerne getan. Ganz still im Herzen lächelte sie über Gretlein, das sich durch Traudel nicht hatte stören lassen im Schlaf.

Muhme Traudel aber war ärgerlich darüber und benutzte das schöne Spinnstündchen, um über Dorothea und Gretlein zu schelten. So zu schlafen! Nein, das war unnatürlich. Zuerst hatte sie gedacht, Gretlein verstelle sich; sie hatte ja keine Erfahrung mit Kindern.

„Was soll uns diese Gret?" fing sie unwillig an. „Ich wollte Christine haben, die hat blonde Haare und schlägt in die Sippe der Scheuerlin. Dieses kleine schwarze Luder ist ganz und gar eine Brandin! Was soll dies Kind hier arbeiten? Dorothea hat ein gar selbstsüchtig Wesen, gedenkt nur daran, daß s i e Hilfe habe. Schau die Gret an! Sie ist des Vaters Abbild, der auch nur zur Laute griff, statt zu arbeiten!"

Monika hatte Traudel ausreden lassen. Sie wußte, daß nichts besser wurde, wenn man ihr in die Rede fiel. Jetzt aber, da die Schwester alles herausgesprudelt hatte, fing Monika sanft und freundlich an: „Es taugt nicht, am ersten Tag zu urteilen. Gretlein ist viel zu klein und zart, um Dorothea zu helfen. Hilfe aber tut ihr not. Du bist reich und wohl imstande, eine Magd zu halten. Dorothea nicht."

„Ja, ja", rief Traudel, „ rede nur immer zum Vorteil der Schwester! Ich habe genug davon, ich gehe zur Ruhe. Weiß nicht, ob ich werde schlafen können!"

„Traudel", bat Monika dringend, „faß dich in Gelassenheit, sei ruhig im Gemüte! Wenn dir die Last zu groß wird, schicken wir das Mägdlein wieder zurück zu Dorothea."

Das war ein gutes Wort! Das beruhigte Traudel. Monika , die sich so sehr auf das Kind gefreut hatte, war bereit, es wieder heimzuschicken, wenn es Traudel nicht zusagte. Das war die richtige Auffassung. „So soll es auch in Zukunft bleiben", dachte die Traudel, als sie die schmale Wendeltreppe emporstieg, „daß ich der Herr im Hause bin und zu befehlen habe!"

Wie verschieden waren die beiden Schwestern jetzt, da sie alt waren! In ihrer Jugend waren sie beide gleich fröhlich gewesen. Beide hatten des Lebens Freude und Leid erfahren. Aber sie hatten es beide ganz verschieden getragen. Deshalb waren sie auch ganz verschiedene Menschen geworden. Monika hatte schon mit zwanzig Jahren einen Mann liebgehabt, der sie heiraten wollte. Sie hatte schon genäht und gesponnen für ihre Aussteuer, glücklich rüstete sie zur Hochzeit. Da hielt die Pest Einzug in Wittenberg und raffte ihn in drei Tagen dahin . Monika war bei ihm in den schweren Stunden, als ihn die Krämpfe schüttelten Sie hatte seine brennenden Lippen mit Wasser benetzt, ihn versorgt, seine Hand gehalten im Todeskampf. Er konnte nicht mehr sprechen, aber seine Augen dankten ihr bis zuletzt. Da meinte Monika, die Sonne sei für immer untergegangen, sie könne keinen Augenblick ihres Lebens mehr fröhlich sein. Sie hatte auch so viel Elend, so viel Schmerz und Not gesehen in jenen drei schweren Tagen bei den Pestkranken im Spital, daß sie keine Ruhe mehr fand. Tief im Herzen drängte es sie, den Unglücklichen zu helfen. Traudel hatte gewarnt: „Bleibe bei mir, sonst wirst du auch noch sterben an der Pest." Monika, die schon früh zum

Heiland gekommen und eine echte Jüngerin Jesu war, ließ sich nicht irremachen. Sie ging hin und pflegte die Kranken. In jener Zeit tat sie ihres Herzens Türe weit auf und ließ alle hinein, die krank und elend, arm, traurig und einsam waren. Großer Trost und unendliche Freude kamen über sie. Ansteckung? Sie dachte nicht daran, hatte keine Furcht; sie stand in Gottes Hand. Sie tat jede Arbeit, die nötig war, sie tröstete die Verzweifelten und betete mit den Sterbenden. Für sie war es ein neues Leben. Es bestand nicht mehr nur aus Kochen, Essen, Arbeiten und Schlafen, nein, Monika trug den köstlichen Schatz im Herzen, die große, heilige Liebe zum Nächsten.

Hunderte starben dahin. Das Weinen der Witwen, das Jammern der Eltern über den Tod ihrer Kinder, die Not der Sterbenden ließen den eigenen Schmerz, den eigenen Verlust nicht vergessen, aber doch in den Hintergrund treten. Ihr Leben war über das Leid reicher, viel reicher geworden.

Monikas Herzenstür war offengeblieben bis auf den Tag, da Gretlein nach Wittenberg kam. Darum ist das Kind auch gleich am ersten Tag hineingeschlüpft.

Auch Muhme Traudel hatte einmal einen Mann liebgehabt . Er hatte aber eine andere gefreit, deshalb haßte sie ihn. Sie schlug ihres Herzens Türe zu und wollte von den Menschen nichts mehr wissen. Sie lebte nur noch für ihr irdisches Gut und für die Arbeit, deshalb wurde sie hart und unglücklich. Auch bei ihr hatte der Heiland einst im Kindesalter an die Tür geklopft. Aber sie hatte Ihm nicht aufgetan, im Herzen war nichts vorangekommen, und nach der Untreue ihres Verlobten hatte sie das Lieben ganz verlernt. –

Als nach einigen Tagen der Fuhrmann über das Dörflein Wald wieder zurückfuhr, nahm er, als er durch

Wittenberg kam, einen Brief mit, den Gretlein an ihre Mutter geschrieben hatte. Er lautete:

Herzliebe Mutter!
Sorget nicht, ich bin ein großes Mägdlein. Muhme Traudel haßt mich, Muhme Monika liebt mich. Laß Heiner spielen mit meinen Schneckenhäuschen, damit er eine Freude hat. Veit soll mir neue sammeln. Christine soll frohen Mutes sein, dieweil sie nicht hier muß hausen. Ich habe den Doktor Martinus noch nicht gesehen. In die Schule darf ich gehen, dieweil ich sonst zu nichts nütze bin. Muhme Monika näht mir Wäsche und Kleider. Wird das Ferkel fett? Ich küsse Euch alle.

Euer Gretlein.

Es war für das zapplige kleine Mädchen nicht leicht, sich in dem Hause einzuleben, wo man keine Kinder gewöhnt war und wo Muhme Traudel nicht erlaubte, daß irgend etwas geändert werde.

Gretlein war jedoch die Freude, die Unruhe und den Lärm ihrer fünf Geschwister gewöhnt. Da war es oft kunterbunt zugegangen, aber es war immer schön gewesen. Am meisten vermißte sie die zwei kleinsten Brüder, Heiner und Max. „Es wäre viel schöner hier“, vertraute sie Muhme Monika an, „wenn ihr ein kleines Kind hättet. Ich würde es allein pflegen, denn das kann ich.“

Was nützte ihr die schöne Schlafkammer? Was das gute Essen und die schönen Kleider? Viel lieber wäre der Wildfang barfuß, geflickt und gestopft umhergelaufen. Sie war wie ein gefangenes Vöglein im Bauer.

Sie fürchtete sich vor Muhme Traudel, die immer über etwas schimpfte, besonders über ihre Locken, die sich nicht bändigen lassen wollten. Und an ihren Locken war Gretlein ja nun wirklich nicht schuld! Die Muhme war auch so groß und mager, ihre grauen Augen blickten so kalt und streng, und wenn sich ihre schmalen Lippen öffneten, war die Stimme rauh und hart. Sie sah nur die Fehler des Kindes, nicht den guten Willen, der oft vorhanden war. Alles reizte und ärgerte sie.

Oft genug hatte Muhme Traudel Grund, Gretlein zu rügen. Das krause Wuschelköpfchen vergaß gar schnell wieder, was gesagt und befohlen wurde. Hatte es den Hof schön sauber gekehrt, dann stand sicherlich der Besen nachher nicht in der Scheune, sondern irgendwo, wo er nicht hingehörte. Sehr lustig war es, in den Nestern die Eier zusammenzusuchen, aber gar leicht wurden sie zerbrochen, wenn man das Körbchen unbedacht hin- und herschwenkte oder unachtsam sprang und lief. Gretlein ließ die Küchentüre offenstehen, daß aller Geruch ins Haus kam, oder sie schloß das Fenster nicht zur bestimmten Zeit, und die Hitze kam herein.

Gretlein war auch ein kleines Plappermäulchen, und Muhme Traudel wollte Kinder nur sehen, nicht hören! Das Singen hatte sie ganz verboten, aber Gretlein konnte es nicht lassen. Als sie einmal lustig sogar ein Liedchen pfiff, gab die Muhme ihr einen tüchtigen Klaps auf den Mund. Mädchen durften und sollten nicht pfeifen!

Am dritten Tag nach Gretleins Ankunft in Wittenberg rief die Muhme: „Gret, lauf schnell und hol mir mein warmes Tuch herunter, es hängt in meiner Stube neben der Tür am dritten Nagel rechts, aber schnell, schnell!“ Das Kind wollte nicht ungezogen sein, es wollte sich nur beeilen. Es nahm deshalb den viel kürzeren Weg über die schöne Eichentreppe. Als es mit dem gewünschten Tuch zurückkam, gab ihm die Muhme eine schallende Ohrfeige. „Dafür, daß du die Eichentreppe benutzt hast!“ fügte sie hinzu und ging in die Stadt. Gretlein weinte nicht. Sie wurde blaß, sie blitzte mit ihren schwarzen Augen die Muhme an und – haßte sie.

Einmal wurde sie zur Nachbarin geschickt, um einen Auftrag auszurichten. Als Gretlein die Stube betrat, lag da ein kleiner Junge in der Wiege, der war ungefähr so alt wie Max und streckte ihr seine Ärmchen entgegen. Gretlein stürzte auf das Kind zu, nahm es auf den Arm, spielte mit ihm in der Stube herum und vergaß Muhme, Auftrag und die ganze Welt. Wie lieb, wie lustig war der kleine Kerl! Wie daheim, ganz wie daheim! So verweilte sie eine längere Zeit, und als sie gehen wollte, wußte sie nicht mehr, was sie hatte ausrichten sollen.

Muhme Traudel war aufgebracht und schalt Gretlein tüchtig aus. Als sie aber rief: „Du bist ein leichtsinniger Tagedieb, ein unnützer!“ schrie Gretlein laut: „Das ist nicht wahr, das bin ich nicht!“

O weh! Widerreden konnte Traudel Scheuerlin nicht vertragen, und das Schweigen wurde Gretlein, die auch ein spitzes Zünglein hatte, recht schwer. An jenem Tage mußte sie zur Strafe eine ganz Stunde spinnen. Das war schlimm für das kleine Quecksilber. Dabei mußte man stillsitzen auf einem Stuhl, und immer wurde mit dem rechten Fuß gleichmäßig getreten. Das Schlimmste war der Faden. Drehen, drehen, immer drehen, leicht durch die Finger gleiten lassen!

Oft drehte er sich nicht, oft glitt er nicht, er sollte dünn werden und wurde dick, oder er riß sogar ab! Das Werk, der Faden, alles kam durcheinander, alles wurde ein großer Wirrwarr. Gretlein wäre verzweifelt, wenn nicht die stillen, lieben Hände der guten Muhme Monika zugegriffen und alles wiedergutgemacht hätten.

So gingen die ersten vier Wochen ins Land, und der Frühling wollte kommen. Gretlein hatte Wäsche und Kleider ganz nach der Sitte der Zeit, Alltagskleider, einfach und stark, von selbstgesponnener Leinwand, ein rotes Kirchenkleidchen, von Schafwolle gesponnen und von Xaver selbst gewebt. Außerdem ein schmuckes, blaues Leinenkleidchen, das Muhme Monika mit zierlichen Nadelstichen versehen hatte, das durfte Gretlein am Sonntagnachmittag anziehen. Es fehlte nur noch das Festkleid, das man an den drei höchsten Feiertagen und an Hochzeiten trug.

Viel öfter als bisher schaute das kleine Mädchen in den Spiegel, der in der Wohnstube hing. Es war doch schön, ein hübsches Kleidchen zu tragen!

Wie freute sie sich auf das Festkleid, dessen Stoff schon in der Truhe lag! Leuchtend blau war er, auch selbst-gesponnen und selbst-gewebt, aber in der Färberei gefärbt. Daran sollten rote Säume und Spangen kommen. Weiße Puffen an den Ärmeln und weiße Krausen am Hals sollten das Festkleid zieren.

Etwas wie Dankbarkeit kam in das kleine Mädchenherz, aber auch etwas anderes schlüpfte mit hinein, etwas weniger Schönes, nämlich die Eitelkeit!

Das Leben war sehr schwer für das kleine Mädchen, so schwer, daß es manchmal sehnsuchtsvoll die Landstraße entlangschaute, auf der es mit dem freundlichen Fuhrmann gekommen war. Wenn man dieser Straße nachlief, kam man nach Wald, kam man zur Mutter und zu den Geschwistern! Mehr als einmal hatte Gretlein den Gedanken, heimlich davonzulaufen.

Aber die lieben Augen der Muhme Monika und auch ein wenig Angst vor dem weiten Weg, der durch einen Wald führte, hielten sie immer wieder ab.

Monika Scheuerlin versuchte auf alle Weise, das Kind abzulenken und fröhlich zu machen. Am besten gelang ihr dies, wenn sie zusammen einen Spaziergang machten und sich die Sehenswürdigkeiten von Wittenberg betrachteten. Dabei hoffte Gretlein auch einmal Doktor Martinus Luther zu begegnen, denn gern hätte sie den berühmten Mann einmal gesehen. Es war jedoch nicht möglich, zur Zeit war er verreist.

Ein blutiger Frühling war über die deutschen Lande hergezogen. Der Bauernaufstand im Süden hatte sich ausgebreitet und tobte jetzt schon in Sachsen und Thüringen.

Luther hatte zum Frieden gemahnt. Den Fürsten und Herren hatte er zugerufen: „Fangt nicht Streit an! Versucht's zuerst gütlich, weil ihr nicht wißt, was Gott tun will, auf daß nicht ein Funken angehe, der ganz Deutschland anzündet, das niemand löschen könnte!"

Die Herren hörten aber nicht auf solche Warnung, so wenig wie die Bauern, die er auch ernstlich ermahnte. So entstand der blutige Bauernkrieg. Die Bauern zogen sengend und brennend durch das Land, sie zerstörten Burgen und Klöster, brannten Dörfer und Städte nieder und mordeten ihre Herren.

Jetzt war es Zeit, daß der allseits bekannte Reformator selbst eingriff, nicht nur mit der Feder ermahnte. Unter großer Lebensgefahr reiste er zwischen den rasenden Bauern umher, er predigte und ermahnte zur Ruhe. Doch alles war vergebens.

Erst als die Fürsten mit Heeresmacht gegen die Bauern zogen, wurde der Aufstand niedergeschlagen. Gretlein hatte deshalb den Doktor Martinus auf der

Straße noch nicht gesehen, weil er sich auf der gefährlichen Reise befand.

Aber zum Schwarzen Kloster führte Monika das Kind, in welchem Doktor Martinus wohnte, wenn er in Wittenberg war.

Und auch die schöne Schloßkirche, in welcher Luther predigte, besuchten die beiden, und Gretlein stand ehrfurchtsvoll vor der berühmten Türe, an welche er am 31. Oktober 1517 seine 95 Thesen gegen den sündigen Ablaßhandel angeschlagen hatte.

Eines Tages führte Muhme Monika das Kind hinaus auf den Platz bei dem Elstertor hinter dem Spital, wo Luther die Bannbulle verbrannt und sich dadurch vom Papst losgesagt hatte. Das war geschehen am 10. Dezember 1520.

Oft saßen die beiden auch bei sonnigem Wetter draußen an der Elbe, und Muhme Monika erzählte von allen wichtigen Dingen, die sie schon in Wittenberg erlebt hatte. Selbst den kaiserlichen Herold hatte sie mit eigenen Augen gesehen, als er am 26. März 1521 in Wittenberg einritt, um Luther das Geleit zu geben auf den Reichstag nach Worms, wo er seine Lehre widerrufen sollte. Er tat es aber nicht, er blieb fest vor Kaiser und Fürsten. „Denn“, so sagte er, „es ist nicht geraten, etwas wider das Gewissen zu tun. – Hier stehe ich, ich kann nicht anders, Gott helfe mir! Amen.“ –

Eines Tages kam plötzlich ein Sonnenstrahl, ein heller, lustiger, leuchtender Sonnenstrahl in das junge Leben. Das war die Mägdleinschule!

Gretlein durfte jeden Tag für ein oder mehrere Stunden eine Mägdleinschule in Wittenberg besuchen. Das war keine Schule wie heute. Kinder jeden Alters, kleine und größere, saßen beieinander und jedes lernte, was es eben lernen konnte. Die Schulmeisterin hatte viel Arbeit und Mühe, denn darin war diese Schule der heutigen gleich: sie wurde besucht von artigen und ungezogenen, von fleißigen und trägen, von begabten und unbegabten Kindern. Sie wurden unterrichtet in Religion und Singen, in Lesen und Schreiben und auch in Nadelarbeit.

Die Schulmeisterin merkte schnell, daß Gretlein ein aufgewecktes, fleißiges Kind war. Gar bald wurde sie aber auch gewahr, welch ein unruhiges, zappeliges Quirlchen in ihre Schulstube gekommen war, das während des Unterrichts nicht stillsitzen und sein Plappermäulchen nicht stillhalten konnte. Oft mußte die Schulmeisterin aus diesen Gründen strafen.

Gretlein war aber doch eine der besten Schülerinnen, und im Singen die allerbeste. O wie schön war es, einmal wieder singen zu dürfen! Sie hörte und sah nichts anderes mehr. Sie wollte singen, immer nur singen, nichts als singen! Ganz dunkelrot wurde ihr Gesicht vor Eifer. Wenn die Schule zu Ende war, bat Gretlein immer: „Noch ein Lied! Ich bitt' schön, noch ein Lied!" Es war, als wenn das Kind das Singen noch nötiger gehabt hätte als Essen und Trinken. Sie durfte manchmal auch ganz allein singen, und die Kinderschar lauschte gern und still wie die Mäuslein der glockenreinen, klaren Stimme. Aber weil nun einmal mit den schöneren Kleidern auch die Eitelkeit in Gretleins Herz hineingeschlüpft war, wurde sie stolz und wollte in allen Dingen immer die erste sein. Sie wollte bewundert werden!

Nur etwas gab es in der Schule, das Gretlein haßte, das war die Nähstunde. Die Finger, die so geschickt auf der Laute zu spielen verstanden, sie waren mit der Nadel sehr ungeschickt. Einmal knüpfte oder verwirrte sich das Garn, man stach sich in den Finger, daß er blutete, oder die Nadel brach ab. Einmal wurden die Stiche zu groß, ein andermal ungleichmäßig, so daß die Arbeit oft wieder aufgetrennt werden mußte und die Schulmeisterin ernstlich mit dem Finger drohte. Stillsitzen konnte man auch schlecht, am liebsten wäre man ständig hinausgelaufen an den Brunnen, um Wasser zu trinken oder die Hände zu waschen.

Das Allerschlimmste aber war, daß die Muhme Traudel das Nähen für das Wichtigste hielt in der Schule! Auch lesen und schreiben mußte Gretlein noch besser lernen, das stand fest. Die Religion war der Muhme auch sehr wichtig. Alles andere dagegen erschien ihr gleichgültig, das Singen haßte sie sogar. „Nähen", so sagte sie, „und Spinnen, das ist für Gret die Hauptsach."

Die Strenge und Gereiztheit der Muhme empfand Gretlein nicht mehr so schwer, seit sie in die Schule ging. Schon früh morgens sagte sie sich vor: „Um die elfte Stunde wird der Imbiß eingenommen. Danach bringen wir die Küche in Ordnung, und dann – und dann darf ich in die Schule gehen!"

Die Schule barg noch einen anderen Schatz. Vom ersten Tag an mußte Gretlein immer ein kleines Mägdlein betrachten. Es war so ganz anders als sie selbst, deshalb gefiel es ihr so gut. Es hatte ein rundes, rotbackiges Gesicht mit strahlenden blauen Augen und einen ganz glatten, blonden Scheitel über der Stirn, so wie Muhme Traudel ihn bei Gretlein gerne gesehen hätte. Oft dachte sie vor dem Schlafengehen an dieses schöne Kind, und manchmal fragte sie sich, wie man nur so still und brav sein könne. Dieses Kind war auch so geschickt mit der Nadel, daß es immer gelobt wurde. O, wer solche Stiche, solche Säume machen, wer so stillsitzen könnte! Wie zufrieden wäre da die Muhme Traudel! Vielleicht würde sie dann so wie Mutter sanft über Gretleins Locken fahren, die sie ja gar nicht leiden mochte.

Eine ganze Woche war Gretlein schon in der Schule und hatte nicht gewagt, das kleine blonde Mädchen anzureden. Da geschah es eines Tages, daß sie nebeneinander die Schultreppe heruntergingen. Gretlein faßte sich ein Herz, griff nach der Hand des Kindes und führte es auf die Straße. Die großen Blauaugen schauten verwundert zu ihr auf, und der rote Mund lächelte freundlich. „Warum führst du mich an der Hand?“ fragte es.

„Weil du so schön bist“, lautete Gretleins Antwort.

„Ich?“ rief das kleine Mädchen erstaunt und lachte hell auf.

„Ja, du!“ gab Gretlein zurück, schlang beide Arme um des Kindes Hals und drückte es fest an sich. „Ich hab’ dich so sehr lieb!“ rief sie laut.

„Warum?“ fragte es wieder zurück. Ganz verlegen und ungeschickt stand das blonde Kind da.

„Weil du so schön bist“, wiederholte Gretlein und goß alle Zärtlichkeit ihres liebehungrigen Herzens über das Kind aus, das lächelnd standhielt und sich nicht rührte.

Zu Hause hatte Gretlein genug Kinder gehabt zum Spielen und Liebhaben. In Wittenberg war bis jetzt nur Muhme Monika, die man umarmen konnte, wenn Muhme Traudel es gerade nicht sah. Muhme Monika war sehr lieb, aber sie war alt, sie war kein Kind!

„Ich will dich immer liebhaben“, gelobte Gretlein ernst, „und morgen bringe ich dir Blumen mit.“

„Warum?“ war wieder alles, was das kleine Mädchen sagen konnte.

„Weil ich dich mag!“ lachte das Schwarzköpfchen, „sage mir doch, wie schreibst du dich?“

„Ich schreibe mich Elschen Reichenbach, und du schreibst dich Gretlein Brandin.“

Gretleins Herz war erfüllt von diesem Erlebnis. Wie war der Himmel so blau und die Wiesen so grün! Wie golden schien die Sonne!

Zu Hause konnte Gretlein nicht anders, sie mußte reden von dem, was sie so fröhlich machte. Obwohl Muhme Traudel in der Stube war, sprudelte sie alles heraus, was sie erlebt hatte.

Zu ihrem großen Erstaunen hieß Muhme Traudel sie nicht schweigen, sie hörte aufmerksam zu. Sie lächelte sogar ein wenig, als sie sagte: „Mit Else Reichenbach darfst du wohl gehen und spielen. Das ist ein gar gutes und frommes Kind.“

Gretlein war glücklich. Sie wollte nun noch schildern, wie gut, wie geschickt ihr fleißig Elslein war, und der kleine Plappermund verdarb damit wieder alles.

„Elslein kann gar schön nähen, Muhme“, fing sie lobend an.

„Daran sollst du dir ein gutes Beispiel nehmen“, antwortete die Muhme.

„Bloß singen kann sie gar nicht gut!“ schwatzte das Kind weiter.

Der Muhme Gesicht wurde ernster. „Wollte Gott, du wärst dem Elschen gleich“, seufzte sie schmerzlich und verließ die Stube.

Elslein Reichenbach war ein viel ruhigeres, besonneneres Kind. Erst am Abend, als sie ihr Gebet gesprochen hatte, erzählte sie der Mutter von Gretlein und fragte: „Darf sie in unser Haus kommen, Mutter?“

„Laß Gretlein kommen“, lautete die Antwort.

„Sie singt gar schön“, fing Elslein nun an zu loben.

„Die Schulmeisterin hat mir schon davon erzählt", gab Frau Reichenbach zurück, „vielleicht lernt mein Töchterchen von ihr ein wenig singen."

Elslein schlief glücklich ein. An jenem Tag war zwischen den beiden Kindern eine Freundschaft geschlossen, die währte bis zum Tode.

Gretlein lebte auf. Sie hatte wieder eine Freundin, die sie so liebhaben durfte, wie ihr Herz begehrte. Gleich am andern Tag durfte sie zu Elslein Reichenbach gehen. Nicht nur, daß Muhme Traudel das wohlerzogene Kind zu Gretleins Spielgefährtin wünschte, sie war auch stolz, daß ihre Nichte in einem der angesehensten Häuser ein- und ausging.

Das einfache Kind aus dem Dörflein Wald staunte, als es das schöne Haus betrat mit der herrlichen, geschnitzten Eichentreppe, auf der man auf- und abgehen durfte, wie man wollte. Sogar die Kinder! Gretlein hatte gemeint, es sei sehr fein bei der Muhme Traudel. Aber hier bei Reichenbachs war es doch noch ganz, ganz anders! Wunderschöne eingelegte Möbel, die glänzten wie Spiegel! Ein herrlicher großer Kachelofen, auf welchem Bilder aus der Bibel wunderschön dargestellt waren! Man wurde nicht fertig, zu raten, was sie im einzelnen darstellen sollten. Viele kannte man noch nicht, weil man noch zu klein war und aus der Heiligen Schrift noch nicht genug wußte.

An den Wänden hingen Bilder, herrliche gemalte Bilder. Darunter erkannte Gretlein sogar Else und auch Frau Reichenbach, die schön war wie eine Königin.

Und Kinder waren da! Der Stadtschreiber Reichenbach hatte sieben muntere Kinder. Elschen war das älteste Mädchen. Sie hatte noch einen älteren Bruder, zu dem sah Gretlein schüchtern und ehrfurchtsvoll auf, weil er Latein lernte und einen so schönen blonden Haarschopf hatte. Die Kinder waren alle blond, blauäugig und fröhlich. Besonders entzückt war Gretlein von dem jüngsten Mädelchen, der zweijährigen Gudula.

Noch keine halbe Stunde war Gretlein in der Stube, da hatte sie schon die Wunderwelt um sich her vergessen. Sie saß auf einem niedrigen Schemel in der Ofenecke, hielt das kleine Mädelchen auf dem Schoß, liebkoste es und spielte mit ihm. Selbst um Elschen kümmerte sie sich nicht mehr.

Plötzlich klopfte es, und die Tür öffnete sich. Ein großer breiter, dunkelgekleideter Mann betrat die Stube.

„Doktor Martinus!" rief Frau Reichenbach. „Ihr seid zurückgekehrt?" Sie reichte ihm die Hand.

„Wir wollen Käthe rufen", sagte sie dann zu den Kindern gewendet, und wenige Augenblicke später rief es fröhlich durchs ganze Haus: „Käthe! – Käthe! – Wo bleibst du? – Käthe, komm! Doktor Martinus ist in der Stube!"

Als Gretlein hörte, daß der fremde Mann der berühmte Martinus Luther sei, erschrak sie so, daß sie mitsamt der kleinen Gudula hintenüber in die Ofenecke fiel und Doktor Martinus, der allein mit ihr im Zimmer war, nichts mehr von ihr sah als die Schuhsohlen.

„Ei, da liegen zwei hinterm Ofen!" rief er lachend. „Der Kleinen wollen wir uns zuerst annehmen." Mit diesen Worten hob er Gudula in die Höhe und stellte sie sanft auf den Fußboden nieder. Gudula hüpfte und jauchzte. Sie hielt den Sturz hinter den Ofen für einen lustigen Spaß.

Anders Gretlein. Sie schämte sich und wurde rot bis unter die wirren Haare, als der große Mann ihr beide Hände entgegenstreckte und rief: „Wenn du meine

Hände fest anpackst, kann ich dich emporziehen." Es ging prächtig. Gretlein stand im nächsten Augenblick aufrecht vor Doktor Martinus und flüsterte ein „Ich dank schön", daß man es kaum hörte.

„Wer bist du?" fragte er freundlich.

„Gretlein Brandin", stammelte das Kind, „ich wohne bei der Jungfer Scheuerlin."

„So bist du der Dorothea Scheuerlin ihr Kind?" fuhr er fort und nahm das ängstliche Gesichtlein in seine beiden großen Hände. „Bist wohl Elschens Freundin?"

Darauf brauchte Gretlein nicht zu antworten, denn die Tür flog auf, und Katharina von Bora mit allen andern eilte in die Stube herein. Doktor Martinus achtete gar nicht mehr auf Gretlein. Das war ihr sehr willkommen. Er wandte sich Katharina von Bora zu, legte ihr den Arm um die Schulter und sagte: „Gott zum Gruß, meine liebe Käthe! Ist es Euch genehm, so wir nun heiraten?"

Katharina schien es recht zu sein. Sie widersprach nicht. Sie wurde nur dunkelrot vor Freude, und ihre Augen strahlten.

Jetzt trat Herr Reichenbach, ein ernster, stiller Mann, hinzu. Er streckte die eine Hand Katharina, die andere dem Doktor Martinus entgegen und sagte ernst: „Gottes Segen auf Eurer beider Haupt! Möge Euer Ehebund Euch und vielen mit Euch zum Segen gereichen. Katharina ist uns lieb wie eine Tochter, sie wohnt im Schutz unseres Hauses, darum übergebe ich sie Euch an Vaterstelle in Gottes Namen als Euer braves, treues Eheweib."

An jenem Abend hatte Gretlein den Muhmen viel zu erzählen. Es war gar nicht wie sonst, da Muhme Traudel immer zu sagen pflegte: „Halte fein deinen Mund!" Nein, sie lächelte, sie fragte dies und das und wollte immer noch mehr wissen.

Als Gretlein berichtete, wie sie vor lauter Schreck mit Gudula hinter den Ofen gefallen war, zankte sie gar nicht. Sie sagte nur: „Allstund ist mit deinem Tun Torheit verbunden."

Fast jeden Tag gab es jetzt für Gretlein irgend eine Freude oder Abwechslung. Ihr Leben war anders, war viel schöner geworden. Wie ein Sommervöglein in der Sonne genoß das Kind die kleinen Freuden, die sich ihm im Reichenbachschen Hause boten. Es war ja alles da, was sie sich wünschte, Kinder, ein Vater, eine Mutter, Liebe, Freude und Kurzweil. Fast jeden Tag brachte sie einige Zeit bei Elschen zu. Sie wagte nie, die Freundin mitzunehmen nach Hause; und Muhme Traudel wollte das wohl auch nicht.

Die beiden Mädchen wurden, genau wie alle Kinder jener Zeit, zur Arbeit, besonders zum Spinnen angehalten. Gretchen hatte ihr Spinnrad zu Reichenbachs gebracht. Hier war das Spinnen nicht so schlimm wie bei Muhme Traudel. Da saß man vergnügt beisammen und spann. Man durfte auch einmal einhalten und ein wenig plaudern. Niemand sagte: „Halte den Mund!" Oft setzte sich auch Frau Reichenbach dazu mit ihrem Spinnrad. Das war fein! Alle Kinder kamen herbei, sogar der große Peter, denn die Mutter erzählte wunderbare Geschichten.

Manchmal sprach sie auch von Doktor Martinus, was er alles tat und arbeitete, und wie groß die Mühe war, um die ganze Bibel ins Deutsche zu übersetzen. Und oft erzählten die Kinder der Mutter, was sie erlebt hatten in der Schule oder beim Spiel. –

Eines Tages kam Gretlein dunkelrot vor Eifer nach Hause, so daß Muhme Traudel unwillig sagte: „Was ist geschehen? Geh und kämme deine Haare glatt!"

„Doktor Martinus wird morgen in die Schule kommen", sprudelte Gretlein heraus. „Die Schulmeisterin hat gar sehr große Angst. Sie hat eifrig mit uns gelernt und gesungen, was wir morgen sagen sollen. Wird Doktor Martinus zornig werden, wenn man nichts weiß?"

„Zornig wird er werden, wenn er deine Näharbeit ansieht", gab die Muhme tadelnd zurück.

Gretlein war dem Weinen näher als dem Lachen. Sie wollte doch so gern vor Doktor Martinus bestehen, wollte von ihm gelobt werden, ja sie wollte gern als die beste, fleißigste Schülerin vor ihm erscheinen. Sie überlegte lange. Dann holte sie ihre Näharbeit hervor, trennte den häßlichen Saum auf und nähte ihn unter stillem Seufzen noch einmal. Sie gab sich viel Mühe, und sie wunderte sich, wie hübsch und klein ihre Stiche wurden, wenn sie an Doktor Luther dachte.

Stolz auf ihrer Hände Werk zeigte sie die Arbeit der Muhme Traudel, fest überzeugt, ein Lob zu erhalten. Die Muhme schaute zuerst die Arbeit, dann das Kind an und schalt: „Nun sehe ich, daß du zu nähen vermagst, wenn du willst. Komme nicht mehr mit häßlichen Stichen unter meine Augen!"

Traurig schlich Gretlein davon. Als am Abend Muhme Monika noch einmal an ihr Bett kam, um ihr einen Gutenachtkuß zu geben, sagte Gretlein: „Die Eltern der Mägdlein sollen auch kommen und hören, was die Kinder gelernt haben. Die Schulmeisterin hat es gesagt. Werdet ihr auch mitgehen?"

„Gar gerne wollte ich mit dir gehen", gab Muhme Monika zurück, „doch morgen wird es nicht möglich sein. In Hohlfeld ist eine alte Base gestorben, dieser müssen wir die letzte Ehre erweisen."

Gretlein wußte nicht recht, sollte sie sich freuen

oder traurig sein. Muhme Monika hätte sie gerne dabeigehabt, Muhme Traudel lieber nicht.

Am anderen Tag mußten die Kinder schon morgens zur Schule kommen, um das Schulzimmer zu reinigen und zu schmücken. Gretlein freute sich darauf und war sehr zufrieden, daß sie einmal nicht die Zinnteller und Schüsseln scheuern mußte, die bei Muhme Traudel immer glänzen sollten wie Silber.

Jetzt merkte man, daß Gretlein daheim im Dorfe Wald der Mutter hatte helfen müssen. Sie schrubbte und scheuerte den Fußboden, bis er blitzblank und sie selbst klatschnaß war. Dann kamen die Blumen an die Reihe, die an den Wänden befestigt wurden. Sie hatte ein rotes Band mitgebracht, das Muhme Monika ihr einmal geschenkt hatte. Daran hängte sie die Rute auf, damit auch sie festlich aussah. Die Schulmeisterin lächelte darüber, trotzdem hatte sie Kopfschmerzen vor Aufregung.

Atemlos kam Gretlein um die Mittagszeit nach Hause. Alles war wie ausgestorben. Schon vor dem Essen waren die Muhmen nach Hohlfeld gegangen, die Mägde waren auf dem Feld, nur Xaver hämmerte in der Scheune.

„Habt ihr den Imbiß schon eingenommen?“ rief sie hinaus in die Scheune.

„Ja“, gab der Knecht zurück, „dein Imbiß steht warm im Ofen. Die Muhme gebot, daß du sollst die Fenster schließen in der Wohnstube, die Hühner füttern und nicht vergessen, den Riegel am Gartentor vorzuschieben, daß kein Huhn hineinkann in den Garten.“

„Ja, ja!“ rief Gretlein und holte ihr Essen aus dem Ofen. Ach, sie hatte gemeint, sie sei hungrig nach der strammen Arbeit; aber sie konnte nicht viel essen, sie mußte immer an Doktor Martinus und an die Bibelsprüche denken, die sie gelernt hatte. Sie sagte sich während des Essens alle Sprüche her. Sie konnte alle! Vielleicht konnte sie sie besser als die anderen Kinder, dann wurde sie gelobt!

Sie stand vom Essen auf und eilte das Wendeltrepplein empor, immer leise vor sich hinmurmelnd: „Darum solltet ihr nicht sorgen und sagen: Was sollen wir essen? Was werden wir trinken? Womit werden wir uns kleiden..."

Erschreckt blieb sie stehen. Sie wußte nicht mehr weiter. Ach, vor wenigen Minuten hatte sie es doch noch gewußt! Schnell sprang sie die Treppe wieder hinunter und sah in der Bibel nach. Ja, jetzt wußte sie es wieder! Sie prägte sich dreimal ein: „Nach solchem allem trachten die Heiden. Denn euer himmlischer Vater weiß, daß ihr dies alles bedürfet."

Jetzt mußte sie sich fertig machen, es wurde Zeit. „Welches Kleid soll ich antun?" fragte sie sich und blickte suchend in ihrer Kammer umher. Sonst hatten die Muhmen immer das Kleid herausgelegt, das sie anziehen sollte. Heute waren sie wohl eilig gewesen und hatten es vergessen.

Ob Gretlein das Festkleid anziehen durfte? Ein einziges Mal erst hatte sie es getragen, und es war so schön! War es denn nicht ein großes Fest, wenn Doktor Martinus in die Schule kam? Alles war ja festlich gemacht worden, sogar die Rute! Sie öffnete die Truhe. Da lag es! Wie schön waren die Farben und die weißen Puffen! Durfte sie, konnte sie es anziehen, ohne die Muhmen zu fragen?

Ganz heimlich, tief drinnen im Herzen sagte eine leise Stimme: „Nie würde Muhme Traudel es erlauben!"

Gretlein streichelte über den schönen weichen Stoff

und antwortete: „Es ist doch für den Doktor Martinus – den besten Mann in unserm Volk! Das hat die Schulmeisterin gesagt. Elschen Reichenbach zieht sicherlich auch ihr Festkleid an. Die Muhme ist fort, ich kann sie nicht fragen ...“

Doch noch einmal kamen ihr Bedenken. „Dir geht es nicht um den Doktor Martinus“, mußte sie sich sagen, „dir geht es darum, schöner zu sein als alle anderen Kinder!“

Auf ihrem Gesicht erschien ein trotziger Ausdruck. Fünf Minuten später stand Gretlein in ihrem schönen Festkleid in der Stube und tanzte und drehte sich fröhlich. Ja, sie wollte schön sein! Sie wollte dem Doktor Martinus am besten gefallen! Was konnte sie noch tun? Sehnsüchtig sah sie nach ihrer Laute, die an der Decke hing. Wenn sie diese mitnehmen könnte! Wenn sie vor Doktor Martinus spielen dürfte! Der würde staunen! Entschlossen kletterte sie auf einen Stuhl und holte die Laute herunter. O, einmal wieder spielen! Einmal wieder dazu singen!

Gretlein war aufgeregt und ganz wirr in ihrem dunklen Wuschelköpfchen. Die Eitelkeit und der Ehrgeiz, die Liebe zur Musik und zu Doktor Martinus beherrschten sie so, daß sie das zarte, mahnende Stimmlein tief drinnen im Herzen gar nicht mehr hören wollte und zuletzt auch nicht mehr hörte. Sie nahm die Laute mit, ganz gewiß! Endlich konnte sie wieder spielen, endlich! Sie griff in die Saiten. Wie ein Rausch kam es über das Kind, als es nach so langer Zeit wieder die lieben Töne hörte. Sie vergaß alles, Schule, Doktor Martinus und Festkleid, sie saß auf ihrem Schemel und sang und spielte dazu nach Herzenslust.

Plötzlich fuhr sie erschreckt in die Höhe. Wie spät war es denn? Die Schulmeisterin hatte den Kindern ans Herz gelegt, nur ja früh genug zur Schule zu kommen.

O weh, wenn Gretlein nicht lief, kam sie zu spät! Fort, nur fort! Fenster, Hühner, Gartentüre, alles war vergessen! Sie ließ alles liegen und stehen und rannte die Vordertreppe hinunter, weil es schneller ging. „Einmal wird es nicht schaden, die Muhme sieht es ja nicht."

Mit solchen Gedanken eilte sie der Schule zu. Merkwürdig, sie hatte nun alles durchgesetzt, was sie gerne wollte, Festkleid, Laute, Vordertreppe – und dennoch war sie nicht froh. Es war, als wenn ganz leise ein Würmlein nagte an ihrem Herzen.

Als die letzte der Schülerinnen stürzte Gretlein atemlos in die Schulstube. Auf den ersten Blick sah sie, daß kein einziges Kind sein Festkleid trug, daß alle beisammensaßen in ihren schlichten Sonntagsnachmittagskleidchen.

„Hat die Muhme das Festtagskleid erlaubt?" fragte Elschen erstaunt, als Gretlein sich neben sie setzte.

„Sie war nicht zu Hause, und ich konnte sie nicht fragen", gab Gretlein kleinlaut zurück. Sie hatte keine Freude mehr an dem hübschen Kleid. Sie hatte das Gefühl, als wenn alle Eltern und alle Kinder auf sie blickten. Sie fiel auf. Sie saß dazwischen wie ein Pfau! Sicherlich dachten alle: „Warum hat Gretlein Brandin das Festtagskleid an? Welch eitles, dummes Kind!" Sie hatte doch die Schönste und Gescheiteste sein wollen von allen!

Auch die Laute hätte sie am liebsten irgendwo versteckt. Warum hatte sie sie bloß mitgebracht? Kein anderes Kind hatte eine solche Torheit begangen!

Wieder meldete sich die feine Stimme: „Du wolltest vor allen glänzen..."

Es herrschte eine erwartungsvolle Stille in der

Schulstube. Die Kinderherzen pochten, die Eltern rückten unruhig hin und her, und die Schulmeisterin war ganz bleich vor Kopfschmerzen.

Jetzt krachte die Holztreppe unter wuchtigen Schritten.

„Er kommt!" ging es flüsternd durch die Reihen. Die Kinder standen auf. Weit öffnete sich die Tür.

„Gott zum Gruß, ihr lieben Mägdlein!" rief eine laute, freundliche Stimme, daß die Kinderaugen aufleuchteten. – War das der große, berühmte Doktor Luther, auf den die halbe Welt sah? Der lachte ja so herzlich, daß alle Angst zum Fenster hinausflog!

Zuerst faltete er die Hände und sprach ein kurzes Gebet. Dann fing er an zu fragen. O, das hatte keine Not! Fast alle Finger waren in der Höhe. Doktor Martinus fragte keine so schwierigen Dinge wie die Schulmeisterin oft. Die Eltern atmeten erleichtert auf. Sie hätten sich geschämt, wenn ihre Kinder keine Antworten hätten geben können. Zuletzt kam das Schönste, das Singen! Die Kinder sangen aus voller Kehle, und der Reformator stimmte mit ein, nicht weniger eifrig als die kleinen Mädchen. Einmal sangen die Kinder falsch. „Haltet ein!" rief Doktor Martinus lachend. „Laßt uns dies noch einmal singen, weil die Engel im Himmel uns sonst auslachen! Die jubilieren gar rein und schön!"

Als eine Pause eintrat, kam Doktor Martinus zu Gretleins Schrecken ganz nahe zu ihr heran und fragte: „Kannst du diese Laute spielen?"

Mit dunkelrotem Gesicht hauchte sie : „Ja!"

„Kannst du auch dazu singen?" fragte er weiter.

Sie konnte nicht antworten vor Verlegenheit. Hätte sie – hätte sie doch nur die Laute nicht mitgenommen!

Schließlich antwortete die Schulmeisterin: „Gretlein

kann sehr gut singen."

„Ei, wenn du singen und spielen kannst, dann möchten wir wohl gern ein Lied hören!" rief Doktor Martinus.

Des Kindes Finger zitterten. Unmöglich, sie konnte jetzt nicht spielen!

„Hast du Angst im Herzen?" fragte der große Mann. „Fang an, ich helfe mit."

Gretlein griff in die Saiten, und ein zitterndes Stimmchen sang: „Nun freut euch, liebe Christen, gmein..." Sie schluckte, sie konnte nicht mehr, aber Doktor Martinus sang fröhlich weiter. Da schwand alle Angst. Hell und glockenrein sang sie mit dem Reformator:

„...und laßt uns fröhlich springen,
daß wir getrost und all in ein
mit Lust und Liebe singen,
was Gott an uns gewendet hat,
und Seine große Wundertat;
gar teur hat Er's erworben."

Auch Luther konnte das Lied auswendig, er hatte es ja selbst gedichtet. Als er hörte, wie sicher und kräftig Gretlein sang, wurde seine Stimme leiser und leiser, bis er ganz still war und nur zuhörte.

„Jungfer Schulmeisterin", sagte er vergnügt, „Ihr habt eine kleine Nachtigall in Eurer Schule!" Und zu Gretlein gewendet: „Singe, mein liebes Kind, singe zur Ehre Gottes! Dazu hat Er dir deine reine Stimme gegeben."

„Meine Laute muß an der Decke hängen", dachte Gretlein heimlich. Froh gingen die Kinder nach Hause. Herr und Frau Reichenbach hatten dem Unterricht beigewohnt. Sie schritten mit Doktor Luther ihrem Hause zu, und Elschen hüpfte an ihres Vaters Hand wie ein übermütiges Zicklein. Sie hatte alle Fragen beantworten können.

Gretlein sah ihnen traurig nach und schlich leise davon. Was würde Muhme Traudel sagen? Gretlein zitterte bei diesem Gedanken. Die Stimme tief drinnen im Herzen sprach jetzt laut und deutlich und sagte ihr, daß sie selbst alle Schuld trug, daß sie ungezogen gewesen, und daß Muhme Traudel mit Recht böse sein würde. Gretlein hätte das Festkleid nicht anziehen dürfen, sie hätte die Laute nicht mitnehmen dürfen, sie hätte die Vordertreppe nicht benutzen dürfen, sie hätte...

Ein recht unglückliches Kind betrat der Muhme Haus.

Die beiden Schwestern saßen in der Wohnstube und redeten eifrig miteinander. Gretlein hörte im Hausflur, wie Muhme Monikas liebe Stimme sagte: „Sei gelassen, Traudel! Ich hätte das blaue Leinenkleidchen auf des Kindes Bett zurechtlegen sollen..."

Die Muhme wußte also schon alles! Gretlein wagte nicht in die Wohnstube zu gehen. Sie lief, so schnell sie konnte, das Wendeltrepplein hinauf in ihre Schlafkammer, um sich umzuziehen.

Zum Glück hörte sie nicht mehr, was Muhme Traudel antwortete: „Es ist ein christlich Gebot, die Kinder sollen den Älteren gehorsam sein. Weil Gret das nicht kann, will ich es sie lehren!" Sie öffnete die Stubentür und rief barsch: „Gret, komm zu mir in die Wohnstube!"

„Ja, Muhme Traudel!" antwortete das Kind und lief in seinem Werktagskleidchen die Wendeltreppe wieder hinunter.

„Sage mir", fragte die Muhme streng, „war es erlaubt, das Festkleid anzuziehen in die Schule?"

„Nein", hauchte das kleine Mädchen, „ich konnte Euch nicht fragen."

„War dir bewußt, daß du etwas tatest, das verboten war?" fuhr die Muhme fort. Da Gretlein schwieg, kommandierte sie streng: „Gib Antwort!"

„Ich meinte, es wär' ein großes Fest, wenn Doktor Martinus in die Schule kommt."

„Meinst du, Doktor Martinus sieht auf dein Kleid, du böses, törichtes Kind? Der dachte: welch ein eitles, gottloses Mädchen!"

„Nein! Nein! Das dachte er nicht!" schrie Gretlein und brach in Tränen aus.

„Wer hat die Laute von der Decke geholt?"

„Ich. – Verzeih mir, Muhme Traudel, ich hätte das nicht tun sollen. Ich will es wiedergutmachen."

„Es ist nicht nur das!" schrie Traudel Scheuerlin aufgeregt. „Du hast die Vordertreppe benutzt! Zwei Spuren habe ich gefunden! Du hast dein nasses Werktagskleid auf dein Bett geworfen! – Du hast Teller und Schüssel vom Imbiß auf dem Tisch in der Küche stehenlassen! – Du hast die Hühner nicht gefüttert! – Du hast die Gartentür nicht verriegelt, die Hühner sind in den Garten gekommen, haben alles ausgescharrt! Du verstockte, ungehorsame, eigensinnige Gret!" rief sie und versetzte dem Kind bei jedem der drei Beiwörter einen derben Schlag mit ihrer harten Arbeitshand, so daß es laut aufschrie vor Schmerz.

Ach, an das lange Sündenregister, das die Muhme dem Kind vorhielt, hatte es noch gar nicht gedacht! Es war alles Wahrheit! Über ihrem Kleid, ihrer Laute und Doktor Martinus hatte sie alles andere vergessen.

Die Muhme saß kalt und steif vor Gretlein, so als

wenn sie auf etwas wartete.

„Verzeiht, Muhme“, fing Gretlein an, „es soll besser werden mit mir.“

Wir wollen zur Entschuldigung von Jungfer Scheuerlin sagen, daß sie unterwegs auf dem Heimweg von der Beerdigung durch einen plötzlichen Regen naß geworden war und daß sie sich durch die große Aufregung über Gretleins Ungezogenheit nicht wohl fühlte, sonst hätte sie wahrscheinlich nicht gesagt, was sie nicht sagen durfte.

„Geschwätz!“ rief sie erregt. „Meinst du, du könntest hier alle guten Sitten verderben und tun nach deinem Wohlgefallen? Willst deine alten Muhmen kränken und ihnen bösen Schaden zufügen, wenngleich sie dich aufgenommen und ihr Brot mit dir teilen, auf daß du und deine Sippe nicht Hungers sterben?“

„Nein“, schluchzte Gretlein auf, „ich will euch keinen Schaden zufügen.“

„Schweig!“ rief die Muhme und erhob wieder die Hand zum Schlag, denn Widerreden ertrug sie nun einmal nicht. „Lästerliche Hantierung, gottloses Gebaren ist es, du denkst nur an deine Laute, an deine Kleider und an dein Faulenzen, genauso wie dein Vater getan und deine Mutter tut!“

Die Worte waren gesagt, Worte, welche die Jungfer Scheuerlin nie, nie vor dem Kinde hätte sagen dürfen.

Gretlein schnellte wie ein Blitz in die Höhe, sie stand vor der Muhme, wie sie in Wald vor ihr gestanden, mit geballten Fäusten und mit vor Haß sprühenden Augen. „Muhme Traudel!“ schrie sie laut auf . „Meine Mutter - meine Mutter und mein Vater, sie waren nimmermehr faul! Meine Mutter ist lieb! Du - Ihr – Ihr seid ...“

Das verzweifelte Kind rannte zur Tür, um fortzulaufen. Wohin, das wußte es nicht. Muhme Monika lief ihm nach und hielt es fest. „Komm, Gretlein, komm zu mir“, sagte sie tröstend.

Aber das Kind riß sich los. „Laßt mich! Laßt mich! Hier bleibe ich nicht mehr! Ich gehe fort zu meiner Mutter! Muhme Traudel ist – sie ist – eine Teufelin!“

Die Haustür schlug hinter Gretlein zu.

Jetzt sprang wie erschreckt auch Traudel Scheuerlin auf, um das Kind zu holen. Draußen auf der Straße hielten sie es endlich fest. Mit Händen und Füßen schlug es verzweifelt um sich und schrie : „Meine Mutter! Meine liebe Mutter! Meine Mutter - !“

Endlich brachten sie das völlig erschöpfte, zitternde Gretlein wieder zurück in die Stube. Dort gab Monika Scheuerlin ihrer Schwester einen Wink, und die Herrin des Hauses verließ die Stube.

In Monikas Armen wurde Gretlein wieder ruhiger. Nach einer halben Stunde brachte sie das Kind zu Bett, so lieb und sanft und still, daß es seine müden Augen schloß; nicht um zu schlafen – es war ja noch heller Tag –, sondern um zu ruhen. Die Muhme saß am Bett und hielt die kleine Hand fest. Endlich strich sie die wirren Locken von der Stirn, küßte die heißen Wangen und verließ leise die Kammer.

Es war ein trauriges Abendessen. Die beiden Schwestern saßen sich gegenüber, ganz allein, wie zu jener Zeit, da noch kein Gretlein im Hause gewesen war. Keine sprach ein Wort, keine mochte essen. Die Mahlzeit wurde abgetragen, wie sie aufgetragen worden war.

„Ob du es erlaubst oder nicht“, fing nach langer Pause Monika an, „ich gehe jetzt hinauf und bringe Gretlein etwas zu essen.“

Traudel Scheuerlin saß in ihrem Stuhl, zusammengesunken, sprachlos, mit starren Augen. Noch niemand hatte gewagt, so mit ihr zu sprechen, am allerwenigsten Monika. Traudel gab ihr keine Antwort. Sie schaute der Schwester nach, als diese aufrecht und entschlossen die Stube verließ. Traudel hatte das Gefühl, daß nunmehr Monika Herrin im Hause sei.

Droben in der Kammer lag Gretlein immer noch erschöpft in ihrem Bett. Der Prüfungstag, der so schön begonnen, hatte ein so trauriges Ende genommen. Immer und immer mußte sie an die Mutter und die Geschwister denken.

Sie wollte gerne verzichten auf gutes Essen und Trinken und auch auf schöne Kleider. Sie hatte ihres Herzens Türe weit aufgemacht und Eitelkeit und Hochmut und Ehrgeiz wieder hinausgeworfen. Selbst die Schule wollte sie missen, wenn sie wieder heimkehren durfte nach Wald, wo eines das andere liebhatte. Muhme Traudel konnte alles für sich behalten, Gretlein wollte nichts mehr von ihr haben.

Mitten hinein in diese Gedanken kam Muhme Monika mit einem Schüsselchen voll süßen Hirsebreies. Sie wußte, daß das Kind ihn gern aß, und er schmeckte trotz des Heimwehs sehr gut.

Als die Schüssel leer war, schlang Muhme Monika ihre Arme um Gretlein und flüsterte: „Gewiß warst du ungezogen, aber das hätte die Muhme nicht sagen dürfen. Tröste dich, ich helfe dir, ich schütze dich."

Zuerst weinte Gretlein sich aus, dann sagte sie: „Ich gehe heim zu meiner Mutter! Ich will lieber in Armut leben als hier im Haus bleiben."

„Mußt nicht so sprechen", gab Muhme Monika freundlich zurück, „das geht alles vorüber. Ich bin bei dir und helfe dir."

„Darf ich meine liebe Mutter und meinen Vater beschimpfen lassen?" begehrte das Kind auf.

„Nein, nein“, lautete die sanfte Antwort, „das darf die Muhme auch nicht wieder sagen. Auf deine liebe Mutter darfst du nichts kommen lassen. – Doch mußt du bedenken, die Muhme war sehr müde von dem weiten Weg. Sie konnte sich nicht mehr fassen. Was sie sagte, das hat sie in der Erregung gesagt, denn du hattest in der Tat gar leichtfertig und unrecht gehandelt.“

Gretlein ließ traurig den Kopf hängen. Ja, das war wahr, das gab sie zu.

„Wahrscheinlich bereut es meine Schwester jetzt“, fuhr Monika fort, „sie sitzt stumm in der Stube und weiß nichts mehr zu antworten.“

Gretlein schaute verwundert auf und mußte ein wenig lächeln. „Weiß nichts mehr zu antworten“, dachte sie, „bei mir weiß sie immer etwas!“

„Bedenke“, fing Monika wieder an, „du hast auch Böses gesagt, das du nicht hättest sagen sollen.“

Ja, die Muhme hatte recht. Das Kind konnte nicht verstehen, wie es einen solch häßlichen Schimpfnamen hatte gebrauchen können. Über diesen Gedanken schlief sie ein.

Am anderen Morgen war alles, als wenn nichts vorgefallen wäre. Muhme Traudel sprach mit Gretlein eher mehr als sonst. Beim Zinnputzen half sie ihr sogar ein wenig, und als der Xaver einen Korb voll schöner Frühbirnen in die Küche brachte, gab sie Gretlein einige davon.

Auch das Kind war wie sonst, jedoch blaß und still. Es gab Antwort, wenn es gefragt wurde, es sagte „Dank schön“, als es die Birnen erhielt, es fühlte auch keinen Haß und keinen Zorn mehr gegen die Muhme Traudel; aber in seinem Herzen stand der Entschluß fest, zurückzugehen zur Mutter und zu den Geschwistern.

Es konnte nicht mehr in Wittenberg bleiben, nein, es konnte nicht.

Als es nach dem Essen Zeit zur Schule war, machte Gretlein sich fertig wie jeden Tag. Ein Stücklein Brot steckte sie in die Tasche. Sie ging aber nicht zur Schule, sie lief hinaus auf die Landstraße, um einen Wagen zu suchen, mit dem sie nach Wald fahren konnte. Sie wartete und wartete, aber es kam keiner. Es war Erntezeit und alle Pferde und Fuhrwerke in Anspruch genommen. –

Vergeblich schaute Elschen Reichenbach nach ihrer Freundin aus, vergeblich lief sie nach der Schule bis ans Stadttor, wo Muhme Scheuerlins Haus stand. Nirgends eine Spur von Gretlein! Das Kind wagte nicht einzutreten und zu fragen, weil es die Mutter nicht um Erlaubnis gefragt hatte.

Das arme Gretlein irrte umher. Was sollte sie tun in dieser Not? Zurück in das große Haus ging sie nicht mehr!

Die Muhmen dachten, sie sei wie jeden Tag mit Elschen nach Hause gegangen, um zu spinnen und zu spielen. Doch sie saß ganz allein draußen an der Elbe auf einem gefällten Baumstamm, der den Leuten als Bank diente, und weinte bitterlich. Was sollte sie nun tun? Zu Reichenbachs gehen? Nein, Frau Reichenbach brachte sie wieder zurück zu Muhme Traudel. Das wollte sie nicht! Nein, sie wollte daheim lieber betteln gehen!

„Wenn aber die Muhme im Zorn über dich die Kühe und alles wieder sollte fortholen, was dann?“ fragte die zarte Stimme drinnen im Herzen.

„Dann gehen wir alle betteln“, sagte das kleine Mädchen laut und entschlossen.

„Deine arme Mutter auch?“ fragte die Stimme weiter.

Darauf wußte sie keine Antwort. Sie schluchzte von neuem auf.

Da legte sich von hinten eine Hand auf die dunklen Locken, und eine freundliche Stimme sagte: „Warum weinst du, mein Kind?"

Gretlein fuhr erschreckt in die Höhe und blickte zu dem Manne auf.

„Das ist ja die kleine Nachtigall aus der Mägdleinschule! Das ist mein Singerlein!" rief kein anderer als Doktor Martinus Luther.

Es war ein trauriges, tränenüberströmtes Kindergesicht, das zu Doktor Martinus aufschaute. Er blickte mitleidig hinunter auf dieses Häuflein Unglück und fragte: „Hat solch kleines Dinglein schon so großen Schmerz? Was gedenkst du hier allein zu tun?" Er setzte sich neben das Kind auf den Baumstamm.

„Ich habe einen Fuhrmann gesucht, der mich heimbringen soll zu meiner lieben Mutter. Ich habe keinen gefunden und weiß nicht, wo ich herbergen soll diese Nacht."

Luther machte ein erstauntes Gesicht. „Ei, hast du nicht ein warm Bettlein bei der Muhme?" fragte er.

„Ich kann bei Muhme Scheuerlin nicht mehr bleiben. Nein, das kann ich nicht."

Er legte seinen Arm liebevoll um die schmale Gestalt, die bebte vor Aufregung. Er fühlte es, da war ein Schmerz, da war eine Sorge, ein Unglück, vielleicht sogar Sünde und Schuld! Er mußte helfen!

„Hör mich an", sagte er, und ein liebes Lächeln spielte dabei um seinen Mund. „Wir zwei sind doch gute Freunde! Ich habe dich hinter dem Ofen hervorgezogen, und du hast mir ein schönes Lied gesungen. Darfst mir alles sagen, was dein Herz beschwert. Wenn

Doktor Martinus es vermag, hilft er dir und nimmt dir deine Sorgen ab."

„Gestern trug ich in der Schule mein Festkleid, darüber zürnt die Muhme Traudel."

„Ja, ja, das durftest du wohl auch nicht tun", meinte Luther und strich mit der Hand sanft die wirren Locken glatt. So tat die Mutter in Wald manchmal! Des Kindes Herz wurde warm. Sich wie Schutz suchend näher an ihn anschmiegend, sagte es dem großen Reformator alles. Es bekannte ihm seine Schuld, ohne sie zu beschönigen. Er hörte so aufmerksam zu, und je mehr Sünden es wurden, desto fester nahm er das Kind in seinen Arm. So wohl geborgen und beschützt, sprach es nicht nur vom Festkleid, sondern auch vom Geschirr in der Küche, von der Laute, von der offenen Gartentür, von den Fenstern in der Wohnstube, von den Hühnern und – ach, das wurde ihm schwer, sehr schwer – auch von dem bösen Wort, das es gesagt hatte.

Gretlein erzählte aber auch, was Muhme Traudel über ihre Mutter gesagt hatte. Dabei versiegten die Tränen, sie machte sich aus den starken Armen los und rief: „Ich lasse nichts kommen auf meine liebe Mutter!"

„Du armes kleines Mägdlein", antwortete Doktor Martinus leise, „dann tust du recht, auf deine liebe Mutter darfst du nichts kommen lassen. – Laß uns die ganze Sache bereden, wir sind ja gute Freunde! Du willst nicht mehr bei der Muhme bleiben, willst zurück zur Mutter? Die wird gar froh sein, wenn sie ihr Gretlein wieder sieht, meinst du nicht?"

„Ja, sie wird froh sein", gab das Kind zurück. „Aber..."

„Was aber?"

„Sie wird nicht froh sein über der Muhme Zorn und über das böse Wort, das ich gesagt habe. Ich werde ihr alles erzählen müssen."

„Ja", stimmte Luther zu, „die Mutter muß alles wissen."

„Christine soll zu der Muhme gehen, die wollte sie gerne haben", fuhr Gretlein fort.

„Meinst du, die Muhme will Christine haben, wenn das Gretlein fortgelaufen ist?" fragte er.

„Ich denke, sie wird zürnen", gestand Gretlein ein. Plötzlich sah sie vor sich, wie elend und hungrig daheim alle gewesen waren am Weihnachtstag...

„Doktor Martinus", fragte sie vertrauensvoll, „wird die Muhme die zwei Kühe und das Korn wieder wegholen, wenn sie ärgerlich ist?"

„Das weiß ich nicht", lautete die Antwort, „ich hoffe, Muhme Monika wird einstehen für deine Mutter und für deine Geschwister."

„Was Muhme Monika sagt, das gilt nicht", behauptete Gretlein so bestimmt, daß der Reformator lächeln mußte. „Muhme Traudel tut immer nur, was sie will. Was wird sie mit den Kühen machen?"

„Mußt geduldig abwarten."

„Abwarten kann ich nicht!" rief Gretlein. „Die Kühe sind der Mutter sehr nötig! Ich werde hier bleiben müssen." Der letzte Satz wurde nur leise gesprochen und schloß mit einem lauten Schluchzen.

„Gut bedenken mußt du das, Kind. Muhme Traudel ist eine gar strenge Frau, der muß man gehorchen! Das fällt meinem Singerlein schwer!"

„Ich will es lernen", flüsterte Gretlein.

„Wenn du das willst, freut sich der himmlische Vater. Unser ganzes Leben lang dürfen wir nie nachlassen zu lernen. Wie wird deine Mutter fröhlich sein, wenn sie die Kühe behalten darf!"

„Die Kühe muß sie behalten. Ich muß hier bleiben. Nur, nur – ", fügte Gretlein zaghaft hinzu, „ich hab so große Angst vor der Muhme Traudel."

Doktor Martinus stand auf und nahm das Kind an der Hand. „Komm", sagte er, „ich bringe dich heim. Die Muhme soll dich nicht schelten. – Schau, der Mond steht schon am Himmel, und es ist doch lichter Tag! Wie der lächelt! Er freut sich auch, weil du bereit bist, um deiner lieben Mutter willen zu bleiben. Gedenke auch daran, daß du über die Muhme genauso böse Worte sagtest wie sie über deinen Vater und deine Mutter. Ihr beide müßt das dem Heiland und einander bekennen. Und ein Lied mußt du mir auch noch singen!"

„Muhme Traudel haßt das Singen", warf Gretlein ein.

„Ich will's schon machen", gab Luther zurück. „Wer eine solche Stimme hat, der muß singen zu Gottes Lob und Ehre. Wisse aber noch eines, Gretlein", fuhr er fort, indem er stehenblieb, „allein schaffst du das Gehorchen nicht. Du mußt Gott bitten, daß Er dir hilft, dann wird es gelingen."

„Ich will's", antwortete Gretlein wieder. –

Die beiden Muhmen saßen zusammen in der Wohnstube. „Heute bleibt Gretlein aber lange bei seinem Elschen, bald fängt es an zu dämmern." Kaum hatte Monika diese Worte gesprochen, als an der Haustüre kräftig gerufen wurde: „Jungfer Scheuerlin!" Sie hatten das Klopfen nicht gehört.

„Wer mag das sein? Das ist eine Männerstimme!" rief Muhme Traudel und eilte zur Türe, um aufzuschließen. Als sie den Reformator erblickte, fuhr sie erschreckt zurück und machte eine tiefe Verbeugung. „Eine große Ehre für unser Haus, Ehren Doktor! Tretet ein und seid willkommen!“

Jetzt erst reichte sie ihm die Hand, die Luther kräftig schüttelte, während er sagte: „Ich habe Euer Gretlein mitgebracht. Wir zwei sind gute Freunde. Ich wollte schon immer die beiden Jungfern Scheuerlin besuchen, aber einer wie ich hat gar wenig Zeit.“

Mehr sagte Luther nicht. Die beiden Muhmen meinten, er habe das Kind von Reichenbachs mitgebracht. Das ahnte Doktor Martinus nicht. Er war ganz unschuldig an der Täuschung.

Gretlein erfuhr kein böses Wort und keinen bösen Blick, die Muhme Traudel fühlte sich viel zu sehr geehrt durch den hohen Besuch. Das Kind wurde in die Küche geschickt, damit es nicht alles hören sollte, was große Leute sprechen. Doktor Martinus saß gemütlich in der großen Wohnstube in einem weichen Sessel und wußte nicht, wo er anfangen sollte. Am liebsten hätte er der Muhme Traudel eine ernste Predigt gehalten, aber das durfte er nicht, sonst war alles verdorben. Ganz Wittenberg hatte einen großen Respekt vor Traudel Scheuerlin, und Doktor Luther auch. Zu Worms hatte er dem Kaiser und der ganzen Welt getrutzt, und vor Jungfer Scheuerlin fand er nicht das richtige Wort.

„Ihr habt ein liebes, munteres Mägdlein in Euer Haus aufgenommen, Jungfer Scheuerlin“, fing er endlich an. „Es hat eine prächtige Stimme und hat mir in der Schule große Freude gemacht. Die Stimme ist dem Gretlein von Gott gegeben, auf daß sie Ihn lobe und preise. Die Musik ist ein gar fein Ding. Das Kind hat es im Ohr und im Herzen.“

Traudel Scheuerlin saß ein wenig verlegen da. Jetzt konnte s i e das Wort nicht finden. Aber Monika rief froh: „Darüber freuen wir uns, wenn Gretlein Euch Freude bereitet hat! Sie singt gar gern!“

„Ich sorge stets", fiel Traudel ihr ins Wort, „die Gret vergißt über dem Singen die Arbeit, wie ihr Vater getan.

„Dies hat keine Not!" lachte Luther, „ist sie doch nicht nur das Kind ihres Vaters, sondern auch ihrer Mutter. Diese ist eine aus der Sippe der Scheuerlin und hat gewiß auch deren Fleiß geerbt."

Das war wieder ein gutes Wort! Traudel fühlte sich selbst von dem berühmten Manne gelobt und lächelte ihm freundlich Zustimmung zu.

Doktor Luther stand auf, um zu gehen. Er hielt Traudels Hand fest in der seinen, während er sagte: „Das Kind wird Euch zum Segen gereichen, Jungfer Scheuerlin, denn Christus hat gesagt: 'Wer ein solches Kind aufnimmt in meinem Namen, der nimmt mich auf.' – Schlaft wohl!"

Noch ein Händeschütteln mit Monika, ein freundlicher Blick, und er war fort. Die beiden Muhmen saßen still auf ihren Stühlen, überwältigt von so viel Ehre. Das hätten sie nicht gedacht, daß der große Reformator, der mit Gelehrten und Fürsten verkehrte, in ihr Haus eintreten und mit ihnen reden würde wie alle anderen Menschen. Warum eigentlich? – Wegen Gretlein!

Muhme Traudel schüttelte still den Kopf. Sie konnte nicht begreifen, warum Luther an Gretlein so großen Gefallen fand. Sie sagte aber kein Wort.

Das Festkleid, die Laute und die anderen Sünden wurden nicht mehr erwähnt, alles war vorbei, alles war durch des Reformators Besuch wiedergutgemacht. –

Ganz ruhig und geborgen lag an jenem ereignisreichen Abend Gretlein in ihrem Bett. Ein stiller, schöner Friede war über sie gekommen. Sie hatte genauso gefehlt wie Muhme Traudel, und sie wollte alles wieder in Ordnung bringen. Sie faltete, ehe sie einschlief, still die Hände und tat gewissenhaft, was sie Doktor Martinus versprochen hatte.

Eben wollte Gretlein hinüberschlummern ins Traumland, da fühlte sie eine Bewegung am Bett. Muhme Monika beugte sich über sie und gab ihr einen zärtlichen Kuß. Gretlein setzte sich im Bett aufrecht und sagte dieser Muhme alles. Daß sie nicht in der Schule und nicht bei Reichenbachs gewesen, und was sich draußen an der Elbe auf dem gefällten Baumstamm zugetragen hatte.

Die Muhme erschrak heftig: „Kind, Kind", sagte sie, „was hätte ich ohne mein Gretlein machen sollen?"

Als sie nachher vor Traudels Kammertür vorbeihuschte, streckte ihre Schwester den Kopf mit der weißen Nachtmütze heraus und fragte: „Was ist's mit der Gret?"

„Nichts, ich wollte ihr nur eine gute Nacht bieten", antwortete Monika und verschwand hinter ihrer Türe.

Gretlein und Muhme Monika schliefen friedlich und süß in jener Nacht. Muhme Traudel aber wälzte sich auf ihrem Lager und konnte keinen Schlaf finden. Sie mußte über Luthers Besuch und über die Ehre nachdenken, die ihrem Hause widerfahren war. Sie hegte die stille Hoffnung, daß die Nachbarn alle gesehen hatten, wie Doktor Martinus, das Kind an der Hand, ihr Haus betrat.

Wie konnte er nur so großes Gefallen an Gretlein haben? Gewiß, das Kind konnte singen.

„Mag sie ein wenig singen", sagte sie zu sich selbst, „so viel wie bei ihrer Mutter darf sie aber nicht die Laute spielen!" Das Wort „Mutter" berührte Traudel Scheuerlin unangenehm. Sie wußte sehr genau, daß sie etwas gesagt hatte, was sie nicht hätte sagen dürfen. Monikas Vorwurf nagte an ihrem Herzen. Auch die Worte Luthers kamen ihr in den Sinn: „Wer ein solches

Kind aufnimmt in meinem Namen, der nimmt mich auf."

Jungfer Scheuerlin mochte viele Fehler haben, aber die eine Tugend hatte sie, sie war ehrlich gegen sich selbst und gegen andere Menschen. Nein, sie hatte Gretlein in ihrem Hause nicht aufgenommen in Jesu Namen! Das war ihr ganz klar. Sie hatte sie aufgenommen, weil Monika es gewünscht, und auch der Leute wegen. Ihr Gewissen schlug, und das haben die meisten Menschen nicht gerne. Sie schieben dann die Schuld auf andere. Auch Traudel fing an, mit ihren Schwestern zu rechten. „Hätte Monika den Wunsch nicht ausgesprochen, oder hätte Dorothea Christine geschickt", sagte sie zu sich selbst, „dann hätte ich auch christlicher gehandelt." –

Wenige Tage später saßen die beiden Schwestern wieder beisammen. Es war ein heißer Sonntagnachmittag, viel zu schwül, um hinauszugehen auf den Friedhof an das Grab von Vater und Mutter. Sie lasen beide still in Doktor Luthers Neuem Testament.

Plötzlich fing Traudel an: „Sag, Monika, ist Gret nicht besser geworden und verständiger? Sie ist stiller und tut genau nach meinen Worten."

Muhme Monika gab keine Antwort.

„Sag, ist es nicht so?" drängte Traudel.

„Sie ist stiller geworden, ja. Wenn du zufrieden bist, ist es gut", antwortete Monika.

„Warum sollte ich nicht zufrieden sein?" Traudel runzelte dabei die Stirne.

„Siehst du nicht, wie bleich das Kind dreinschaut? Wie ängstlich es nach deinen Augen blickt? O Traudel, das ist kein fröhliches, glückliches Kind, das lacht und spielt. Gretlein ist ein armes Geschöpf! Doktor Martinus sagt, bei der Rute muß der Apfel liegen! Du willst nur die Rute! Du versündigst dich an dem Kind!"

Monika fing an zu zittern am ganzen Körper wie immer, wenn sie in Aufregung geriet.

Traudel lief erschreckt und besorgt herzu und rief: „Monika, fasse dich! Sei gelassen! Du wirst krank werden! Welch eine große Last ist doch solch ein Kind!"

„Nicht Last, Freude sollte es sein!" gab Monika zurück. „Traudel, ich bitte dich, laß mich mit Gretlein etliche Tage nach Wald fahren. Sie hat ein mächtig Heimweh."

Zu ihrer großen Überraschung erlaubte Traudel das sogleich.

Am darauffolgenden Sonntag wurden Monika und Gretlein sorgfältig auf einen Wagen gepackt, Xaver stieg auf den Kutschbock, er knallte mit der Peitsche, Traudel Scheuerlin schüttelte den beiden Reisenden die Hände, die Pferde zogen an, und fort ging es, hinaus aus der Stadt, der Heimat zu! Gab es ein größeres Glück? Bei der Abfahrt schüttelte Traudel Scheuerlin verwundert den Kopf. Das Kind hatte wieder rote Wangen und strahlende Augen.

Und daheim? – Nein, das läßt sich nicht beschreiben! Dorothea saß mit ihren Kindern bei der Mittagssuppe. Sie löffelten alle vergnügt aus der großen Schüssel, die in der Mitte des Tisches stand. Als der Wagen vorfuhr, ließen sie vor Überraschung die Löffel fallen und eilten hinaus. Welch ein Jubel! Welch ein Geschrei! Welch Gezappel! Mutter Dorothea wußte nicht, sollte sie zuerst ihr Kind oder ihre Schwester umarmen. Gretlein warf sich der Mutter an die Brust und hing an ihrem Hals, so daß Dorothea kaum aufrecht stehen konnte.

Im nächsten Augenblick stürzte Gretlein hinein in die Hütte an Heiners Bettlein, der sehr fest schlief und tief atmete. Mußte sie warten, bis er aufwachte? Nein, das konnte sie nicht. Es war ja wieder Zeit zum Schlafen, wenn sie in Wittenberg war! Sie nahm ihn aus dem Bettchen, sie küßte ihn immer und immer wieder, bis er anfing zu schreien. Sie tanzte so lange mit ihm in der Stube umher, bis er lachte. Sie mußte einfach, sie mußte den kleinen Kerl einmal wieder küssen und lieb haben! So furchtbar lange hatte sie ihn nicht mehr gesehen!

Jetzt kamen die anderen Geschwister an die Reihe, dann die Kühe, die Hühner, die Schweine, die Katze und der Hund. Auf den Hausspeicher lief Gretlein, nach dem Korn mußte sie sehen, nach dem Mehl, nach allem, allem!

Sie sah es mit eigenen Augen, die Lieben brauchten keine Not zu leiden!

Als sie endlich wieder zurückkehrte in die Stube, tat sie einen lauten Freudenschrei: „Mutter! Mutter! Liebe Mutter!" und hing wieder an ihrem Hals.

Daheim! Daheim! Christine hantierte in der Küche und brachte nach kurzer Zeit duftende Eierkuchen in die Stube. Nein, es war nicht mehr wie bei armen Leuten, es war alles da!

Ganz leise stieg in dem Herzen des kleinen Mädchens ein tiefes Dankgefühl auf für die Muhme Traudel. Sie hatte geholfen, sie hatte vieles gegeben. Und Gretlein hatte sie 'Teufelin' gescholten!! Das tat ihr jetzt sehr leid.

Und wie alles schmeckte! Daheim schmeckte! Noch nie, nie im Leben waren Eierkuchen so gut gewesen! Drei Tage durften sie bleiben, es waren Tage voll Glück und Sonnenschein. Muhme Monika lebte auf, und Gretlein war wie ein Vögelchen, das aus dem Ei gekrochen war und die schöne Gotteswelt sah. Es war nicht möglich, mehr zu sehen, mehr zu plaudern und zu erzählen, mehr zu lachen, zu springen und zu hüpfen und mehr zu fragen, als sie es tat. Von Morgen bis zum Abend klang das silberhelle Stimmchen durch die Hütte.

Am Abend, wenn die Mutter ein wenig Zeit hatte, saßen sie beisammen, und Gretlein mußte erzählen von traurigen und frohen Tagen, von Muhme Traudel, von Elschen Reichenbach und von Doktor Martinus und seiner Frau Käthe. Dabei strich die Mutter oft zärtlich über die schwarzen Locken, so als wenn sie ihr gern all die Liebe geben möchte, die Muhme Traudel ihr vorenthielt.

Von dem, was Muhme Traudel über Mutter und Vater gesagt hatte, schwieg Gretlein. Sonst durfte Mutter alles wissen, dieses aber nicht. Es hätte ihr zu weh getan. Muhme Traudel wäre es wohl auch nicht lieb gewesen, wenn Gretlein das gesagt hätte.

Als Xaver kam, um die Reisenden abzuholen, war niemand traurig. Es war zu schön, zu wunderschön gewesen! –

Gretlein freute sich sogar auch wieder ein wenig auf Wittenberg, auf die Schule, auf die Laute und nicht zuletzt auf ihre Freundin Elschen.

Sie brachte sogar Muhme Traudel etwas mit! Christine hatte ihr geholfen, ein Körbchen aus Binsen zu flechten, das hatte sie mit Blumen gefüllt. Elschen sollte auch eines bekommen, das war aber kleiner.

Muhme Traudel stand unter der Haustüre, als die beiden angefahren kamen. Wie schnell lief sie der Schwester entgegen! Das hatte sie lange nicht getan. Ohne Monika war sie doch sehr, sehr einsam gewesen.

Als Gretlein ihr schüchtern das Binsenkörbchen schenkte, rief Muhme Traudel erfreut: „Das ist aber schön, hab Dank!“ Sie konnte es aber nicht unterlassen, hinzuzufügen: „Geh in deine Kammer und kämm die Locken aus der Stirne.“

Jetzt ging es ein wenig besser und leichter für Gretlein. Sie hatte sich mehr und mehr eingewöhnt, und Muhme Traudel hatte sich damit abgefunden, daß ein Kind im Hause war.

Der traurige Wortwechsel nach Gretleins gedankenlosem Tun hatte wie ein Gewittersturm die Luft gereinigt und Traudels Gereiztheit gegen das Kind gedämpft. Die mehrtägige Reise hatte alles ein wenig vergessen lassen, und das Kind gab sich Mühe, gewissenhafter und besonnener zu werden.

Oft mußte Muhme Traudel an Luthers Worte denken: Wer ein solches Kind aufnimmt in meinem Namen, der nimmt mich auf! – Wenn sie Gretlein auch nicht liebevoll behandelte, so war sie doch nicht mehr so hart und gereizt gegen sie. Das Kommandieren und das strenge Befehlen konnte sie nicht lassen, das war ihr auf dem großen Gut, das sie verwaltete, in Fleisch und Blut übergegangen. Es ist schwer, im Alter Fehler abzulegen, die schon aus der Jugendzeit herrühren.

Gretlein genoß jetzt in Wittenberg auch viel Liebes und Schönes. Da war die sanfte, liebe, gute Muhme Monika, da war Frau Reichenbach mit ihrer Kinderschar und das Elschen.

Zu diesem allem war noch etwas hinzugekommen, etwas ganz Wunderschönes! Nämlich Haus und Garten und die Frau und die Herzlichkeit von Doktor Martinus!

Die beiden kleinen Mädchen durften in das Kloster kommen, sie durften in dem großen Garten nach Herzenslust spielen, der Frau Käthe in der Küche helfen oder – das war das Allerschönste für Gretlein – mit Doktor Martinus singen!

Gretleins Laute baumelte nicht mehr an der Decke ihrer Schlafkammer, sie hing im Schwarzen Kloster in der großen Stube mit dem Erker und den Butzenscheiben und dem großen Schragentisch, an welchem Doktor Luther seine gelehrten Schriften verfaßte und seine vielen Briefe schrieb. Gretleins Laute hing neben Luthers Laute! Darauf war sie sehr stolz! Mitten im Spiel oder bei der Arbeit in der Küche konnte sich plötzlich die Türe öffnen, und der Doktor Martinus rief: „Frau Musika ist zu Besuch gekommen, Gretlein, willst du sie nicht grüßen?"

Ob Gretlein das wollte! Flink liefen die beiden Kinder in die Stube, und Frau Käthe hinterdrein, wenn sie Zeit hatte. Es wurde viel gesungen. Luther lehrte das Kind viele neue Lieder.

Manchmal sangen sie zusammen, manchmal allein, sie übten und lernten miteinander, so daß die Leute auf der Straße an dem großen Erkerfenster stehenblieben und lauschten. Wenn Luther nach einer Stunde sagte: „Jetzt ist Frau Musika müde, sie geht nach Haus", wurden die Lauten an die Wand gehängt, die Kinder verschwanden, und Doktor Martinus ging an seine Arbeit. Das waren herrliche Tage! Nur verstand Gretlein nicht, daß Frau Musika müde werden konnte.

Die Zeit verging. Als der neue Frühling ins Land zog, fing Gretlein an zu wachsen und kräftig zu werden, so daß Muhme Traudel meinte, das Kind habe nun genug gelernt in der Schule, es sei jetzt Zeit, daß sie im Haus, im Stall und auf dem Feld helfe. Sie war schon über ein Jahr bei der Muhme. Das war ein großer Schrecken für die zwei kleinen Freundinnen. Sie wußten, daß nun die schöne freie Zeit und das tägliche Zusammensein aufhören mußten.

Als Doktor Luther davon hörte, machte er der Jungfer Scheuerlin wieder einen Besuch. Er war ganz ihres Sinnes. Gretlein kam aus armer Familie und mußte zeitig arbeiten lernen und helfen, der Mutter Schuld an Traudel Scheuerlin abzuverdienen und zu vermindern. Die Muhme war bereit, für Gretleins Arbeit einen Betrag festzusetzen, der an der Schuldsumme abgezogen werden sollte. Luther fand das alles sehr schön und richtig, nur hatte er einen Wunsch. Ein Kind, das eine so herrliche Stimme hatte, durfte auch, wenn es arbeitete, das Singen nicht lassen. Es mußte singen und klingen zu Gottes Ehre. Wenn die Muhme dagegen auch nicht viel sagen konnte, sie war damit nicht einverstanden.

„Einem Menschen, der sein täglich Brot verdienen muß", sagte sie, „fehlt es an Zeit für solch unnütze Dinge."

„Unnütz?" fragte Doktor Luther, „wißt Ihr nicht, daß Gott zu loben und zu danken unsere erste Pflicht ist?"

„Das weiß ich", gab die Muhme zurück, „aber – es braucht nicht gesungen zu sein. Man kann auch beten. Das tut es auch."

„Das laßt uns sehen, wenn wir in den Himmel kommen, ob dort nicht mehr Freude herrscht über Gesang als über gewöhnliche Worte. Ich wollte gern, daß Gretlein zuweilen nach Feierabend zu mir kommen dürfte, zu singen, Gott zum Lob und mir und meiner Hausfrau zur Freude."

„Ehren Doktor", fing Traudel an, „das geht wohl nicht an. Es ist ein schädlich Ding, wenn das Herz nicht bei der Arbeit ist. Grets Herz ist allezeit beim Singen."

„Ihr dürft es mir aber nicht abschlagen, Jungfer

Scheuerlin“, sagte Luther sehr bestimmt. „Wenn das Kind singt, tut es hernach die Arbeit feiner.“

„So mag sie einen Abend bei Euch singen, Ehren Doktor“, antwortete Traudel ein wenig verstimmt. „Wenn sie aber die Arbeit darüber vergißt, bleibt sie zu Hause.“

Luther nickte mit dem Kopf und ging. Er hätte sein Singerlein gern einen ganzen Nachmittag im Schwarzen Kloster gehabt, aber er hatte nicht gewagt, das zu erbitten.

Daheim in der Stube sagte er zu seiner Käthe: „Ich bin froh, daß ich dich und nicht die Jungfer Scheuerlin geheiratet habe.“

Frau Käthe lachte und sagte: „Darüber bin auch ich froh!“

Doktor Martinus hielt sie am Arm fest und rief: „Ihr Weiber seid doch gar verschieden!“

„Ihr Männer auch“, gab Frau Käthe lachend zurück, „meint Ihr, Doktor, es gäbe auf dieser Welt noch einen so wie Ihr?“ Damit hatte sie sich losgerissen und war zur Tür hinausgelaufen.

„Ob das ein Lob oder ein Tadel sein mag?“ rief Luther ihr neckisch nach.

Käthe Lutherin streckte den Kopf noch einmal zur Tür herein und sagte übermütig: „Das mag sich der gelehrte Ehren Doktor selber ausklügeln!“

Mit einem Schlag war nun Gretleins Leben verändert. Früh, sehr früh aufstehen, arbeiten vom Morgen bis zum Abend, früh schlafen gehen, nicht mehr lernen, nur noch am Sonntag bei dem Elschen sein und nur einen Abend in der Woche im Schwarzen Kloster! Das war nicht leicht, und mancher Seufzer stieg in ihrem Herzen auf.

Das merkte Doktor Martinus wohl und mahnte herzlich: „Sei tapfer, Kind! Sieh, so ist der Menschen Leben. Es geht allzeit anders, als wir es haben möchten. Es geht aber am Ende immer gut, denn der gute Vater im Himmel hält alles in Seinen treuen Händen."

Gretlein wollte tapfer sein. Sie biß die Zähne zusammen und arbeitete gewissenhaft und treu; und siehe, es währte nicht lange, da machte ihr die gefürchtete Arbeit Freude. Es war lustig, wenn die Kühe den Kopf ihr zuwandten und sie mit einem gutmütigen „M-m-m" begrüßten, sobald sie sich sehen ließ. Die Kälber machten dazu ganz drollige Sprünge. Gretlein lernte ziemlich schnell melken und war froh, daß die Tiere so schön stillhielten, wenn sie darunter saß. Es fiel ihnen gar nicht ein, mit dem Hinterbein auszuschlagen oder Gretlein den Schwanz ins Gesicht zu klatschen. Davor hatte sie sich gefürchtet. Die Kühe fühlten wohl,sie wurden von einer weichen, liebevollen Hand betreut.

Trotzdem steckte nach Traudel Scheuerlins Meinung das Kind noch voller Dummheiten. Hatte sie doch ihrer Lieblingskuh, die ein hübsches Kälbchen bekommen hatte, eine blaue Schleife an das Schwanzende gebunden als Belohnung. Aber weder die Muhme noch die Kuh hatten Verständnis für diesen Schmuck. Die Kuh wedelte und schlug mit dem Schwanz in der Luft herum, damit die Schleife abgehen sollte. Als das nicht gelang, kam Muhme Traudel und riß sie ab.

Auch draußen auf dem Feld in Gottes freier Natur arbeitete Gretlein gerne. Beim Heumachen ging zu ihrer Freude Elschen oft mit hinaus. Dagegen hatte die Muhme nichts einzuwenden, wenn das Kind einen Rechen auf die Schulter nahm und wirklich mitarbeitete. Das wollte Elschen gerne. Sie war einen Kopf kleiner als Gretlein, die jetzt so groß war wie ihre Schwester Christine, nur viel, viel schmaler.

Es war ein herrlicher, klarer Sommertag, die Wiesen blühten in allen Farben, die Schmetterlinge gaukelten darüber hin, und Gretlein wurde so wohl, so frei, so jauchzend zumute, daß sie ihre Arme ausbreitete und über die blumige Wiese dahinrannte wie der Wind, Elslein hinter ihr her.

„Wie schön! Wie schön!" rief Gretlein, „wie ist die Welt doch so schön! Ist es nicht gar traurig, daß alle die schönen Blumen abgemäht werden?"

Verständnislos schaute Muhme Traudel den beiden Kindern nach. „Gret", rief sie streng, „laßt ab von den Dummheiten! Nehmt die Rechen und arbeitet!"

Aller Glanz war mit einem Schlage gewichen. Ach, es gab so viel Licht und Glanz in Gottes schöner Welt, aber die Muhme wischte sie immer weg. Ohne ein weiteres Wort, stumm und still, wurde das duftende Heu an jenem Tag gewendet.

Mehrere Tage später waren sie wieder draußen mit Elschen und arbeiteten fleißig. Plötzlich beschattete Muhme Traudel mit der Hand die Augen. Die Kinder hielten erstaunt inne, denn Muhme Monika kam auf die Wiese zugeschritten. Sie ging sonst nie mit auf das Feld, sie konnte die schwere Arbeit nicht mehr leisten.

„Was ist's?" rief Traudel ihr schon von weitem zu, denn sie ahnte nichts Gutes.

„Etwas Schönes ist's", gab Monika fröhlich zurück, „im Schwarzen Kloster ist ein Knäblein zur Welt gekommen!"

Die Rechen der beiden Kinder flogen ins Gras, sie jubelten, umarmten sich und fingen von neuem an zu tanzen.

Auch Muhme Traudel freute sich. Nach wenigen

Minuten aber schüttelte sie den Kopf und sagte: „Ist es vonnöten, immer närrisch zu sein, wenn man Freude hat?"

Die beiden Mädchen nahmen wieder still ihre Rechen auf und gingen an die Arbeit. Der Glanz war wieder fort. Aber darüber waren sie froh: Doktor Martinus und Frau Käthe hatten ein Knäblein, daran konnte Muhme Traudel nichts ändern.

Am Abend schlichen sich die beiden Freundinnen Hand in Hand in den Garten des Schwarzen Klosters und lauschten. Sie hörten ihn schreien, den kleinen Buben; ein krächzendes Stimmlein, sie freuten sich darüber.

Etliche Tage später durfte Gretlein der Frau Lutherin eine kräftige Wochensuppe bringen. So war es Sitte in Wittenberg.

Bei Luthers fand sie große Not. Frau Käthe lag zu Bett, der kleine Hans strampelte in seiner Wiege, noch nicht gewaschen und gewickelt, der ganze Haushalt war noch in Unordnung, denn die Pflegerin, die Base, Lenebas genannt, war die Treppe hinuntergefallen und hatte sich den Fuß verstaucht. Sie lag zu Bett in ihrer Kammer; sie konnte nicht gehen, konnte deshalb auch das Hänschen nicht wickeln. Doktor Martinus stand hilflos in all dem Durcheinander und wußte nicht, was er machen sollte.

Wohl hatte er, wenn auch sehr umständlich und mit viel Lärm, Rauch und Schmutz, Feuer angemacht auf der Herdstelle in der Küche, hatte für Frau Käthe Milch gekocht und selbst etwas gegessen. Er war stolz darauf, daß er das gekonnt, aber er wagte nicht, das winzig kleine Menschenkind aus der Wiege zu nehmen.

Frau Käthe war sehr froh über die Wochensuppe der Jungfer Scheuerlin. Sie bat Gretlein, schnell zu

Frau Reichenbach zu laufen und zu bitten, sie möge herüberkommen und das Hänschen waschen.

Ein frohes Leuchten ging über Gretlein Gesicht. Sie faßte Luthers Hand und bat herzlich: „Laßt mich das Hänschen wickeln, Doktor Martinus. Ich kann es wohl machen."

„Du bist noch allzu jung", wandte er ein.

„Daheim habe ich meine kleinen Brüder auch gewickelt, und Mutter sagt, das mache ich fein", antwortete Gretlein und ging an die Arbeit.

Zuerst schaute Frau Käthe mit ängstlichen Augen zu, aber schon nach wenigen Minuten winkte sie ihrem Manne und lächelte.

Wie ein kleines Mütterchen traf Gretlein alle Vorbereitungen. Ein Kissen, das sie auf den Tisch legte, das Badewännchen, warmes Wasser, Windeln, alles was sie brauchte, holte sie herbei. Sie wußte ja Bescheid im Hause. Zuletzt holte sie den kleinen Hans ganz sanft und lieb aus der Wiege. Ei, was für ein nasses, schmutziges Kerlchen!

Das Waschen machte ihm keinen Spaß. Er schrie und zappelte, aber es half alles nichts. Ganz zart und sachte wusch Gretlein Näschen, Öhrchen, Hals und Bäuchlein. Vorsichtig trocknete sie alles wieder ab, als er auf dem Tisch lag. Er aber sperrte sein Mäulchen noch weiter auf und schrie und wurde krebsrot, so daß Doktor Martinus mit dem Finger drohte und sagte: „Hansemann Luther, du bist ein rechter Schreihals!"

Anders wurde es, als er sauber und rosig auf dem Kissen lag. Das behagte ihm doch. Ob Gretlein ihn beim Wickeln auf das Bäuchlein oder auf den Rücken legte, alles war ihm recht. Jetzt hatte er sein Hemdlein wieder an, war gewickelt und blitzblank. Wie geschickt nahm ihn das Mädchen auf den Arm, so daß sein Rükken und sein Kopf gestützt waren. Strahlend vor Freude reichte sie ihn Frau Käthe hin. Er durfte trinken. Und wie er trank! Wie artig war er! Kaum war er satt, drückte er seine Äuglein zu und schlief ein. Gretlein räumte hurtig alles wieder weg, machte die Wiege zurecht, nahm der Mutter das Menschenbündelein ab und legte es hinein. Da konnte er weiterschlafen.

„Das hast du gar gut gemacht, Kind", sagte Doktor Martinus! „Ich wollte, du könntest etliche Tage bei uns bleiben und Hänschen betreuen, bis die Lenebas wieder gehen kann."

Gretleins Augen strahlten voll Freude. „Gern, gern, Doktor Martinus!" rief sie. „Wenn nur Muhme Traudel es erlauben wollte! Sie hat viel Arbeit in der Feldwirtschaft, es ist Erntezeit."

„Laß mich fragen", antwortete Luther und begab sich wieder zu der Jungfer Scheuerlin, die zu seinem Erstaunen diesen Wunsch gern erfüllte. Sie fühlte sich hochgeehrt, wenn sie auch nicht glauben konnte, daß Gretlein zu solcher Arbeit nütze war.

Zehn frohe, schöne, arbeitsreiche Tage verlebte das Kind im Schwarzen Kloster. Es war, als wenn Hänschen ihr gehörte, so durfte sie es heben und pflegen. Auch den Haushalt hielt sie in Ordnung, so gut ihre dreizehnjährigen Hände es vermochten. Doktor Luther strich ihr oft leise über das Haar. Das war dem jungen Mädchen mehr wert als alle Lobsprüche. Wenn sich auch keine Zeit zum Singen fand, sie ging jeden Abend glücklich und froh und rechtschaffen müde zu Bett.

Als sie wieder nach Hause ging, schenkte Doktor Martinus ihr ein Neues Testament. Darein hatte er mit eigener Hand geschrieben: „Meinem lieben Singer lein sei Dank gesagt für die Liebe zu meinem Hänschen. Doktor Martinus Luther."

Dieses Testament wurde mehr als hundert Jahre wie ein kostbarer Schatz in Gretleins Familie aufbewahrt. Erst in den Schrecken des Dreißigjährigen Krieges konnte es bei einem Brand nicht gerettet werden. Das war ein großer Verlust. –

Es ging immer noch stürmisch zu in deutschen Landen. Die Bauern waren geschlagen. Es hatten viele Menschen ihre Heimat verloren, andere mußten um ihres Glaubens willen die Heimat verlassen. Viel Not und Sorge waren eingekehrt. Hungernde, unglückliche und ihres biblischen Glaubens willen Flüchtige fanden Schutz und Unterkommen im Schwarzen Kloster zu Wittenberg.

Am ersten Sonntag, da Gretlein nicht mehr bei Frau Käthe aushalf, stand unerwartet ein fremder Herr mit seiner Frau und drei Kindern unter Luthers Haustüre und bat um Herberge. Am andern Morgen wollte er weiterreisen nach Mühlhausen. Es waren Glaubensgenossen.

Dieses eine Mal schüttelte Luther bedenklich den Kopf. Nein, seine Käthe und auch die Lenebas, beide waren noch nicht kräftig und wohl genug, um so viele Menschen zu betreuen. Deshalb ging er mit dem Fremden, der Werner hieß, hinüber zu Reichenbachs und bat, die Gäste zu beherbergen.

Aber – es war bei Frau Reichenbach schon lieber Besuch angekommen, die Betten waren belegt. Es wurde hin und her beraten, wo man die Glaubensgenossen unterbringen könnte. Bei Bugenhagen war Krankheit im Haus, da ging es nicht. Bei Melanchthon? Der hatte keinen Platz. Was tun? Die Gäste mußten doch untergebracht werden!

Gretlein hatte den ganzen Sonntagnachmittag bei Elschen zugebracht. Die beiden Mädchen saßen auf den gepolsterten Bänken im Erker und erzählten einander, was sie in der Woche erlebt hatten. Gretlein berichtete ausführlich von der herrlichen Zeit im Schwarzen Kloster. Plötzlich hörte sie den fremden Herrn sagen: „Es hat früher in Wittenberg ein Mann mit dem Namen Scheuerlin gewohnt. Ein schönes Anwesen am Stadttor war sein eigen. Es war ein frommer Mann und ließ meinen Vater in seinem Hause herbergen, wenn er nach Wittenberg kam. Auch ich war einmal dabei, als ich noch ein kleiner Bursche war."

Gretlein lauschte und stand auf, als Doktor Luther mit dem Finger auf sie zeigte und sagte: „Da seht Ihr ein Enkelkind von Vater Scheuerlin."

„Wenn Ihr meines Großvaters Freund waret, wird die Muhme Euch gewiß herbergen in ihrem Haus." Gretlein wußte später selbst nicht, woher ihr der Mut gekommen war zu diesen Worten. Sie wußte aber, daß Muhme Traudel ihren verstorbenen Vater sehr liebgehabt hatte, als sie noch jung gewesen war.

Luther machte ein sehr verwundertes Gesicht und mahnte: „Gretlein, Gretlein, geh zuerst und frage bei deiner Muhme an."

Im nächsten Augenblick war das Kind auf der Straße. Es brannte vor Eifer. Atemlos stürzte es zu der Muhme in die Wohnstube und rief: „Muhme Traudel, darf Herr Werner hier herbergen und essen?"

Langsam, als wenn sie es nicht fassen könnte, wiederholte die Muhme: „Herr Werner hier herbergen?" Sie hatte seit Jahren keine Gäste mehr im Haus gehabt. „Hier herbergt niemand", fügte sie sehr bestimmt hinzu.

Das war ein Schreck für Gretlein. Sie hatte die

Flüchtlinge doch schon eingeladen! Was sollte sie tun? Sie mußte sich ja zu Tode schämen, wenn sie zu Reichenbachs zurückkehrte! Sie faßte sich ein Herz und berichtete offen und ehrlich: „Ich habe aber schon gesagt, Ihr würdet sie aufnehmen mit Freuden, weil..."

„Du hast sie eingeladen?" Muhme Traudel schrie es fast.

„Ja", stotterte Gretlein, „weil Herr Werner Eurem Vater ein Freund war!" Mit heißem Herzen sehnte Gretlein Monika zur Hilfe herbei.

Traudel Scheuerlin wurde nachdenklich. Ihres lieben Vaters Freund? „Ja", fing sie plötzlich in ganz anderem Ton an, „ich weiß es noch. Aber der kann nimmermehr leben, der war älter als mein seliger Vater."

„Es ist der Sohn", rief Gretlein hoffnungsvoll, „er hat als Knabe hier geherbergt."

Der Muhme Gedanken weilten in der Vergangenheit, in der schönen Jugendzeit, da ihres Herzens Türe noch für alle Menschen offenstand. „Ja, das ist mir noch bewußt", fing sie ganz freundlich an, „er war ein wilder Bursche. Er verzehrte Obst, bis er krank wurde." Sie mußte im Gedanken daran lachen, so daß des Kindes Herz Mut schöpfte, zumal in diesem Augenblick Muhme Monika die Stube betrat. Sie wußte auch noch alles von jener schönen Zeit, da Herr Werner im Scheuerlinschen Hause aus- und einging. „Hat er auch eine Frau?" fragte sie neugierig.

„Die will auch kommen", antwortete Gretlein eifrig.

„Sie sollen in der großen Kammer schlafen", bestimmte Muhme Traudel. Die anderen beiden wußten, daß das eine besondere Gunst war. Die große Kammer war die schönste Schlafstube im Haus. Sogleich aber kamen wieder Bedenken. Muhme Traudel hatte am andern Morgen die große Leinenwäsche, die im Winter gesponnene Leinwand, bauchen und bleichen wollen, nun kamen die Flüchtlinge dazwischen ! „Meine Wäsche! Meine Wäsche! Gret, sage Frau Reichenbach, sie solle die Gäste aufnehmen!"

Jetzt trat Monika für Familie Werner ein, bis Traudel ärgerlich sagte: „So magst du gehen und sie holen, Gret. Ich, nicht du, lade künftig Gäste in mein Haus, das merke dir. – Nun siehst du auch, wie gut es ist, wenn das ganze Haus immer sauber bestellt ist. Die Schlafkammer ist fertig, die Gäste mögen kommen."

„Es ist aber mehr als eine Stube vonnöten", gab Gretlein schüchtern zurück, „wegen der Kinder."

„Kinder sind auch dabei?" schrie Muhme Traudel.

„Ja, drei"; des Kindes Stimme zitterte bei diesen Worten. Die Muhme schlug die Hände über dem Kopf zusammen. „Drei Kinder! Drei Kinder!" wiederholte sie immer wieder. „Wie soll das enden! Gret, du wirst alle Arbeit allein tun!"

„Wie gern! Wie gern!!" rief Gretlein. „Ich bringe die Botschaft zu Frau Reichenbach und beeile mich wiederzukommen und zu arbeiten!"

Jetzt war plötzlich im Hause ein munteres Hantieren. Muhme Monika deckte schon den Tisch, Gretlein stand nach unglaublich kurzer Zeit in der Küche und arbeitete frisch und froh. Selbst Muhme Traudel half bei den Vorbereitungen. Was sie noch nie getan, das tat sie zuerst, sie holte einen Blumenstrauß im Garten. Der Vater! Die Erinnerung an den alten, lieben Vater hatte den Sieg davongetragen.

„In Jungfer Scheuerlins Haus geht etwas vor sich", so raunten sich die Nachbarn zu. Die Fenster der beiden vorderen Stuben standen weit offen. Man sah eilige Menschen hin- und herlaufen, und Jungfer Traudel hatte selbst Blumen gepflückt im Garten. Das hatte man noch nicht erlebt! Außerdem duftete es köstlich nach Gebratenem und Gebackenem. Das war alles sehr merkwürdig. Außer Arbeit und wieder Arbeit war bei Scheuerlins seit Jahr und Tag nichts zu sehen gewesen.

Emsig schwirrte die Muhme Traudel überall im Haus herum, da ein Kissen glattstreichend, dort ein verirrtes Stäubchen wischend und immer wieder an ihrem Blumenstrauß zupfend und riechend.

Monika lächelte still vor sich hin. Traudel und das Kind hatten dieselbe Unrast im Leibe, sie waren sich merkwürdig ähnlich bei der Arbeit.

Punkt sieben Uhr war alles fertig, tadellos fein! Gretlein überblickte strahlend das gelungene Werk. Wie festlich sah der gedeckte Tisch aus mit dem blitzblanken Zinn, das der Kerzen Licht zurückstrahlte, daß es funkelte. Nur eines war schrecklich: der Blumenstrauß, den die Muhme selbst gepflückt und auf den Tisch gestellt hatte. Sie wand sonst nie Blumensträuße, darum konnte sie es nicht. Gretlein sah es, seufzte darüber, aber zu sagen wagte sie nichts. Die Muhme hatte es ja selbst getan!

Jeden Augenblick konnten die Gäste kommen. Die Frauen und Gretlein standen voll freudiger Erwartung um den Tisch.

„Was meint ihr“, fing plötzlich Traudel an, „was ist's mit dem Blumenstrauß? Er will mir nicht gefallen.“

Fast erschreckt blickte Gretlein auf. Noch nie hatte die Muhme gefragt, ob ihr etwas gefiel!

„Gib Antwort, Gret!“ rief Traudel Scheuerlin , und es klang schon wieder etwas wie Unwille oder Ungeduld hindurch.

„Ich meine, die Blumen sind allzu fest in den Zinnbecher gepreßt“, antwortete Gretlein verlegen.

„Mag sein“, gab die Muhme zurück, „so eil dich und mach es besser!“

Das Kind ließ sich das nicht zweimal sagen. Daß sie etwas besser machen sollte als Muhme Traudel, das konnte sie nicht fassen. Nach wenigen Minuten betrat sie die Stube mit einem viel größeren und schöneren Strauß, obwohl sie weniger Blumen verwendet hatte, die jetzt nicht so gepreßt waren und lieblich ihre Köpfchen hin- und herwiegten.

„So ist es schön!“ rief Muhme Monika, und Traudel murmelte:

„Ja, so mag es angehen.“

Kaum hatten sie ausgesprochen, betraten die Gäste das Haus.

Während die Erwachsenen einander begrüßten, saß Gretlein mit den Kindern auf der untersten Stufe der Vordertreppe und hegte nur den einen Wunsch, daß sie artig und still sein möchten. Es waren ein Junge von fünf und zwei kleine Mädchen von vier und zwei Jahren. Gretlein versprach ihnen Kuchen, wenn sie ganz still sein wollten, und eine schöne Geschichte, wenn sie nachher zu Bett gingen.

Erstaunt horchte Gretlein nach draußen. Wer tauchte denn da in der Dunkelheit noch auf? Wer stapfte mit so kräftigen Schritten durch den Garten? Wer sagte mit einer so tiefen, warmen Stimme: „Gott zum Gruß, Jungfer Scheuerlin! Erlaubt, daß ich mich bei Euch zu Gast lade!“

Gretlein sprang auf. Das war kein anderer als Doktor Martinus! Was trug er denn so sorgfältig im Arm? Hatte er am Ende sein Hänschen mitgebracht? – Nein, es war etwas anderes, es war Gretleins Laute! Mit einem Freudenschrei stürzte sie auf Luther zu und streckte ihm beide Arme entgegen.

Muhme Traudel erwischte sie noch gerade am Schürzenzipfel, riß sie zurück und flüsterte: „Gret, halte dich doch zurück!“

Gretlein schämte sich. Selbstverständlich hätte sie warten müssen, bis alle andern den seltenen Gast begrüßt hatten! Jetzt war die Muhme verstimmt, man sah es genau an den zusammengekniffenen Lippen.

Gretlein verkroch sich wieder auf die unterste Stufe der Treppe. Aber nicht lange.

„Wo bleibt denn mein Singerlein?“ fragte die tiefe Stimme. „Hier ist die Laute, sie soll uns heute abend ein neues Lied singen! Ist's recht, Jungfer Scheuerlin?“

Doktor Martinus schaute Traudel so freundlich und herzlich in die Augen, er legte sogar seine Hand auf die ihre, daß sie gar nicht anders als lächeln konnte. Sie antwortete aber ziemlich kurz: „Mir mag es recht sein.“

Mittlerweile hielt Gretlein ihre geliebte Laute im Arm, und Doktor Martinus berichtete, daß Hänschen ein Kunststück fertiggebracht habe, das er selbst und auch Gretlein nicht konnten. „Als ich von ihm ging“, so erzählte er, „lag er in seiner Wiege und lutschte an seiner großen Zehe. Wer's kann, der mache es ihm nach!“

Alle lachten und gingen hinein in die Feststube. Gretlein eilte in die Küche. O Schrecken! Da stand schon Muhme Traudel, um das Essen anzurichten!

„Ach, Muhme“, wagte Gretlein zu bitten, „Ihr seid die Hausfrau, Ihr sollt heute wie Elschens Mutter bei Tisch sitzen mit den Gästen. Ich ...“

„Das mag wohl Frau Reichenbach tun“, fiel Traudel Scheuerlin ihr in die Rede, „die hat eine gar tüchtige

Küchenmagd."

„Laßt mich heute ganz allein Küchenmagd sein, ich will es mit Fleiß schaffen." Während dieser Rede hatte Gretlein schon die Suppe angerichtet und wollte sie in die Stube tragen.

Muhme Traudel war ein wenig überrascht, hielt aber inne und sagte: „Merke auf, Gret! Sei sittsam und tobe nicht mit den Kindern. Singst du zur Laute, so singe ein frommes Lied und nicht eines, das man auf den Gassen zu singen pflegt. Ich gehe in die Stube, alsdann bringst du die Suppe."

Die schüchterne Monika war nur zu froh, als ihre Schwester kam, um die Gäste zu unterhalten. Sie sprachen schon von dem guten Vater Scheuerlin. Dabei verlor Traudels Gesicht mit einem Schlag den strengen Ausdruck.

Wie schön konnte Herr Werner erzählen von dem alten Mann, der damals vor vielen Jahren mit ihm an den Teich gegangen war, um Fische zu fangen. Die wurden nachher in Butter gebraten und schmeckten köstlich. Einen großen Korb voll Kuchen durfte er ins Spital tragen und an die Armen verteilen, die ihm dafür ein Lied sangen, das er noch heute auswendig konnte. Am lustigsten aber war es, wenn man mit Vater Scheuerlin über die Straße ging. Da liefen die kleinen Kinder hinter ihm her, weil sie wußten, daß er in seiner Rocktasche etwas Süßes für sie hatte. Der liebe Vater Scheuerlin!

Als Herr Werner schwieg, war es eine Weile still in der Stube. Alle gedachten des alten, frommen Mannes. Gretleins Augen hingen erwartungsvoll an Doktor Martinus, und in Traudel Scheuerlin stiegen vergangene Zeiten auf. Ja, damals war sie selbst jung und – anders gewesen. Sie wußte nicht wie, sie wußte nur, daß es anders gewesen war. In ihrem Herzen fing es an zu arbeiten. Etwas rüttelte an der verschlossenen Herzenstüre, so als wenn sie aufspringen wollte, um auch etwas anderes hineinzulassen als nur Arbeit und irdische Sorgen. Es ging nicht leicht. Das Herzenstürlein war gar zu lange verschlossen gewesen; es war wohl eingerostet, aber es bewegte sich doch. Je mehr Herr Werner vom Vater Scheuerlin erzählte, desto mehr öffnete es sich. Es schwang hin und her, schloß sich und ging wieder auf, und als Gretlein den duftenden Braten auftrug und Doktor Martinus ausrief: „Jungfer Scheuerlin, Ihr meint es so gut mit uns, wie ehemals Euer lieber Vater es gemeint hat mit seinen Gästen!" da wurde ihr Herz warm. Ihr Gesicht strahlte. Als Gretlein die große Bratenschüssel so flink hin- und herreichte, wäre sie vielleicht in diesem Augenblick in Traudels Herz hineingeschlüpft, wenn nicht plötzlich die Herzenstür zugeklappt wäre, weil eines der Kinder seinen Milchbecher umwarf.

Auch hier sprang Gretlein helfend bei, aber die Muhme hatte sich geärgert, ihr Gesicht war wieder streng und hart. Wer das Lieben verlernt hat, lernt es so leicht nicht wieder.

Als die Gäste vom Tisch aufgestanden waren, fing Gretlein an, den Tisch abzuräumen, und Muhme Traudel schickte sich an zu helfen. Woher das Kind den Mut fand, ist schwer zu sagen. Es faßte jedoch beide Hände der Muhme und sagte sehr bestimmt: „Muhme Traudel, Ihr bleibt sitzen, ich schaffe es allein."

Traudel Scheuerlin lächelte und gehorchte.

Gretlein sauste wieder in die Küche und aus der Küche, und ehe die Kinder ungeduldig wurden, war sie zur Stelle, um sie zu Bett zu bringen. Sie erhielten ihren Kuchen, sie hörten die schöne Geschichte, sie beteten, als wenn ihre eigene Mutter neben dem Bett stände. Als Frau Werner die kleine Gesellschaft zu Bett bringen wollte, schliefen sie schon fest mit leuchtend roten Bäckchen.

„Euer Gretlein ist ein tüchtig Kind", sagte Frau Werner, als sie wieder in die Stube zurückkam.

Muhme Traudel schaute sich um, ob auch Gret nicht anwesend war, denn solches Lob durfte sie nicht hören. Dann sagte sie nicht unfreundlich: „So Gret will, kann sie viel. Sie schickt sich nicht immer wie diesen Abend."

Eine Minute darauf erschien das Kind und fragte leise die Muhme: „Ihr erlaubt doch für den Abendtrunk die schönen Krüge?"

Traudel nickte lächelnd Zustimmung. Gretlein huschte glücklich wieder zum Zimmer hinaus. So gut, so freundlich war die Muhme noch nie gewesen!

Als sie mit den Krügen zurückkam, fragte Luther: „Wann wird denn das Singerlein sich zu uns setzen?"

„Noch nicht, Ehren Doktor", gab sie schelmisch zurück, „es ist noch in der Küche zu tun." Fort war sie wieder.

„Wie groß ist das Kind hier geworden", sagte Doktor Martinus.

„Sie ist ein schmales Kind, aber sie ist gesund", meinte Muhme Monika.

„Sie ist allzu lebendig und unruhig", fügte Muhme Traudel hinzu.

„Wißt Ihr, daß sie ein wenig ihrem Großvater gleicht, wenn sie lacht?" fragte Herr Werner.

„Das ist mir noch nicht aufgefallen", antwortete Traudel erstaunt.

Gretlein betrat wieder die Stube, und das Gespräch nahm eine andere Wendung.

Jetzt saß auch sie unter den Gästen, blühend wie ein Röslein, aber bescheiden und still, so daß alle Freude an ihr hatten. Selbst Muhme Traudel gefiel sie. Immer wieder mußte sie sie betrachten, weil sie die Ähnlichkeit mit dem Großvater herausfinden wollte. Und wirklich, sie war da!

Als Luther sagte: „Diese Laute möchte ich nicht umsonst mitgebracht haben, Gretlein singt uns ein neues Lied von der Nachtigall", sprang das Kind glücklich auf, die Laute vom anderen Tisch zu holen. Traudel stellte im stillen fest, daß ihr Vater genauso den Kopf zurückgeworfen hatte, wenn er lachte. Daß sie das nicht schon früher gesehen hatte! Sie freute sich.

Als Luther das Lied von der Nachtigall vorschlug, blickte Gretlein ihre Muhme ängstlich und fragend an, die aber ganz ruhig sagte: „Tu, was Doktor Martinus sagt."

„Es ist ein neues Lied, das Doktor Martinus gedichtet hat", sagte Gretlein stolz und griff in die Saiten. Froh und hell wie Vogelgezwitscher klang es, als sie sang:

„Die beste Zeit im Jahr ist Mai'n,
da singen alle Vögelein!
Himmel und Erden ist der voll,
viel gut Gesang da lautet wohl!

Voran die liebe Nachtigall
macht alles fröhlich überall
mit ihrem lieblichen Gesang,
des muß sie haben immer Dank!

Vielmehr der liebe Herregott,
der sie also geschaffen hat,
zu sein die rechte Sängerin,
der Musika ein Meisterin!

Dem singt und springt sie Tag und Nacht,
Seins Lobes sie nicht müde macht.
Den ehrt und lobt auch mein Gesang
und sagt Ihm meinen ew'gen Dank!"

Sie schwiegen alle überrascht, so schön hatte Gretlein gesungen. Muhme Traudel machte ein erstauntes Gesicht.

„Tu wie die Nachtigall, Gretlein, singe immer zum Lobe Gottes", sagte Luther und erhob sich, um nach Hause zu gehen. „Und", damit wandte er sich an Traudel Scheuerlin, „Euch gebührt herzlicher Dank für die Gastfreundschaft."

Es wäre schwer zu sagen, wer an jenem Abend glücklicher zu Bett ging, Traudel Scheuerlin oder Gretlein Brandin. Die Muhme fühlte etwas wie Stolz auf ihre Nichte, deren Gesang sie bis jetzt nie hatte hören wollen. Es war doch schön, so singen zu können.

Und Gretlein? Noch nie hatte ihre Muhme so freundlich „Gute Nacht!" gesagt, noch nie bis heute hatte sie die Laute in die Hand genommen und betrachtet, noch nie so beifällig genickt wie an diesem Abend! Das Kind konnte beinahe nicht einschlafen vor Glück. Vielleicht, vielleicht wurde doch noch einmal alles gut! –

Sehr früh sprang Gretlein am andern Morgen aus dem Bett. Die Muhmen sollten keine Last haben, sollten länger schlafen, weil sie so spät zu Bett gegangen waren. Flugs zog Gretlein die Kinder an, die sie in die

Scheune hinter dem Haus führte, wo sie spielen sollten, damit niemand geweckt wurde. Die Magd hatte schon die Kühe gemolken, nun kochte Gretlein eine feine Hafersuppe mit Milch und Honig.

Zum ersten Male seit vielen, vielen Jahren verschlief sich Muhme Traudel! Das ärgerte sie gewaltig, als sie aufwachte. Die erste wollte sie seln jeden Tag, und nun hörte sie im Bett, daß die Magd schon im Stall hantierte und Xaver die Pferde tränkte. Sie zog sich schnell an. Alle andern schliefen natürlich noch, so meinte sie. Das gab ein spätes Frühstück, und darunter litt wieder die Arbeit! Es war zu ärgerlich, so durfte es nicht weitergehen! Es war ein Trost, daß der Besuch gleich am Vormittag wieder weiterfuhr. Noch mehr Zeit konnte sie unmöglich dafür verschwenden. Es war ja ganz nett gewesen gestern abend, und besonders daß Doktor Martinus dabei gewesen, galt für eine große Ehre. Sie hoffte, daß die Nachbarn es erfuhren. Aber damit war es auch genug. Gret schien auch noch zu schlafen, es regte sich nichts drüben in der Kammer. Die hätte doch aufstehen können! Bevor sie die Wendeltreppe hinunterstieg, klopfte sie laut an Gretleins Türe. – Keine Antwort.

„Schlafratz!" knurrte sie und öffnete. Der Vogel war ausgeflogen. Wo mochte das Mädchen sein? Welche Torheit war wieder am Werk?

Eigentlich wollte sie in die Küche gehen, um die Frühsuppe zu kochen, aber die Stubentüre stand offen.

„Daß die Menschen die Türe nicht schließen können!" murmelte sie unwirsch und schaute hinein. Herr und Frau Werner kamen ihr vergnügt entgegen, der Tisch war schön gedeckt, die Hafersuppe dampfte, Schwarzbrot mit Butter und Honig standen bereit.

Muhme Traudel blieb der Mund offenstehen vor Staunen und Verwundern.

Gretlein hüpfte fröhlich auf sie zu und sagte: „Schönen guten Morgen, Muhme Traudel! Alles ist bereit, setzt Euch nieder und eßt."

Die Muhme lächelte und gehorchte. „Wo sind die Kinder?" fragte sie.

„Die haben schon gegessen, die spielen in der Scheune", erklärte Gretlein froh.

„Wirst am Ende doch noch gescheit!" rief die Muhme lachend. Gretlein wäre ihr am liebsten um den Hals gefallen. Sie wagte es aber nicht.

Als Gretlein die Stube verlassen hatte, sagte die Muhme: „Sie hat es gut geschafft."

Worauf Herr Werner antwortete: „Habe ich es Euch nicht gleich gesagt, sie ist ein tüchtig Kind?"

„Ihr habt recht geredet", fuhr Traudel fort, „sie gleicht meinem seligen Vater, wenn sie lacht."

„Sie gleicht auch Euch!" rief Frau Werner und lachte.

„Mir?" fragte Traudel erstaunt und gedehnt.

„Sie hat Euren Schaffgeist und Euren starken Willen", lautete die Antwort, und Muhme Monika nickte vergnügt Beifall.

Nach dem Frühstück bestieg die Familie Werner ihren Wagen und reiste fröhlich und dankbar ab. Die beiden Muhmen und Gretlein standen am Stadttor und winkten, bis das Gefährt ihren Blicken entschwand.

Wie gerne hätten Muhme Monika und Gretlein noch über den schönen Abend und die lieben Gäste geplaudert und sich dabei ein wenig ausgeruht. Aber Muhme Traudel hatte die Ärmel schon über die Ellbogen gestülpt und sagte: „Jetzt an die Arbeit, Gret! Was versäumt ward, muß nachgeholt werden. Mache Ordnung in Küche und Haus und paß auf, zerbrich nicht die schönen Krüge, und eile!"

Das Kind machte sich willig an die Arbeit, wenn es auch recht müde war. Alles war so schön gewesen, und jetzt war wieder aller Glanz fort! Beim Frühstück war die Muhme so freundlich, jetzt war wieder der alte, kalte Befehlston da! Mußte denn die Arbeit immer ernst und drückend sein? Gestern war sie so leicht und froh gewesen wie ein schönes Spiel.

Ja, gestern! Das war ein Trost, wenn man an gestern dachte! Wie waren sie alle so zufrieden und glücklich gewesen! Gretlein dachte nach. Sie hatte die Arbeit selbständig in die Hand genommen, hatte nicht lange gefragt, hatte auch nicht auf den Befehl gewartet. Aus Angst tat sie das früher nicht. In Zukunft wollte sie es immer so machen, einfach zugreifen, wo Arbeit war, dann wurde die Muhme vielleicht wieder so freundlich, wie sie gestern gewesen war! Wer weiß?

Es wäre wunderschön, wenn man erzählen könnte: Gretleins Entschluß fand bei Muhme Traudel großen Beifall, und alles war gut, Liebe und Freude regierten in dem großen Haus, und Muhme und Nichte waren einander herzlich zugetan...

Das wäre sehr schön! Aber so schnell geht das bei uns Menschenkindern nicht. Es geht oft sehr, sehr langsam mit dem Besserwerden, bei den Alten sowohl wie bei den Jungen. Muhme Traudel war und blieb Muhme Traudel, nämlich eine nur auf das Irdische gerichtete Frau, die nichts kannte als Arbeit und wieder Arbeit und nur schwer zufriedenzustellen war. Auch Gretlein blieb Gretlein Brandin, ein zwar williges, aber unbedachtes, stürmisches Quecksilber, mit dem die Muhme unmöglich immer zufrieden sein konnte.

Besser war es aber doch. Ganz geschlossen hat sich die Herzenstür der Muhme nicht mehr, wenn sie sich auch nicht so weit öffnete, daß Gretlein hineinschlüpfen konnte. Traudel war nicht mehr so lieblos gegen das Kind, sie erlaubte ihm etwas mehr Freizeit, um zu seiner Freundin Elschen zu gehen. Frau Reichenbach war gekommen und hatte sich beklagt, weil Gretlein nicht mehr zu ihrem Töchterchen kam vor lauter Schaffen und Arbeit. Gretlein durfte sogar dann und wann ein Lied singen zur Laute, und – o Freude! – einen Nachmittag in der Woche durfte sie in das Schwarze Kloster zu Doktor Martinus, zu Frau Käthe und zum Hänschen gehen! Dafür war Gretlein der Muhme von Herzen dankbar. Sie ahnte ja nicht, daß Luther heimlich der Muhme diese Freude abgerungen hatte.

Im Grunde ihres Herzens war Traudel Scheuerlin jetzt stolz auf ihre Nichte, weil sie so viel galt bei Doktor Martinus und weil sie so schön singen konnte. Das durfte aber kein Mensch wissen, am allerwenigsten Gretlein. Auch daß Gretlein dem lieben alten Vater glich, versöhnte sie ein wenig, wenn sie auch nach wie vor die dunklen Augen und die schwarzen Locken nicht leiden konnte. Sie merkte wohl, daß Gretlein besser arbeitete, daß sie sich Mühe gab, aber sie verlor kein Wort darüber. Sie sah das an als Erfolg ihrer Strenge. Wie hätte sich Gretlein über ein Lob gefreut, wie hätte es ihr die Arbeit leicht gemacht!

Im Laufe der nächsten Zeit ärgerte sich Traudel noch oft darüber, daß Gretlein die Familie Werner ins Haus gebracht hatte. Diese eine Familie hatte sie sich gefallen lassen, aber es kamen immer mehr Flüchtlinge nach Wittenberg, die Herberge und Zuflucht suchten. Wenn sie bei Traudel anklopften, verschloß sie ihnen unbarmherzig die Türe. Sie hatte keine Zeit. Essen, ja, Essen wollte sie ihnen geben, aber kein Obdach. Sie meinte: „Wenn ich für das Essen sorge, sollen andere sie herbergen." Luther sprach darüber sehr ernstlich mit ihr, weil sie doch so viel Raum hatte in ihrem großen Hause. Aber sie blieb eigensinnig in ihrem Entschluß, weil es so viel Wäsche gab, weil sie die Unruhe bei der vielen Arbeit nicht haben wollte und weil die Vordertreppe schmutzig wurde.

„Jungfer Scheuerlin, Jungfer Scheuerlin", hatte Doktor Martinus beim Weggehen gesagt, „seht zu, wenn Ihr einmal in den Himmel hineinwollt, daß Ihr nicht die Hintertreppe benutzen müßt!" Aber Jungfer Scheuerlin blieb hart.

Wenn Gretlein in das Schwarze Kloster ging, holte sie Elschen ab, und die beiden Mädchen liefen eilig über die Straße. Sie gingen zur Hintertür hinein wie die Familienmitglieder, sie klopften an der großen Erkerstube an, und wenn drinnen einer „Herein!" rief, stürmten sie jubelnd in die Stube. Hier war alles viel einfacher als bei Elsleins Eltern, es war aber gemütlich trotz der vielen Menschen, die immer ein- und ausgingen. Oft rief Luther den beiden Mädchen schon an der Türe zu: „Leise, leise, ihr Sausewinde! Unser liebes Hänschen schläft!" Oder er sagte: „Unser Bub ist wach!" Dann machten sie schnell kehrt und spielten mit dem kleinen Mann in der Kammer. –

In dem großen Klosterbau wohnte seit einiger Zeit auch Luthers Freund, der Doktor Schurf, mit seiner jungen Frau. Auch sie wurden oft von den beiden Mädchen besucht.

Wenn Doktor Martinus zu Hause war, versammelten sich gerne alle im Hause zur Zeit der Dämmerung in der großen Erkerstube. Da wurde gesungen, erzählt, sich gefreut, aber auch gesprochen von Gott und heiligen Dingen. Luther erzählte gern aus seinem Leben, aus seiner Jugend, und Gretlein sah teilnahmsvoll zu ihm auf, wenn er von seiner Mutter sprach, die ein hartes Leben gehabt und sich hatte schwer plagen müssen für ihre Kinder. „So schwer war die Last", erzählte Luther, „daß sie gebückt ging und fast darunter zusammenbrach."

Gretlein konnte nicht mehr an sich halten und flüsterte: „Eine ebenso liebe Mutter habe auch ich."

Doktor Martinus antwortete freundlich: „Ja, das hast du. Mache ihr die Last leichter, wenn du groß bist."

Diese Worte trafen Gretlein ins Herz. Vor lauter Angst und Streben, der Muhme zu gefallen, hatte sie nicht daran gedacht, die Last der Mutter leichter zu machen. Wie konnte sie das? Sie wußte wohl, sie verdiente etwas an der Mutter Schuld ab durch ihre Arbeit bei der Muhme. Dadurch wurde aber die augenblickliche Last nicht leichter!

Versonnen ging sie umher. Nichts, nichts konnte sie ausdenken! Ach, die Mutter sollte doch nicht gebückt gehen im Alter wie Luthers Mutter! –

Wenige Tage später brachte ein Fuhrmann einen Brief aus Wald, der die Nachricht enthielt, daß Veit bei einem Bauern als Knecht verdingt worden sei. Gretlein war sehr traurig. Wenn Veit fort war, wurde die Last der Mutter noch größer, mußte sie noch mehr arbeiten, das wußte sie genau.

„Es ist vonnöten" schrieb die Mutter, „daß Veit sich verdingt. Unsere Hütte ist schlecht, der Regen dringt ein und ein Balken fault. Veit wird mit seinem Lohn den Maurer bezahlen."

„Arme Mutter!" seufzte Gretlein, „armer Veit!" Er

hatte doch so gerne studieren wollen. Wie reich war Muhme Traudel! Wenn sie helfen wollte!

Über all dem Sinnen und Grübeln kam Gretleins Arbeit zu kurz. Sie ließ die Milch überlaufen, sie vergaß dies und jenes, und Muhme Traudel hatte mehr denn je Ursache zu tadeln und zu schelten. Zum Unglück hatte die Muhme in den letzten Wochen auch starke Kopfschmerzen, und sie hatte doch keine Zeit, krank zu sein. Das machte sie ärgerlich, unwirsch und reizbar. Es half aber alles nichts, die Kopfschmerzen waren da, kein Kräutertee und kein Tränklein brachte Linderung.

Ach, es war nur eine kurze Zeit besser gewesen, jetzt war wieder alles wie früher. Gretlein gab die Hoffnung auf, und mit der Hoffnungslosigkeit wurde sie müde, traurig und unzufrieden. –

Das Jahr 1527 zog herauf und mit ihm viel Weh und Trauer im Schwarzen Kloster sowohl wie bei Jungfer Scheuerlin.

Luther war erkrankt! Zuerst raunten es sich die Leute nur leise und ängstlich zu, sie fragten entsetzt, ob es wahr sei. Man hörte von großer Herzschwäche und von Schmerzen. Die Gerüchte wurden laut und lauter, ganz Wittenberg war in Aufregung, ja, in kurzer Zeit bangte man in ganz Deutschland um das Leben des Mannes, der seinen Landsleuten die Bibel deutsch in die Hand gegeben und den rechten Weg gewiesen hatte zum Heil in Christus und zum Vater im Himmel. Viele Hände falteten sich im Gebet, berühmte Ärzte eilten an das Krankenlager. Wie schwach war der große, starke Mann! Philipp Melanchthon, der Pfarrer Bugenhagen, seine treuesten Freunde, sie standen mit dem Doktor Schurf angstvoll um sein Bett.

Frau Käthe weinte still am Fenster. Draußen dunkelte es schon.

Da schlüpfte zur Hintertüre eine schmale Gestalt leise in das Haus. Sie hörte droben in der kleinen Kammer das kleine Hänschen schreien, das in dieser Stunde der Gefahr ganz vergessen worden war. Gretlein nahm den kleinen Buben aus der Wiege auf, wusch ihn und trug ihn mit lieben, guten Worten in der Stube hin und her, bis seine Tränen versiegten. Sie wollte mit ihm die Treppe hinuntergehen. Als sie leise an Luthers Schlafkammer vorbeikam, fing das Kerlchen plötzlich an zu jauchzen. Doktor Martinus sollte doch Ruhe haben! Ganz deutlich hörte sie drinnen des Vaters Stimme sagen: „Ach, bringt mir doch einmal mein Hänschen!" flüsterte er. Das Kind wußte nichts von Krankheit und Gefahr. Als es seinen Vater erblickte, strampelte und zappelte es so lustig, daß Gretlein es kaum halten konnte.

„O du mein armes Kindlein", rief Luther mit schwacher Stimme, „ich befehle meine allerliebste Käthe und dich meinem liebenden treuen Gott. Ihr besitzt nichts. Aber Gott, der ein Vater der Witwen und Waisen ist, wird euch wohl ernähren und versorgen."

Er war erschöpft und sank in die Kissen zurück. Doktor Schurf reichte ihm ein Stärkungsmittel. Da lag er mit geschlossenen Augen. Gretlein stand am Fußende des Bettes, vor Angst geschüttelt, und betete für ihren besten und liebsten Freund.

Der Atem ging schwach, der Puls noch schwächer. Frau Käthe hielt ihr Büblein auf dem Arm und versuchte vergeblich, es zu beruhigen. In der Stube, da alle für Doktor Luther, für sein Werk und seine frohe Botschaft des Heiles zitterten, wußte sich das ahnungslose Hänschen nicht zu lassen vor Vergnügen.

Doktor Schurf schickte alle hinaus, damit der Kranke Ruhe haben sollte. Nach kurzer Zeit kam er mit frohem Gesicht zu den andern in die große Erkerstube und sagte: „Doktor Martinus schläft. Wir dürfen hoffen!"

Frau Käthe und Gretlein trockneten ihre Tränen und dankten Gott. In der Tat, Luther schlief der Genesung entgegen, und nicht nur ganz Wittenberg, sondern viele in unserem ganzen Lande sangen das schöne Lied, das er selbst verdeutscht hatte: „Herr Gott, Dich loben wir! Herr Gott, wir danken Dir!" –

Luther erholte sich nur langsam. Hager und bleich ging er am Stock durch die Straßen, wo jeder ihm zulächelte und sich freute. Noch kochte ihm Frau Käthe eine besonders kräftige Suppe, noch stellte sie ihm ein Glas Wein auf den Tisch zur Stärkung, noch war er nicht der frühere gesunde Mann, als eine neue Not heraufzog, eine große, furchtbare! Die Pest kam nach Wittenberg! Der Schrecken ging durch alle Häuser. Die Menschen flohen, die Studenten verließen in Scharen die Stadt, die Universität wurde nach Jena verlegt.

„Was sollen wir tun?" fragte Frau Käthe ihren bleichen Mann, der mit gefalteten Händen am Fenster stand und über die arme heimgesuchte Stadt hinschaute. Da lagen nun wieder in den Häusern die armen Menschen in Schmerzen und Krämpfen mit starren Augen und entstellt von schwarzen, fressenden Geschwüren. „Erbarme Dich, Du unser Vater, Erhalter aller Menschen...!" flüsterte er. „Erbarme Dich!"

Dann wandte er sich zu seiner Frau um: „O Käthe", sagte er und sank müde auf einen Stuhl nieder, „was sollen wir tun? Wenn ich an dich und unser liebes Hänschen denke, dann sage ich: Fort aus Wittenberg! Wenn ich aber an die armen, kranken, sterbenden Menschen denke, dann sage ich: Prediger und Seelsorger sollen in Sterbensnöten bei den armen Menschen bleiben nach dem Worte Christi: 'Der gute Hirte läßt sein Leben für die Schafe, aber der Mietling fliehet und läßt den Wolf kommen.'"

Frau Käthe ergriff seine Hände und flüsterte: „So bleiben wir in Wittenberg, mein lieber Doktor."

„Ich bleibe", gab er zurück, „du und Hänschen, ihr geht zur Muhme nach Eisenach."

Frau Käthe blickte ihm eine Weile stumm in die Augen. „Glaubt Ihr, lieber Doktor", fragte sie, „ich verlasse Euch, da Ihr selbst noch der Pflege bedürfet? Nein, Eure Käthe bleibt, wo Ihr weilt. Gott wird uns und unser Kind beschützen."

Luther gab keine Antwort. Er schaute seiner Frau tief in die Augen und küßte sie auf die Stirn.

Frau Käthe ging fröhlich in die Küche, um das Mittagessen zu bereiten. Unter der Türe trat ihr Doktor Schurf entgegen und sagte mit merkwürdig trockener Stimme: „Gott sei uns gnädig, meine Frau hat die Pest!"

Käthe Luther wankte nicht bei dieser Nachricht. „Wir stehen in Gottes Hand", antwortete sie und half dem Arzt, das Räucherwerk zu richten, das Ansteckung verhüten sollte. Sie sah auch nach der Kranken. Es war ein furchtbarer Anblick, aber Käthe Lutherin war eine tapfere Frau. Warum sollte sie die Kranke nicht pflegen, die doch Gott ihr ins Haus gelegt? Ihr Doktor Martinus schleppte sich doch auch am Stock von Haus zu Haus, um die Kranken zu trösten und mit den Sterbenden zu beten!

Ach, am selben Tag kam eine Botschaft aus Bayern, die Luther schwer ins Herz traf! Sein lieber Freund Leonhard Kaiser war um seines Glaubens willen in der Stadt Schärding auf dem Scheiterhaufen verbrannt worden!

Um diesen Freund weinte Luther heiße Tränen. „Wie wenig komme ich unserm Leonhard gleich", klagte er, „der nicht nur predigte, sondern ein Täter des Wortes war und für seinen Heiland gestorben ist!"

Gott ließ ihm aber nicht lange Zeit, über diesen lieben Freund und Märtyrer zu trauern. Schon am andern Morgen starb die junge Frau Schurf. Luther reichte dem Doktor tief erschüttert die Hand und wollte ihn trösten, da kam Frau Käthe in die Stube und rief: „Die Lenebas hat die Pest! Ich sah am Arm schon zwei schwarze Beulen! Kommt schnell, Doktor!"

Der Arzt sprang auf, um zu helfen. Nicht eine Stunde fand er Zeit, um sein liebes Weib zu trauern.

Am Abend lag das Hänschen mit hohem Fieber in seiner Wiege. Beide Eltern beugten sich über ihn und untersuchten das zarte Körperchen, ob es Geschwüre aufwies. Noch nicht. Wer wußte aber, wie es in einer Stunde war?

„Muß alles, alles über uns kommen? O mein Gott, warum, warum?" klagte Käthe Lutherin. Doktor Martinus nahm ihre Hände fest in die seinen und sprach: „Wir wollen bitten, Käthe, daß Christus mit uns tue nach Seinem Wohlgefallen. Nur möge Er uns davor bewahren, daß wir undankbar gegen Ihn werden oder uns gar gegen Ihn auflehnen."

Er hielt sie fest in den Armen, bis sie ruhiger wurde. Glockenrein und klar stieg es aus dem Garten auf, kam es zum Fenster herein wie Engelsgesang:

„Aus tiefer Not schrei ich zu Dir,
Herr Gott, erhör mein Rufen!
Dein gnädig Ohr neig her zu mir
und meiner Bitt' es öffne!
Denn so Du willst das sehen an,
was Sünd und Unrecht ist getan,
wer kann, Herr, vor Dir bleiben?

Und ob es währt bis in die Nacht
und wieder an den Morgen,
doch soll mein Herz an Gottes Macht
verzweifeln nicht noch sorgen.
So tu Israel rechter Art,
der aus dem Geist erzeuget ward
und seines Gotts erharre!"

Doktor Martinus und Käthe eilten an das Fenster, getröstet und ermutigt. Aber das Singerlein war schon wieder fort. Es durfte das Haus nicht betreten, weil die Pest eingekehrt war. Aber einen großen Trost hatte Gretlein mit ihrem Lied in die Herzen hineingesungen.

Auch für Gretlein war schwere Zeit. Sie konnte das Haus nicht mehr verlassen wie früher. Muhme Traudel war krank. Es war nicht die Pest, es war eine andere Krankheit. Furchtbare Kopfschmerzen plagten sie bei Tag und Nacht. Es war manchmal so schlimm, daß sie zu Bett liegen mußte. Das wäre zu ertragen gewesen, denn wahrlich, Muhme Monika und Gretlein pflegten die Kranke sorgsam und hätten gerne alles getan, was sie ihr an den Augen ablesen konnten. Aber Muhme Traudel wollte sich nicht pflegen lassen, sie wollte nicht krank sein! Sie hatte dazu keine Zeit. Wenn ihre Schmerzen es erlaubten, stand sie auf und schleppte sich im Haus umher, um nach dem Rechten zu sehen.

Dabei war sie so elend, daß jede Kleinigkeit, jedes kleine Versehen sie böse und zornig machte.

Das war das traurige Jahr 1527, unter dem ganz Wittenberg schwer litt. Erst im Herbst wichen allmählich die Sorgen. Die Pest verschwand endlich, endlich! Die Menschen atmeten auf und dankten Gott, die Studenten und Professoren kehrten nach Wittenberg zurück, und auch im Schwarzen Kloster schien wieder die Sonne. Doktor Martinus hatte sich nach einem schweren Rückfall gekräftigt. Die Lenebas war von der Pest genesen, sie half Frau Käthe wieder im Haushalt. Wahrlich, die tapfere Frau hatte nach dem schweren Sommer Hilfe nötig. Luther erzählte oft seinen Freunden, daß er nicht begreife, wie Käthe diese schwere Zeit hatte aushalten können. Er hatte einen gewaltigen Respekt vor ihr bekommen und nannte sie scherzhaft „mein lieber Herr Käthe", denn sie war stark gewesen wie ein Mann. „Ich wollte meine Käthe nicht um Frankreich und noch um Venedig dazu hergeben. Es bleibt ewig wahr: Gottes schönste Gabe auf Erden ist ein fromm, freundlich, gottesfürchtig und häuslich Gemahl haben."

Von solchen Lobeserhebungen wollte Frau Käthe nicht viel wissen. Sie saß glückstrahlend neben ihrem lieben Doktor Martinus, ihr gesundes, rotbackiges Hänschen auf dem Schoß. Jenes Fieber war nur ein Zahnfieber und nicht die Pest gewesen. Daß sie ihren lieben, gelehrten Doktor und ihr Bübchen hatte behalten dürfen, das war für sie Lohn genug, und sie dankte Gott aus tiefstem Herzen.

Auch Muhme Traudel erholte sich und wurde ruhiger, als die Sommerhitze gewichen war. Endlich kam auch der Tag, da Gretlein Else, die mit der ganzen Familie Reichenbach nach Torgau geflüchtet war, abholen konnte und mit ihr wieder das Schwarze Kloster betreten durfte.

Muhme Traudel hatte ihr sogar eine Schüssel mitgegeben, darin befand sich die Leibspeise Luthers, einige sorgfältig und köstlich zubereitete Heringe. Das war eine Freude! Er fragte lachend Frau Käthe, ob er nicht gleich einen essen dürfe.

„Was machten denn die Frau Musika und mein liebes Singerlein in der langen Zeit?“ fuhr er, an Gretlein gewendet, fort.

Sie konnte gar nicht antworten, saß aber im nächsten Augenblick ihrem Freund gegenüber, die Laute im Arm.

Zum ersten Male seit seiner Krankheit holte Doktor Martinus zu Frau Käthes Freude seine Laute von der Wand, und die beiden sangen aus frohem, dankbarem Herzen:

„Ein’ feste Burg ist unser Gott,
ein gute Wehr und Waffen!
Er hilft uns frei aus aller Not,
die uns jetzt hat betroffen.
Der alt böse Feind,
mit Ernst er’s jetzt meint.
Groß’ Macht und viel List
sein grausam Rüstung ist!
Auf Erd ist nicht seinsgleichen!“

Vierzehn Tage später hatte Muhme Traudel wieder einen bösen Tag.

„Sei still und geduldig, Gretlein“, bat Muhme Monika, „und arbeite pünktlich, daß meine Schwester keinen Grund hat zu schelten.“

Gretlein plagte sich redlich. Sie sah es selbst, die

kranke Muhme konnte sich kaum aufrecht halten, und ihr Gesicht war beängstigend rot.

„Traudel, leg dich nieder", drängte Monika. Aber die Schwester wehrte ab.

„Wie kann ich mich legen, wenn im Hause die Ordnung fehlt? Am Gartenzaun fehlt eine Latte, Xaver ist ein säumiger Knecht, und Gret sitzt müßig am Fenster."

„Nein, sie näht", beruhigte Monika, „bedenke, zwölf Bettlaken sind gar viel Arbeit, und das Nähen geht dem Kind schwer von der Hand."

„Weil sie es mit Unwillen tut!" rief Traudel. „Gret! Gret, schlummere nicht bei der Arbeit! Schneller!"

Gretlein beeilte sich, sagte aber nichts. Zwei Stunden schon nähte sie. Das war für sie eine wahre Marter. Deshalb freute sie sich von Herzensgrund, als sie plötzlich rufen hörte: „Gret, komm schnell! Du sollst helfen Wasser pumpen, Xaver hat Schwären an der Hand!"

Ha, endlich einmal aufstehen, hinaus dürfen! Sie pumpte, bis ihr der Schweiß von der Stirn tropfte. Jetzt konnte sie das Sitzen wieder besser aushalten. Ganz erfrischt lief sie wieder zurück in die Wohnstube."

O weh! Muhme Traudel saß am Fenster und trennte den Saum wieder auf, den Gretlein genäht hatte. Er war ihr nicht schön genug. Mit dunkelrotem Kopf und blitzenden Augen rief sie: „Du Faules! Meinst du, das sei gute Arbeit? Schäm dich eines solchen Saumes! – Und auf dem Küchentisch hast du ein Messer liegen lassen! Geh mir aus den Augen, ich will dich nicht sehen!"

Gretlein lief hinaus und flüchtete in ihre Kammer, wo sie wütend mit dem Fuß aufstampfte. Nein, so schlecht, daß man sie auftrennen mußte, waren die Stiche nicht! Sie hatte sich große Mühe gegeben,

Muhme Monika war zufrieden gewesen damit. Und mehr Wasser hatte sie gepumpt als nötig war! Ja, das Messer hatte sie vergessen, das hatte sie auf dem Tisch liegenlassen. War das denn ein Verbrechen? – Die Muhme hatte keinen Grund, sie aus der Stube zu jagen! – Gretlein empfand keine Reue, sie empörte sich gegen die Muhme, sie haßte sie wieder. Trotzig stand sie am Fenster. Man hatte sie hinausgejagt, sie ging nicht mehr in die Stube, bis man sie holte! Sie war kein kleines Kind mehr, sie war ein großes Mädchen!

Nach langer, langer Zeit hörte sie, daß jemand ins Haus kam. Muhme Monika führte den Besuch merkwürdigerweise die Vordertreppe hinauf. Gretlein kümmerte sich aber nicht darum. Sie sah nicht nach, sie war zu aufgebracht und böse auf Muhme Traudel.

Es währte jedoch nicht mehr lange, da öffnete Monika Scheuerlin die Türe von Gretleins Kammer und sagte mit traurigem Gesicht:

„Meine Schwester ist kränker geworden. Geh in die Küche und wärme einen Becher Milch."

Gretlein tat gehorsam, was von ihr verlangt wurde, antwortete aber nicht. Sie machte sich keine Sorge über die Krankheit; die Muhme war einen Tag besser, den andern schlimmer, das war man schon gewohnt.

Als sie aber mit der Milch an das Krankenbett trat, erschrak sie. Die Muhme blickte sie so starr an, sie zitterte und wies den Becher Milch zurück.

Bei diesem Anblick wollte des Kindes Herz weich werden. Aber Muhme Traudel sagte mit großer Anstrengung: „Jetzt siehst du, was du geschafft! Zorn und Ärger über dich und dein Verhalten bringen mich um."

Gretlein ließ beinahe den Becher mit der Milch fallen vor Schrecken. Sie sagte kein Wort. Sie verließ die

Stube. Am liebsten hätte sie laut aufgeschrien. Sie riß ihr Tuch vom Nagel, sie rannte zum Haus hinaus, die Straße hinauf, und ohne anzuklopfen, stürzte sie in die große Erkerstube des Schwarzen Klosters, wo Doktor Martinus einen Brief schrieb.

„Sie sagt, ich bin schuld, wenn sie sterben muß!" rief sie und schluchzte laut.

Luther schaute sie betroffen an. „Ich verstehe nicht, sage mir alles."

Wie damals auf dem gefällten Baumstamm an der Elbe, so erzählte und beichtete Gretlein, was sie auf dem Herzen hatte. Je mehr sie sprach, desto aufgeregter wurde sie, bis sie laut jammerte:

„Es ist nicht die Wahrheit, ich trage keine Schuld, wenn sie sterben muß! Ich bin nicht faul! Ja, das Messer habe ich liegenlassen, aber ich habe auch sehr viel Wasser gepumpt!"

Luther hörte still zu, bis Gretlein ihre Rede beendigt hatte. „Du armes Singerlein", sagte er, und ein Lächeln glitt über sein Gesicht, „du wirst dein Lebetag besser singen können als nähen. Das glaube ich."

Gretlein nickte ernst mit dem Kopf.

„Meinst du nicht", fuhr er fort, „wir sollten noch ein bißchen ordentlicher werden, wir zwei? Frau Käthe seufzt auch oft, weil ich einiges liegenlasse. Wollen wir beide uns nicht ein wenig mehr Mühe geben?"

Auch hierzu nickte Gretlein. Sie beharrte aber: „Die Schuld an der Krankheit trage ich nicht."

„Merke auf, Singerlein, was ich dazu sage", antwortete Luther, „deine Muhme Monika hat vor einer Stunde den Doktor Schurf gerufen. Der sagt, deine Muhme Traudel sei schwer erkrankt. Es war ein Schlag. Der kann wiederkommen. Sie ist lahm."

Gretlein fand keine Worte. Sie schaute ihn entsetzt

an. Doktor Schurf war also der Besuch gewesen, der die Vordertreppe hinaufging! Muhme Traudel lahm! Ach, und Gretlein hatte sich um nichts gekümmert, hatte gehadert mit der armen, kranken Muhme!

„Trage ich nun doch die Schuld?“ fragte sie mit bebender Stimme.

„Nein, du trägst keine Schuld“, gab Luther zurück, „du weißt aber, daß die Muhme sich nicht fassen kann, wenn sie elend ist. Du mußt das willig tragen. Wenn sie tot ist, kannst du nichts wiedergutmachen.“

„Ich will es alles willig tragen“, gelobte das Kind sehr ernst „ich will lieb zu ihr sein, ich will! O Gott, ich habe das nicht gewußt!“

Getröstet, mit einem Herzen voll guter Vorsätze, eilte Gretlein nach Hause. Bald betrat sie die Schlafstube mit einem neuen Becher Milch.

„Muhme Traudel“, fing sie freundlich an, „ich habe Honig darunter gemischt, weil Ihr das so gerne habt. Jetzt wird die Milch besser schmecken.“

„Wo bist du gewesen?“ fragte die Muhme streng. „Jahrelang habe ich dir Essen und Kleidung gegeben. Und nun, wo ich krank bin und dich brauche, läufst du davon!“

Gretlein war verzweifelt. Wie hatte sie in ihrer Aufregung und in ihrem Zorn einfach davonlaufen können, ohne ein Wort zu sagen!

„Es tut mir leid, Muhme Traudel“, sagte sie leise, „ich will es gewiß nicht wieder tun. Verzeiht mir. Ich will Euch pflegen und bei Euch wachen. Trinkt die Milch, sie wird Euch guttun.“

Zu Gretleins großer Überraschung trank die Muhme den Becher Milch langsam leer.

„Wie froh bin ich, vielleicht werdet Ihr jetzt wieder gesund“, wagte Gretlein zu flüstern.

„Gret, schweig still", seufzte die Muhme, „jedes Wort schmerzt mich. Zuerst machst du mich unwirsch mit deiner Näherei, jetzt quälst du mich mit deinem Geschwätz."

Das Kind nickte. Es fühlte, es konnte tun, was es wollte, es war der Muhme nicht recht.

„Ich will still sein", sagte sie, „ich setze mich an Euer Bett und halte Eure Hand." Ganz sanft faßte Gretlein die Hand der Kranken. Wie kalt sie war! Die beiden jungen, warmen Hände fingen langsam an, die alte, kalte zu reiben. Die Muhme ließ es geschehen, es schien ihr gutzutun. Sie schloß die Augen.

Plötzlich schreckte sie empor und schaute sich um. „Was tust du hier, Gret?" fragte sie ungeduldig, „geh doch nicht müßig! Arbeite etwas, hole dein Spinnrad!"

Gehorsam brachte Gretlein das Spinnrad und fing an zu spinnen.

„Ich kann das Schnurren nicht hören", klagte die Muhme bald, „warum gehst du nicht in die andere Stube? Binde eine Schürze um! Alles muß ich dir sagen!"

Zum Glück betrat in diesem Augenblick Muhme Monika die Stube.

„Wie fühlst du dich?" fragte sie freundlich.

„Schlecht, o gar schlecht! Womit habe ich das verdient? Laßt die Türe offenstehen. Ich muß hören, was im Hause geschieht. Melkt die Magd? Füttert der Knecht?"

„Sorgt nicht", wagte Gretlein zu antworten, „ich sehe nach."

„Du bist für nichts gut", gab die Muhme zurück. „Hat Xaver Futter geholt?" fuhr sie fort, „hat er den Zaun geflickt? Morgen muß Brot gebacken werden! Wenn Gret die Bettlaken gesäumt hat, sind sechs Dutzend im Haus." Die letzten Worte hauchte sie mit schwacher Kraft und schloß wieder die Augen.

Muhme Monika beugte sich über sie und flößte ihr ein Stärkungsmittel ein.

Kaum hörbar flüsterte Traudel: „Gret soll recht zierlich meinen Namen hineinsticken und des Jahres Zahl darunter."

„Traudel", bat Monika, „denke jetzt nicht an diese Dinge, ich will mit dir beten."

Sie erhielt keine Antwort. Traudel Scheuerlin erlitt einen neuen, schweren Schlaganfall.

Monika schickte die Magd zum Arzt und setzte sich mit gefalteten Händen an das Bett der Kranken.

Gretlein stand am Fenster ihrer Schlafkammer und weinte heiße Tränen. Was lag an den Bettlaken? Was am Vieh und am Futter, wenn die Muhme so krank war? Und sie konnte ihr nichts, gar nichts zuliebe tun!

Arme Traudel Scheuerlin! Schwer krank und heimgesucht, nicht mehr mächtig über ihre Glieder, ihre eiserne Willenskraft gelähmt, konnte sie ihr Herz nicht lösen von den irdischen Dingen, für die allein sie gelebt!

Als Doktor Schurf kam, schüttelte er unmerklich den Kopf. Es war nichts mehr zu machen. Die Kranke hatte auch die Sprache verloren. Das war sehr traurig anzusehen. Sie wollte sprechen, sie versuchte es immer und immer wieder, aber es war vergebens.

Von Herzen gern hätten Monika und Gretlein ihr jeden Wunsch erfüllt, sie konnten nichts erraten. Ganz starr und verzweifelt waren oft der Muhme Augen.

So lag sie mehrere Tage, manchmal wie bewußtlos. Langsam, ganz langsam kam die Sprache wieder, wenn auch undeutlich und schwer verständlich. Mit großer Anstrengung brachte sie endlich heraus:

„Dok... Martin... kommen – Sterben."

Gretlein rannte durch die Straßen. Nach kurzer Zeit knarrte die Vordertreppe im Hause der Jungfer Scheuerlin unter dem schweren Tritt Luthers.

Alle gingen hinaus. Doktor Martinus und Traudel waren allein. Was die beiden verhandelt, was Luther zu der Kranken gesagt, wie er sie ermahnt oder getröstet hat, das hat nie jemand erfahren. Es war die Zwiesprache zweier Menschenherzen vor dem Angesicht Gottes.

Nach einiger Zeit hörte man Doktor Martinus laut beten, dann war alles wieder still. Und einmal kam er heraus und forderte Feder und Papier. Nachher schüttelte er Monika und Gretlein herzlich die Hand und ging nach Hause. In seinen dunklen Augen leuchtete es.

Gerührt und erstaunt waren Monika und ihre Nichte, als sie an der Muhme Bett traten. Das war nicht mehr die Muhme Traudel von vorhin mit dem strengen Mund und den harten, kalten, flackernden Augen! Nein, die Augen waren friedlich und still geworden, und der Mund lächelte.

Die Kranke konnte ihrer Schwester die Hand nicht mehr reichen, aber ihre Augen umfingen Monika mit einem Blick, daß diese die beiden lahmen Hände in die ihren nahm und ein stilles Dankgebet zum Himmel schickte. Gretlein entfernte sich leise. Mühsam und stockend sagte Traudel der Schwester, daß sie sie immer lieb gehabt, und daß es ihr leid tue, hart und ungerecht gewesen zu sein. „Vergiß mein nicht! Sei – Gott befohlen!" hauchte sie.

Es war ein kurzer, stiller, liebevoller Abschied zwischen den beiden Schwestern. Dann flüsterte Traudel: „Das Kind – das Kind!"

Monika ging, und Gretlein betrat die Stube. Zögernd blieb sie an der Türe stehen.

Traudel Scheuerlin sagte nur das einzige Wort: „Gretlein!"

Einen Augenblick stand das junge Mädchen betroffen, dann aber war sie ganz das stürmische, unbedachte Gretlein von früher. Mit dem lauten Aufschrei: „Muhme Traudel! Liebe, liebe Muhme Traudel!" stürzte sie sich auf das Bett, legte ihr Köpfchen neben die Muhme auf das Kissen und küßte sie und weinte.

Traudel schalt und tadelte nicht, trotzdem ihr durch die Erschütterung der ganze Körper weh tat. „Gretlein", fing sie an, „ich – ich – ich – nicht lieb – zu – dir, ich..."

„Ich, ich war nicht lieb zu Euch!" fiel Gretlein ihr ins Wort, „ich habe Euch nicht liebgehabt, ich war oft so ärgerlich auf Euch! O, verzeiht mir!"

Lange hielt sie die Kranke umschlungen. Es bedurfte keiner Worte mehr. Nur einmal flüsterte die Muhme noch: „Mein – Gretlein."

Plötzlich aber wurde Traudel wieder bewußtlos. Eilig rief das Kind Monika herbei, die sogleich sah, daß wieder ein Schlaganfall eingetreten war. Dennoch öffnete Muhme Traudel noch einmal die Augen, noch einmal wollte sie sprechen, aber die Kraft versagte. Ach, sie plagte sich, sie wollte noch etwas sagen, etwas sehr, sehr Wichtiges. Sie mühte sich, aber es kamen nur dunkle, unklare Töne heraus, die man nicht verstehen konnte.

Plötzlich durchzuckte es Gretlein wie ein Blitz. Sollte das Dorothea heißen? Sie wagte nicht, es laut zu sagen, sie flüsterte es leise Muhme Monika zu.

Diese fragte ihre Schwester, indem sie die Hand auf die heiße Stirn legte: „Willst du Dorothea sehen?"

Wie Erlösung strahlte es jetzt aus den verzweifelten

Augen. Sie verlangte also ihre Schwester Dorothea zu sehen. Gretlein lief die Vordertreppe hinunter. Was lag jetzt daran, ob sie schmutzig wurde oder nicht! Sie half dem Xaver selbst die Pferde anspannen, und wenige Minuten später ratterte er durch das Stadttor nach dem Dörflein Wald, um den letzten Wunsch seiner Herrin zu erfüllen. Wenn er so jagte, konnte er mit Dorothea noch vor Nacht wieder in Wittenberg sein.

Muhme Traudel lag in dieser Zeit meist mit geschlossenen Augen. Monika und Gretlein saßen rechts und links an ihrem Bett. Was lag an den Bettlaken? Was am Spinnrad? Wie nichtig, wie gleichgültig war das alles geworden!

Von Zeit zu Zeit öffnete die Muhme ihre Augen und blickte nach der Türe, sehnsuchtsvoll und bang. Wenn Gretlein sagte: „Mutter kommt bald, Mutter ist unterwegs", lag Traudel wieder geduldig und ruhig, bis sie plötzlich zusammenschauerte. Ein tiefer Seufzer, und Traudel Scheuerlin war heimgegangen.

Eine halbe Stunde später betrat Dorothea Brandin zum erstenmal seit ihrer Heirat das elterliche Haus. Sie eilte die Vordertreppe hinauf und an das Lager der Schwester. Es war zu spät! Ein ganzes Menschenleben lang hatte Traudel Scheuerlin Zeit gehabt, die Schwester in ihr Haus zu holen. Eine halbe Stunde nur hatte gefehlt in ihrem Leben, um es tun zu können. Es gibt ein Zuspät, ein trauriges Zuspät, an dem nicht zu rütteln ist.

Monika und Dorothea standen Hand in Hand am Bett der toten Schwester. Alles war vergeben und vergessen! Die beiden waren jetzt wieder beisammen, sie gehörten zusammen und sie blieben zusammen, das wußten beide ohne ein weiteres Wort.

Wie friedlich lag Traudel vor ihnen, erlöst von allem

Irdischen, das ihr Leben so trübe, so schwer und freudlos gemacht hatte. Alles Strenge und alles Harte war aus ihrem Antlitz gewichen, sie hatte Frieden gefunden.

Als an jenem Abend Gretlein in ihrem Bett lag, kam Mutter Dorothea noch einmal zu ihr, und sie sprachen noch ein wenig von Muhme Traudels friedlichem Hinscheiden. Zum Schluß mahnte die Mutter: „Bedenke, Gretlein, du mußt alles Bittere und Schwere vergessen."

„O Mutter", rief das Kind, „ich fühle Liebe und Dankbarkeit im Herzen, wenn ich an Muhme Traudel denke. Sie hat mir alles verziehen."

Die Mutter antwortete mit gefalteten Händen: „Auch ich danke ihr viel. Sie hat mich einmal sehr, sehr liebgehabt."

Nach wenigen Tagen trugen sie Traudel Scheuerlin hinaus auf den Friedhof, und Doktor Martinus sprach am Grab über das Wort: „Alle eure Dinge lasset in der Liebe geschehen!" –

Es wurde wieder still in dem großen Haus. Dorothea fuhr zurück nach Wald, um nach den Kindern zu sehen. Monika und Gretlein hatten alle Hände voll zu tun. Der Tod mag kommen, wann und wo er will, die tagtägliche Arbeit muß getan werden. Die Menschen müssen essen, das Vieh muß gefüttert, die Betten müssen gemacht und die Stuben müssen gereinigt werden.

Sie konnten nicht traurig sein über Traudels Heimgang. Ihr unruhiges, freudloses Leben hatte ein so friedliches, liebevolles Ende genommen, daß die beiden sich jetzt fester mit ihr verbunden fühlten als zu der Zeit, da sie gelebt hatte. Ihr Heimgang war eine so schöne Erinnerung, daß sie abends beim Kerzenlicht gern davon redeten.

Wie sollte nun aber alles weitergehen? War Muhme Monika Besitzerin des Hofes und des ganzen Reichtums? Konnte sie es allein schaffen? Selbst wenn Dorothea nach Wittenberg kam, war das nicht möglich, denn auch sie hatte die Kraft und die Kenntnisse nicht, die Traudel gehabt hatte. Und die Kinder sollten doch etwas lernen!

Alle diese Fragen löste Doktor Martinus. Zwei Tage nach der Beerdigung ließ er Gretlein zu sich rufen. Er saß wieder an dem großen Schragentisch in der Erkerstube, als Gretlein eintrat. Er sah merkwürdig froh aus.

„Heute sollst du eine frohe Botschaft vernehmen, Singerlein", sagte er und wies ihr einen Schemel zum Sitzen. „Merke auf", fuhr er fort. „Muhme Traudel hat ihrer Schwester Monika ein gut Teil ihres Reichtums gegeben, auf daß sie wohl leben kann bis zu ihrem Tode. Alles andere, Äcker, Wiesen, Felder und Haus, soll dein sein, du sollst es erben."

Gretlein schnappte nach Luft und rief laut: „Ich?"

„Ja, du!"

„Die liebe Muhme", staunte Gretlein. „Jetzt wird Mutter sich freuen und wird nicht gebückt gehen müssen, wenn sie alt ist. Alle kommen nach Wittenberg! Christine und ich schaffen die Arbeit. Veit soll auf die Schule, er will so gern studieren. Doch wer wird später für ihn sorgen und nach dem Rechten sehen? Eigentlich hatte ich's ihm versprochen", setzte Gretlein nachdenklich hinzu.

Doktor Martinus lachte laut. „Sorge darüber nicht", sagte er, „das währt noch eine lange Zeit." An diesen Sorgen hatte Luther Spaß. „Laß dafür unsern himmlischen Vater sorgen", meinte er, „wenn Veit ausstudiert hat und sein eigen Brot verdient, bekommt er eine liebe Hausfrau wie ich, die für ihn sorgt."

Das leuchtete dem Mädchen ein. „Ja", rief es eifrig, „Reichenbachs Elschen muß ihn heiraten und für ihn kochen. Muhme Monika muß bei mir und Mutter bleiben, und die Kleinen schicke ich zur Schule".

„Kommandieren kann mein Singerlein fast so gut wie die Muhme Traudel!" lachte Luther. „Aber so ist alles gut geplant." Er las ihr Traudel Scheuerlins Testament vor. Als er zu den Worten kam: „Doktor Martinus ist erster Pfleger, er bestimmt alles", preßte Gretlein hocherfreut die Hände zusammen und rief: „Also seid Ihr jetzt wie mein Vater!"

Luther fuhr fort zu lesen: „Bruder Alois, der einstmals in seinem Kloster der Land- und Viehwirtschaft vorstand, wird das Gut verwalten. Dorothea wird mit ihren Kindern nach Wittenberg kommen. Gretlein wird ihr gehorchen. – Mein Kind, hänge deines Herzens Kraft nicht an irdisches Gut. Brauche es zu der Menschen Glück und Wohlfahrt, so wirst du glücklicher werden als deine Muhme Traudel." –

Noch ehe Gretlein das Haus wieder betrat, schickte sie den Knecht mit einem großen Wagen nach Wald, damit er alle ihre Lieben nach Wittenberg holte. Alles andere, so meinte sie, könne später geordnet werden.

Als sie in die Stube kam, schlang sie beide Arme um Muhme Monikas Hals und rief: „Herzliebe Muhme, Ihr werdet uns nicht verlassen!"

„Deine Mutter und ich", gab Monika zurück, „wir trennen uns nimmer. Wir bleiben alle zusammen." Wie glücklich war das Kind! Es mußte allein sein, ganz allein, um dem gütigen Gott zu danken. Mit gefalteten Händen stand es am Fenster seiner Schlafkammer und sagte leise: „Ja, Doktor Martinus hatte recht damals, als er sprach: Es geht allstund anders, als die Menschen es haben möchten. Es geht am Ende immer gut, weil der liebe Vater im Himmel alles in Seinen treuen Händen hält."

Der Dorfschulmeister

Während meines langen Amtslebens bin ich nur der schlichte Dorfschulmeister von Huppstädt gewesen. Heute bin ich ein alter Mann, der „in Ruhe" lebt. Das Alter liebt es, die Erinnerungen zu hegen und zu pflegen. –

Als ich vor fünfzig Jahren von der Regierung als Lehrer in diese einsame Welt geschickt wurde, da war es mir, als würde ich einer Straftat wegen nach Sibirien verbannt. Geboren als der Sohn eines Gefängnisinspektors in einer rheinischen Großstadt, hatte ich die Stadtluft und die mit ihr verbundenen Lebensbedürfnisse und Gewohnheiten in mich aufgenommen. Ich brauchte Konzerte und Theater, wie ein junger, gesunder Mensch, der im Wachstum ist, das tägliche Brot nötig hat.

Und da ich nun während meiner sechs Ausbildungsjahre übersichtlich oder auch nur ausschnittweise mit mancherlei Wissenschaften in Berührung gekommen war, hatte ich einen heißen Drang in mir nach Weiterbildung und Vertiefung. Ich sehnte mich nach Bibliotheken und Menschen, die in Vollwertigkeit und Vollmacht zu reden wußten.

Nun aber mußte ich in das weltabgelegene Dorf. Zwei Meilen weit lag es von der nächsten Bahnstation, und dann fuhr man zwei Stunden bis Köln am Rhein.

Der alte Gefängnisprediger, der mit meinem Vater befreundet war, sagte zu mir, als ich mich verabschiedete: „Es gibt keinen Zufall, mein lieber Christian! Gott weiß es allein, weshalb Er dich an diesen unbekannten Ort führt. Sein Tun ist lauter Segen; Sein Gang ist lauter Licht."

Ehrlich gesagt, ich hielt diese Worte für eine dem guten Mann geläufige Formel. „Mich ärgert der fromme Schmus!" so sagte ich erbittert zu meinem Vater. Der aber entgegnete mir nur: „Für solche Worte bist du noch nicht reif. Du hast noch nicht vor Gott 'linksum kehrt!' gemacht. Er hat noch nicht das große 'Stillgestanden!' in dein Leben hineingerufen."

Ich schwieg. – Dann packte ich meine Koffer, vergaß keins meiner Bücher. Widerwillig bereitete ich meine Reise nach Huppstädt vor. Dabei tat ich einen Schwur: „Bis zu der Zeit, da du dein zweites Examen gemacht hast, bleibst du. Und kein Jahr länger!"

Es war ein wunderbarer Frühlingstag, als ich mit einem ärmlichen Bummelzug mich der Bahnstation Waldsteeg näherte. Waldsteeg – ein Wald von hohen Bergtannen legte seine schützenden grünen Wälle um das Örtlein. Der Nordwind kam mit seinem eisigen Atem nicht heran. Im Westen hielt er die Schauer auf. Nur nach dem Süden hin hatte die Sonne einen Durchbruch. Und sie strahlte das ganze Jahr hindurch auf die weißgetünchten Häuslein, die mit ihren roten Ziegeldächern unter Obstbäumen versteckt lagen.

Im Walde hämmerten die Spechte, und dort gruben die Füchse ihren Bau. Im Flüßchen aber, über den einige breite Holzstege führten, sprangen im kristallklaren Bergwasser die Forellen. Huppstädt, das eine Stunde abseits von der Bahn lag, sei der schönste Ort im Kreise, so hatte mir der Schulvorstand schreiben lassen.

Mein Blick wurde wie von einem Zauber gebannt, als ich in Waldsteeg einfuhr. Die Bäume blühten in voller Pracht. Die Luft war so rein, daß man unwillkürlich tief einatmete.

Die Bauersleute, die mit mir in dem Bähnchen saßen, waren wortkarg. Gebräunte, wetterharte Gesichter wurden von altmodischen Fischerbärten umrahmt. Ihre borkigen, rissigen Hände sagten mir: Wir sind an harte Arbeit gewöhnt. Auf dem Kopf trugen sie eine hohe, leichte Seidenkappe, und bekleidet waren sie mit einem blauen Leinenkittel, der auf den Schultern als einzige Zierde aus schmalen weißen Litzen geformte Achselstücke zeigte. Ihre Stiefel erinnerten mich an alte Militärschaftstiefel, die mein Vater dann und wann bei sehr schlechtem Wetter anzuziehen pflegte, wenn er im Garten arbeiten wollte.

Als ich meinen großen Koffer eben aus dem kleinen Abteil schieben wollte, traten zwei Männer auf das Trittbrett. Der eine, ein starkknochiger Hüne mit einem tiefen, treuen Blick aus blauen Augen, stellte sich ganz breitspurig vor mich hin und sprach: „Wir sind die Schulvorsteher von Huppstädt. Ich heiße Johann Altenheymer, und das ist mein Nachbar, der Zimmermeister Adam Scholten. Und Sie sind wohl der neue Lehrer – Herr Christian Klingelhöfer?“ Er wies mit dem Daumen seiner großen Hand auf seinen Nebenmann, er sah mich aufmerksam an. Dann reichte er mir seine Rechte und schüttelte sie, wie er es vom kraftvollen Strohstreuen her gewohnt war. Aus seinem Munde kam ein kräftiges, herzliches „Willkommen, Herr Lehrer!“

Er nahm meinen schweren Koffer auf wie eine Zigarrenkiste. In einem Schwung warf er ihn auf seine breite Schulter, und dann trug er ihn auf einen Wagen, vor den ein warmblütiger Schimmel gespannt war. Das Tier spitzte die Ohren, wieherte in freudiger Erregtheit so, als ob es mich auch begrüßen wollte. Wir zwei - der Schimmel „Fritz" und ich - sind bald gute Freunde geworden.

„Sie wohnen einstweilen bei uns, Herr Lehrer." Mit einer leichten Selbstverständlichkeit sprach Herr Altenheymer diesen Satz. Dann halfterte er seinen Gaul ab. –

Warum fuhr der Zug nicht weiter? Ich sollte es sogleich erfahren. Es gab für mich eine große Überraschung, die mich in Erstaunen versetzte und die die beiden Schaffner mitsamt dem Zugführer veranlaßte, neugierig dem Zuge und seinen wenigen Insassen unbestimmten Urlaub zu bewilligen.

Über den Ausgang des Bahnhofs hatte man eine Ehrenpforte aus Tannengrün gebaut. Frühlingsblüten waren hineingeflochten, und zwei Fähnlein wehten schwarzweißrot im sanften Winde. Mit großen, unsymmetrischen Buchstaben sah mich ein „Herzlich willkommen!" so eigenartig an, als ob jeder Strich und jeder Balken der Schrift, die – wie ich später erfuhr – der Anstreichermeister Meiser in tagelangem Mühen gezirkelt hatte, sagen wollte: „Siehst du es auch?"

Kaum war ich durch die Ehrenpforte, da kam es mir mit erschreckender Deutlichkeit zum Bewußtsein, daß ich nun auf den Weg der Pflicht getreten war.

Denn vor mir standen meine Kinder. Flachsköpfige Mädel blickten mich schüchtern an. Sie zupften verlegen an ihren Kattunkleidchen. Ihre Zöpfe waren straff geflochten, glänzten ein wenig von jener Einfettung, die ihnen eine festliche Ordnung gegeben hatte.

Pauswangige, gesunde Buben wagten den festen, bäuerlichen Blick. Einige mochten fragen: „Wie werden wir mit dem fertig?" Andere hatten vorweg die trotzige Antwort sich eingeredet: „Mit dem werden wir fertig!" Mein Herr Amtsvorgänger hatte noch ein Lied mit den Schülern eingeübt.

Ein wenig schüchtern und doch in urwüchsigen, kräftigen Tönen empfingen sie mich mit dem Choral „In allen meinen Taten..." Der älteste Sohn des Schneidermeisters Hintze, der Hannfritz Hintze, der in der Feuerwehrkapelle der Kreisstadt die Trommel schlug, dirigierte mit einer weißgeschälten Haselnußgerte.

In der Seminarübungsschule hatte ich unter der Leitung eines tüchtigen Musiklehrers den Gesangsunterricht während eines Halbjahres erteilt. Ich war musikalisch, und ich hatte einiges erreicht. Es kam mir sogleich zum Bewußtsein, daß ich hier eine Aufgabe hatte in der Pflege des Schulgesangs.

Aber in meinen schulmeisterlichen Gedanken kam ich nicht weit. Aus der Menge, die sich zur Begrüßung eingefunden hatte, trat einer, der war eines Hauptes länger denn alle anderen. Ehrerbietig machte man ihm Bahn.

Vor mir stand ein Herr in den sechziger Jahren. Er überragte mich, der ich doch auch guten Wuchses war, so, daß er mich von „oben her" ansehen mußte. Daß er mich in übertragenem Sinn dieses Ausdrucks „von oben" her behandeln würde, das sollte ich später erfahren.

Ein wahres Gelehrtengesicht schaute mich mit stahlgrauen und durchdringenden Augen durch die Gläser der goldenen Brille an. Beim Sprechen schaukelte eine weiße Mähne von rechts nach links und von links nach rechts, je nachdem er mit kräftiger Handbewegung etwas, was nach seiner Auffassung wichtig war, unterstrich.

Bekleidet war der würdige Herr mit einem langen schwarzen Rock, der nach Art einer Uniform, die damals hohe Generale trugen, rechtsschräg geknöpft war. Eine linksschräge Knopfreihe rahmte dazu seine breite Brust ein. Um den Hals knotete sich eine weiße Binde, und über das untere Kinn bogen sich weiche leinene Ecken eines Kragens, den man wohl als den bequemeren Ausläufer der früheren „Vatermörder“ bezeichnen konnte.

Die Stirn war hoch und verriet Willen und Klugheit. Um den glattrasierten Mund mit den schmalen Lippen lag beständig ein Ausdruck von Entschlossenheit. Die bauschigen Koteletten an den Wangen verwischten den Eindruck ein wenig nach der Seite des Großväterlichen, des Wohlwollenden und Menschlichen hin.

Eine Donnerstimme sprach mich an:

„Gestatten Sie, Herr Klingelhöfer, ich bin der Superintendent und Schulpfleger Hartmann. Ich darf natürlich nicht fehlen, wenn die Gemeinde Sie abholt. Persönlich heiße ich Sie zunächst willkommen!“

Er reichte mir die Hand zu kurzem Druck.

Dieser sehr respektabel aussehende Herr also war ab sofort mein direkter Vorgesetzter, der Herr „Schulpfleger“. Nun, heute würde man sagen, der Herr „Schulrat“. Denn damals lag eben die praktische Aufsicht über die Schulen und damit über die Lehrer noch nicht in den Händen der Landesregierung, sondern es bestand noch die „geistliche Schulaufsicht“; der Superintendent, das heißt der Oberpfarrer eines Kirchenkreises, war zugleich auch der Dienstherr der Lehrer in seinem Amtsbezirk.

Nachdem er mir also die Hand gereicht hatte, wandte er sich zu den Bauern und zu den Dörflern: „Ihr seid erschienen, um einen neuen Lehrer zu empfangen. Es ist noch ein blutjunger Mensch, dem ihr eure Kinder anvertraut. Ich darf wohl in diesem feierlichen Augenblick an seinen Herrn Amtsvorgänger erinnern, der leider von uns gegangen ist. Er war ein echter und tüchtiger Mann, der seine Kräfte voll und ganz in den Dienst der Allgemeinheit gestellt hat. Ihr wißt es alle, wie er die Geschäfte des von mir gegründeten landwirtschaftlichen Kasinos gründlich geführt hat. Ihr habt es zu schätzen gewußt, daß er die rationelle Bienenzucht der armen Gemeinde als gute Einnahme eingeführt hat. Und manches noch an Wohltätigkeitseinrichtungen wird euch an Herrn Steiner erinnern. Deshalb habt ihr ihm zu danken. – Und auch ich habe zu rühmen. Er war ein treuer Mann auch mir, dem Vorgesetzten, gegenüber. Er hat in mir immer den Vertreter der Obrigkeit, des preußischen Staates, gesehen; und ich kann versichern, daß seine Schule in Ordnung war. Und nun sage ich Ihnen, Herr Klingelhöfer: Schließen Sie sich mir, Ihrem Führer, an! Lassen Sie sich leiten, wie es einem jungen Menschen geziemt. So wird nicht ausbleiben, was wir Ihnen allen wünschen: der Segen in der Gemeinde – für die Gemeinde."

Mir war es eigen zumute. Meine Begrüßung war eine Lobrede auf meinen Amtsvorgänger! Ich war so überrumpelt von diesem Empfang, daß ich gar nicht vorbereitet war für die Bedeutung, die diese Worte für mich haben sollten. Daß sie ein Programm enthielten, daß sie ein damals schon stark die Köpfe bewegendes Problem andeuteten – das Ungelöste des Verhältnisses zwischen Kirche und Schule –, das kam mir erst zu Bewußtsein, als ich später in meinem Zimmer saß.

Daß diese Rede aber einen Superintendenten und Schulpfleger unzweideutig und offen kennzeichnete, daß ich nach diesem ersten Auftreten den Mann, der nach damaliger Auffassung durch sein Aufsichtsamt die Schule vor Entchristlichung retten wollte, durchschaute und es mich dabei durchschauerte, das weiß ich heute noch genau.

Deshalb konnte ich mich nicht davon beeindrucken lassen, daß der Kirchenchor in den hellen Tag hineinschmetterte: „Das ist der Tag des Herrn..." Von Gott war ja zwar gar nichts gesagt worden. Von Ihm und von Dingen, die mit dem Ewigen zusammenhängen, sprach der Herr Superintendent Hartmann auch nicht, als wir nebeneinander – er rechts, ich links – in der Kutsche des Schulvorstehers Johann Altenheymer saßen und von dem flinken Schimmel eilends durch die Blütenlandschaft von Waldsteeg nach Huppstädt gefahren wurden.

Die beiden Schulvorsteher saßen vorn auf dem Kutschbock. Johann Altenheymer rauchte aus einer großen Holzpfeife eine Tabaksorte, die mir in ihrem schweligen Dunst wie ein Betäubungsmittel gegen Schmeißfliegen vorkam. Der Herr Superintendent genoß eine feine Havanna. Mir bot er keine an.

Bei dem Herrn Schulvorsteher angekommen, wurden wir in die beste Stube geführt. Die „Mutter" begrüßte uns. Höflich sagte sie: „Guten Tag, Herr Superintendent; es ist aber nett, daß Sie da sind." Und schüchtern reichte sie mir die Hand. „Also, Sie sind der neue Lehrer?" Mehr sagte sie nicht.

Mein Vorgesetzter trat mit energischem Schritt in die Stube. Er legte seinen Zylinder auf ein Tischchen, nachdem er die vielen Fotos, die alle Familienangehörigen darstellten und sämtliche Gäule, die das Pflaster des Hofes getreten hatten, behutsam beiseite geschoben hatte. Dann warf er sich in das geblümte Kanapee; und er war es, der von dort aus zu mir sprach: „Nehmen Sie Platz, Herr Klingelhöfer."

Ich nahm mir einen Polsterstuhl und rückte ihn dem zweiten Schulvorsteher, dem Zimmermeister Adam Scholten, zurecht. Neben ihn setzte ich mich ganz zuunterst. Das schien dem Herrn Superintendent zu gefallen. Mit einem schmunzelnden Gesicht sagte er: „Ja, ja ..., Sie sind noch in den Jahren, in denen man zu einem Menschen sprechen kann: 'Freund, rücke hinauf!'" Er lachte dann plötzlich: „Nicht wahr, Herr Scholten, wenn es gut geht, kann er ja – wie ich – noch Landtagsabgeordneter werden."

Ich aber wußte nun doch erst ganz genau, mit wem ich es zu tun hatte. Und als der Hausherr einige Flaschen vom selbsterzeugten, schweren Beerenwein auf den Tisch stellte, da heiterte sich das Gesicht des alten Herrn auf. „Ihr habt immer einen guten Tropfen, Altenheymer." Mit diesen Worten wollte er eine Anerkennung aussprechen.

Als ihm die erste Flasche die Zunge gelöst und das Blut in Wallung gebracht hatte, da sprach er über politische Zeitfragen, von denen die beiden Bauern, wie ich bald feststellen mußte, mehr verstanden als ich, der junge, unerfahrene Lehrer des Dorfes. Auch merkte ich, mit welch einflußreichem, weltsicheren und weltoffenen Vorgesetzten ich es zu tun hatte.

Das eigentliche Fest, das Schulfest, bei dem ich als Dorflehrer eingeführt werden sollte, war auf den nächsten Sonntag festgelegt. Ich will davon nicht mehr berichten als das, daß mächtig viel Streuselkuchen gegessen und dazu unheimlich viel und unverzeihlich starker Kaffee getrunken wurde. Das Bier kam hernach. Ich habe am Tisch meines Hausherrn, als der Herr Superintendent den guten Tropfen lobte, und auch an diesem meinem Ehrentage wenig getrunken. Da mir der Alkohol von meinem Vater und von seinem Dienst unter den Gestrandeten her verekelt worden war, hatten die Kegelbrüder nachher, nach dem Fest, zueinander gesagt:

„Der ist kein Kerl, der paßt nicht zu uns."

Nun wußte ich es gleich anfangs, daß ich zu den Leuten meiner Schulgemeinde nicht paßte.

Johann Altenheymer hatte mir zwei Zimmer zur Verfügung gestellt. Im Fremdenstübchen stand mein Bett. Es war ein sogenanntes Himmelbett, mit hohen Gardinen behängt. Im Kissen und in der Decke, beide mit großkariertem Leinen überzogen, waren soviel Federn aus dem Flaum der eigenen Zucht, daß ich in kalter Winterzeit ins Schwitzen geriet, und im Sommer konnte ich, von der Last erdrückt, nur schlafen, wenn ich das Ungeheuer auf Stühlen zur Ruhe brachte. Auch dort dehnte und reckte es sich noch leise in hitzigem Atem.

Von meinen Fenstern hatte ich einen herrlichen Blick ins Tal und weiter über wogende Roggenfelder, bis ihn das Waldgelände von Waldsteeg auffing. An den Wänden hingen Soldatenbilder des Hausherrn, und ich wußte sogleich am ersten Abend, daß er Gefreiter bei dem Gardefüsilierregiment in Berlin gewesen war. In mancher gemütlichen Stunde während der langen Winterzeit wurde Johann Altenheymer gesprächig, wenn er an seine Militärzeit kam.

Die Leute waren fromm. Davon zeugte auch ein mit bunten Blumen verzierter und in seinen großen Buchstaben vergoldeter „Göttlicher Haussegen“, der über meinem Bett hing.

Erst viel später, als ich das Dorf durch und durch kannte und als ich genug gesehen hatte, habe ich die tiefe Wahrheit dieses eigentlich nur zu Dekorationszwecken dienenden, schmucklosen Inventariums erkannt: Wo Glaube – da Liebe...

„Mutter Altenheymer“ - so wurde die Hausfrau vom Gesinde und von den Leuten im Dorf genannt – war eine vorzügliche Köchin. Da ich für sie eine Respektsperson war, durfte ich nicht mit an den Familientisch. In der besten Stube, die für mich Wohn- und Arbeitszimmer wurde, deckte sie „extra“. Sie tischte mir mehr als reichlich auf, was für die Gesundheit nicht gerade zuträglich ist. Aber sie meinte es herzlich gut.

Ich hatte ein Heim. – Und da Johann Altenheymer auch Gemeindeschöffe war, wurde ich in den Brennpunkt des Dorfes gestellt. Das war gut so. Und ich merkte sogleich, daß ich unter gute Menschen gekommen war. –

Als ich in der Stille des Abends über mein Dasein und über meine neue Welt nachdachte, kam eine ein wenig bedrückende Stimmung über mich. Ich mußte ganz nüchtern nachdenken. In meiner bisherigen Umgebung war ich recht unselbständig geblieben. Mich hatte keiner geformt, weil ich mich keinem verantwortlich fühlte; in unserem Stadtteil fragte kaum jemand nach seinem Nachbarn. Im Elternhaus befahl e i n Wille, und das war das Wollen meines Vaters, der, wie er oft sagte, „von der Pike auf gedient hatte“. Im Seminar war diese Erziehungsart fortgesetzt worden; auch dort hieß es: bedingungslos und widerspruchslos gehorchen.

Nun war ich unter Menschen, die auf mich sahen.

Und ich mußte vor aller Augen und in breiter Öffentlichkeit mein Leben zum erstenmal selbst in die Hand nehmen.

Zwar hatte ich im Elternhaus gesehen, daß Menschen mit einem höchsten Willen – mit Gott – rechneten. Aber ich muß es sagen, daß mein Vater dabei nicht froh war. Sein Christentum war nicht vom „Gesetz" befreit. Erst ganz kurz vor seinem Heimgang hat der rechtschaffene Mann die Botschaft des Evangeliums gehört, hat sie angenommen und ist ruhig und selig entschlafen.

In meinem Dorf nun wurde ich furchtbar einsam. Ein Frösteln schüttelte mich. Ich war ganz allein. Ich ahnte und fühlte mein Unvermögen. Und dann fielen mir die Blicke der Kinder von heute ein, die frechen – und die schüchternen. Eine Frage kam: Wirst du ihr Führer und Former sein? Es kam mir zum Bewußtsein, daß ich keine Kraft hatte.

Und über dem Bett hing der „Göttliche Haussegen". Die Buntheit, über die ich hätte lachen können, sah ich nicht mehr. Nur eine Frage kam deutlich: Wie steht es mit deinem Glauben? Ich wußte keine Antwort zu geben. Ich dachte auch nicht an all die Fragen der Dogmatik, die wir im Seminar durchgesprochen hatten. Ich fühlte eine persönliche, eindringliche Fragestellung. Ein Stachel bohrte in meiner Seele, das spürte ich. Ermüdet schlief ich ein. –

Als der Sonntag im Strahlenglanz kam, wanderte ich in die taufrische Wiese. Feierliche Stille umgab mich. Die Natur in ihrem Weben und Schaffen redete eindringlich in mein Gemüt hinein.

In der Luft tirilierte die Lerche. Höher stieg sie zur Sonne. Ein Starmätzchen suchte eifrig nach Würmlein im Röhricht, das hart am erlenbestandenen Bach lag.

Husch! Es flog in gerader Linie davon. Gestern hatte ich es beobachtet, wie im Starenkasten, den Johann Altenheymer hatte im hohen Birnbaum anbringen lassen, hungrige Schnäbel gefüttert wurden. Es war zu Anfang des Monats Juni.

Weshalb kam es in mich wie lauter deutliche Fragen hinein? Fragen waren es, die einem Stadtmenschen kaum gestellt werden; hier in der freien, vom Menschen noch wenig berührten Natur kam die unwillkürlich letzte Frage, die Frage nach Gott. Sie kommt so ganz unmittelbar, so ganz ohne Reflexion. Sie ist da; und man muß sich damit auseinandersetzen. Woher kommt das alles: die Mannigfaltigkeit, die Zweckmäßigkeit, der Trieb, der die Art erhalten will? Alles das weist mit deutlichem Fragen auf ein letztes, großes, schaffendes Ich.

So bekam ich ein starkes Bedürfnis, zu der Stätte zu gehen, wo von Gott geredet wird. Um zehn Uhr war Gottesdienst im Städtchen. Huppstädt gehörte zu einer großen kirchlichen Landgemeinde, deren Kirchgebäude in dem Kreisstädtchen eine gute Wegstunde weit auf einem Berghügel lag. Der Herr Superintendent waltete dort seines Amtes.

Ich teilte meinen Wirtsleuten mit, daß ich heute zur Kirche gehen wollte. Um neun Uhr trafen sich die Nachbarn an der Dorflinde zum Kirchgang. Alle Männer trugen ihre blauen Kittel, die Frauen waren in ein schmuckes Umschlagtuch gehüllt. Die jungen Burschen hatten in stolzem Selbstbewußtsein ihre bis zu den Knien reichenden Schaftstiefel blitzblank geschwärzt. Im Mund baumelte den meisten eine silberbeschlagene Hornpfeife mit echtem Maserkopf. In der Hand führten sie den von einem jeden selbst verfertigten Knotenstock mit der eisernen Zwinge. Ich fragte: „Weshalb die Stöcke?"

Jochenchrist Altenheymer, der Älteste aus der Familie, sagte darauf: „Sie sind noch nicht lange hier, Herr Lehrer. Man kann nicht wissen, was nach dem Kirchgang und nach dem Kirchenschnaps passieren kann."

Ich ahnte den Zusammenhang – und ich war nicht froh. Die Bauersleute unterhielten sich auf dem Wege zur Predigt über ihre Kühe und ihre Saatfelder. Gerhard Scholten, der Reichste im Dorf, dessen großes Anwesen an der Bitze lag, erklärte umständlich seinen neuesten Düngeversuch an dem vom „Kasino" eingeführten Pettenkofer Hafer. Und er warf ein klatschendes Lachen in die sonntägliche Stille hinein, das ich mit tiefem Unbehagen empfand. Dabei fluchte und wetterte er am heiligen Sonntag über die Dummheit der „kleinen Kötter", die ihm, dem Herrn Vorsitzenden der Landwirtschaftlichen Berufsgenossenschaft, nicht gefolgt waren. Die um der Bescheidenheit ihres Geldbeutels wegen also Gelästerten hörten die lauten und harten Worte. Sie schwiegen still, denn viele waren bei ihm – wie ich hörte – stark in Schulden. Er hatte ihnen Hypotheken auf ihr kleines Gut geliehen; und prompt trieb er die Schulden ein.

Sie, die Verschuldeten, ballten die Faust in der Tasche. Und also – so mußte ich später oftmals denken – begegneten sich Haß und Neid, Hochmut, Trotz und Geringschätzung als feindliche Brüder, die doch e i n e Mutter hatten: die Sünde.

Gerhard Scholten trug einen schwarzen Tuchrock. Mit ihm und mit der weißen Binde, die durch einen schwarzen Knoten gegen das feuerrote, von Wind und Wetter und vom Alkohol gefärbte breite, glatte Gesicht abstieß, vereinigte der „große Bauer" die damals einzig gültigen Landesfarben. Sein Körper, den man beim Gardedukorps-Regiment stark und stolz gemacht, bewegte sich aufrecht und fest über den Weg.

Mit dem großen Bauern Scholten sollte ich später noch zusammenkommen. –

Johann Altenheymer nahm mich ein wenig beiseite:

„Herr Lehrer, es wird gut sein, wenn Sie den Gottesdienst von Anfang bis zu Ende mitmachen können. Wir Bauern schenken uns die Liturgie; wir trinken beim Postwirt erst einen Kirchenschnaps. Es dauert uns dann noch lange genug."

Ich wollte nun wirklich alles genau auf mich einwirken lassen, was ich an Neuem in meiner neuen Welt zu hören und zu sehen bekam. Ich beschleunigte meine Schritte. Als ich einige hundert Schritte gegangen war, hörte ich, wie Gerhard Scholten mit lauter Stimme sagte: „Aus dem wird man nicht klug. Möcht' wissen, ob er unter uns paßt!"

„Bei dir kommt er zu Ehren, wenn er 'einen heben kann'!" so wagte es mein Hauswirt dem Nachbarn zu entgegnen.

„Er ist einer aus der Stadt, das sagt genug... Und wenn ich im Schulvorstand wäre, dann säße Wilhelm Jasper, der Sohn meines Freundes aus Sassenhausen, an seiner Stelle, der hat was 'an den Füßen'."

Mehr hörte ich nicht. Und es war genug, um mich mißmutig zu stimmen.

Als ich in die Kirche eintrat, spielte die Orgel ein Präludium. Ich merkte, daß ein guter Organist die feine Orgel beherrschte. Es war Rektor Müller, der – wie ich nachmals erfuhr – aus Freude den Dienst tat. Er hielt an diesem Dienst fest, auch dann, als ihn später der Herr Superintendent stürzen wollte.

Der alte Herr konnte sich nicht dareinfinden, daß

dieser bedeutende Pädagoge seine eigenen Wege ging. Und als er nach Jahren den „neuen Glauben“ annahm, da wurde er mein Verbündeter und Freund.

Der Herr Superintendent trat vor den Altar. Mit lauter, klangvoller Stimme verlas er den Eingangsspruch. Die Kirche war leer. Nur die Konfirmanden, der Kirchenrat und einige Weiblein saßen ganz vorn; die ersteren, weil es streng geboten war, die andern, weil es zum Anstand gehörte, und die alten Frauen ihrer Schwerhörigkeit wegen.

Ich meine heute noch es zu hören, wie laut die Donnerstimme wurde, als der alte Herr in den leeren Raum hineinrief: „Bevor wir aber zur eigentlichen Andacht übergehen, laßt uns das Lied singen : 'Wenn ich, o Schöpfer, Deine Macht'...“

Das war ein Signal. Die Orgel setzte ein. Die Türen öffneten sich. Harte Stiefel traten ihren Weg zu den Bänken an. Schwere Körper warfen sich mit einem Stöhnen hinein.

Die erste Predigt, die ich von dem Herrn Superintendenten vernahm, bewegte sich in dem Stil aller andern, die ich späterhin zu hören gezwungen war. Er las den Text: „... und deinen Nächsten als dich selbst.“ Der Anfang dieses Gotteswortes blieb unberührt.

Im ersten Teil seiner langen Rede bewies er, daß man sich selber lieben dürfe; und im zweiten Teil tat er dar, daß man das, was ein tüchtiger Mensch an Lebenserfahrungen sich erworben habe, dem lieben Nächsten weitergeben müsse. Zunächst empfahl er den Bauern alle Wohlfahrtseinrichtungen, die er selbst eingerichtet hatte. Das landwirtschaftliche Kasino sei das Wichtigste für eine bäuerliche Existenz. Er reihte dann die Bienenzucht, eine Ziegenhaltung und die Obstbauförderung mit gebührenden Begründungen daran an.

Ich hörte es, ich sah es, ich staunte zunächst darüber, wie die Bauern ohne Schwierigkeit schliefen. Auch der alte Herr wußte es, er sah es. Da hallte es wie ein Trompetenstoß in die Kirche hinein: „ – rationelle Obstbaumzucht...“ Und leiser wurde seine Stimme. – Die Schläfer erwachten. Als er aber im zweiten Teil von dem „Meister von Nazareth“ redete, der uns vorgelebt habe, wie man dem Nächsten helfen solle, da schlief einer nach dem anderen wieder ein.

Ich war zum Nachdenken über diese Moralpredigt gezwungen worden. Ich dachte zum ersten Male bis zur Tiefe hin an meinen Religionsunterricht. Und die Frage stand auf: Ist der Mensch also veranlagt? Ein deutliches Nein bohrte sich ehrlich in meine Gedanken. Verse aus dem Römerbrief kamen mir ins Gedächtnis. Ein erstes Ahnen stieg in mir auf: Wir brauchen eine neue Kraft. Wo kommt sie her?

Das war mein deutlicher und erster Gegensatz zu meinem Vorgesetzten. Ich sprach ihn nicht aus; ich war mir nicht klar über diese Fragen. Aber in meine Seele war eine Unruhe gesenkt worden. Auf dem Heimweg nach Huppstädt sah ich nur Frauen. Ich fragte meine Wirtin: „Wo bleiben die Männer?“

„Ach, Herr Lehrer, es ist sonntags ein Jammer, dann kann man das Essen warmhalten bis zwischen zwei und drei Uhr. Wenn die in der 'Post' sitzen, dann wird gehandelt, und dann wird Dorfpolitik getrieben. Und nach dem sechsten Schnaps gehen die Verständigen nach Hause.“ So antwortete mir Christine Altenheymer. Und sie verriet eine gewisse Bitternis.

Einer, der mehr als sechs Gläser Branntwein getrunken hatte, war der „Philipp Öhm“. Er war klein von Gestalt, hatte dunkles, strähniges Haar und ging immer ein wenig gebeugt. Er kam schwankend und mit sich selbst disputierend um vier Uhr nach Hause, um dann mit starkem Kaffee den Rausch zu vertreiben.

Unter meine Schüler trat ich mit der ersten Liebe und mit dem ernsten Willen eines Idealisten. Von dem großen Pädagogen und Philosophen Johann Friedrich Herbart hatte ich das Erziehungsziel übernommen. Es lautete in der mir sehr geläufigen Formel: „Charakterstärke der Sittlichkeit". Ihrer Formierung dienen Unterricht, „Zucht" und „Regierung".

Der Mensch kann erzogen werden; der Mensch muß erzogen werden! Das glaubte ich im Sinne der damals herrschenden Erziehungslehre. Die Anlagen zum Guten sind drin in der Seele, und die menschliche Kunst und der menschliche Wille vermögen zu formen und zu gestalten. Das war uns also gelehrt worden.

Deckte sich diese Ansicht nicht auch mit der Theologie, die Superintendent Hartmann vertrat? Doch hatte mich nicht schon die Zweifelsfrage an der Echtheit und Brauchbarkeit dieser Weltanschauung angefressen?

Ich war der Sohn eines schneidigen, pflichttreuen Soldaten. Vom Vater her hatte ich Haltung und Statur geerbt; auch war ich von jener Erbmasse durchdrungen, die von einem heißen Temperament her den Willen in zielstrebige Bahnen weist. Von der Mutter aber hatte ich doch auch wieder etwas von ihrem weichen Gemüt.

So kam es, daß ich mit äußerer Disziplin von vornherein durchdrang. Es muckste sich keiner von denen, die sich vorgenommen hatten, mit mir fertig zu werden.

Aber ich wollte ja nun auch das Äußerste erreichen in der Bildung des inwendigen Menschen. –

Vor mir – ich sehe es noch genau, es war die dritte Bankreihe vom Lehrpult her – saßen die Brüder Wiedenheller, deren Vater Philipp hieß und die den „Philipps-Öhm“, den, den ich am ersten Sonntag betrunken gesehen hatte, ihren Großvater nannten.

Tiefschwarze Augen blickten unter struppigem, rabenschwarzem Haar hervor. Sie saßen starr wie die Ölgötzen, aber man merkte doch, daß Leben und Bewegung in ihnen war. Abstehende Ohren und ein breiter Mund, der in seiner Stummheit doch beständig sprach: „Versuche es mit uns, den Philipps-Kindern!“ – kurz, die Gesamterscheinung zeigte es mir deutlich, daß ich es mit Kindern zu tun hatte, die von der Norm abwichen.

Nachdem ich drei Tage lang versucht hatte, durch ernste Anforderungen, aber auch durch unterhaltsame Einwürfe im Erzählen von Geschichten der Klasse zu zeigen, daß bei uns Arbeit und Freude im Wechsel auftreten sollten, entdeckte ich nach der Pause, daß das Lutherbild, jener alte, ehrwürdige Buntdruck, der an der Wand hart über den Köpfen der Philipps-Jungen hing, ein Loch aufwies.

Ich erschrak. Mein erster Gedanke war der richtige: das haben die Philipps-Brüder verbrochen. Und in Augenblicken, da ich einen andern beobachtet habe, da ist es geschehen.

Ich stand vor einem Rätsel. Wie sollte so etwas möglich sein, da doch das Bild in einer Höhe hing, da nur mit einem langen Stock es hätte erreicht werden können?

Als ich dem, der am nächsten zur Wand saß – dem schmächtigeren von beiden – es auf den Kopf sagen wollte, da wußte ich den Namen nicht.

„Na, Junge, wie heißt du doch?“

„Josef Wiedenheller, Herr Lehrer!" entgegnete er lebhaft, und seine schwarzen Augen blitzten.

Josef? – dieser Name war im Dorf nicht geläufig, und der Herr Superintendent hatte mir gesagt, daß in seiner Gemeinde keine katholische Familie wohnte.

„Und wie heißt du?" Ich sah den Bruder scharf an.

„Rotscha Wiedenheller, Herr Lehrer!"

Rotscha? – Ich wußte nicht, ob ich recht hörte.

Nun aber richtete ich die Frage an Josef: „Warum hast du das Bild durchstochen?"

„ Ich?"

Ich vergesse es nicht, wie die beiden lebendig wurden. Ich vergesse es nicht, wie die beiden reden konnten. Wie Eidechsen sich winden durchs Kieselgestein, so wanden sie sich um die Wahrheit. Sie waren nicht zu fassen.

Ich stellte mich darauf ruhig vor die Klasse und sprach: „Kinder, ich weiß es, es ist nicht schön, einen Schulkameraden zu verraten. Aber es ist auch eine Gemeinheit, wenn man so feige ist. Ich möchte euer Freund sein; aber auch ihr dürft euren neuen Lehrer nicht so gemein belügen. Ich frage euch: Wer weiß, wer das Loch in das Bild gestoßen hat?"

Eisige Stille zunächst. Scholtens Heiner und Röders Peter schauten mich trotzig an; dann gingen ihre Augen langsam über die Klasse, als ob sie sagen wollten: „Ich möchte wissen, wer jetzt petzt!"

Noch schwiegen alle... Dann hob ein tapferer Junge schüchtern den Finger. Überrot wurde das zarte, schmale Gesichtchen.

„Nun", fragte ich, „du willst etwas sagen? Wie heißt du?"

„Ich heiße Karl Pampus!" antwortete er deutlich.

„Nun, Karl, sei tapfer und ehrlich! Was weißt du?"

„Der Josef hat mit dem Messer hineingestoßen!"

„Wann hat er das getan?" fragte ich.

„Als Sie soeben den Pultdeckel hoben!"

Heiner Scholten und Peter Röder fuhren in die Höhe. Aber sie setzten sich wieder, als ich sie verweisend ansah. Auf ihren Gesichtern spiegelte sich der Zorn. Der Rotscha aber und der Josef sprachen wie aus einem Munde: „Wir haben gar kein Messer!"

Nun wußte ich, daß es auf ein Entweder-Oder ankam. Ich wußte, daß das Messer gefunden werden mußte. Ich nahm die beiden Burschen aus der Bank. Ich durchsuchte ihre Schulranzen, fand dort aber nichts. Dann visitierte ich sie von oben bis unten am Leibe. Auch das war vergebens. Und nun kommandierte ich: „Zieht die Schuhe aus!"

In diesem Augenblick tat Josef Wiedenheller einen Sprung zur Tür hin. Ich aber faßte ihn mit festem Griff. Das Messer war im Schuh...

Ich zwang mich zur Ruhe. Ich dachte nach. Wie konnte das möglich sein? Schnell wie ein Wiesel mußte der Bursche in die Höhe geschossen sein, behender als ein Taschenspieler das Messer benutzt haben. Der Junge kam mir unheimlich vor. Und wahrlich, unheimlich war er.

Ich habe sofort den beiden – und auch den andern – zeigen wollen, wer ich war und was sie alle in einer solchen Situation von mir zu halten hatten. Ich hatte den gelben Rohrstock entdeckt, den mein Herr Amtsvorgänger, wie ich nachmals erfuhr, recht tüchtig geschwungen hatte. Und eine gründliche Schrift schrieb ich auf jene Stelle des Körpers, die sonst nur zum Sitzen Verwendung findet. –

Als wir am Abend unter der Linde saßen, wie wir nach sommerlicher Schwüle zu tun pflegten, wenn die

Arbeit beendet war, habe ich meinen Hausleuten den Fall erzählt.

„Ja, wissen Sie, Herr Lehrer", so begann Vater Altenheymer mit viel Bedacht, „mit den Bürschchen werden Sie wohl noch mehr zu tun bekommen. Das liegt im Blut. Lassen Sie mich ein wenig Auskunft geben. – Sehen Sie, das ist vor vielen Jahren so gewesen, da haben einmal Zigeuner auf ihrem Wanderleben im Dorf sich gelagert. Und einer der Unsern hat sich mit einer Zigeunerin eingelassen. Nachher, nach einem knappen Jahr, da hat das Weib ein kleines Kind dem Christoph vor die Tür gelegt. Dieses Kind, das ist der Alte, der 'Philipp Öhm'. Denn Philipp hat man ihn geheißen. Ich sage Ihnen, das ist ein Bursche – ein Höllenkerl, vor dem nimmt sich jeder hier in acht. – Wir nennen ihn den 'Zigeuner'. Und das Blut ist noch nicht aus ihm heraus. Auch das 'Philippchen', wie wir, um sie voneinander zu unterscheiden, den versoffenen Vater der beiden Bürschchen nennen, hat diese Art. Nehmen Sie sich vor dieser Familie in acht – sage ich noch einmal. Die Jüngelchen, gewiß, die mögen Sie zu zügeln versuchen, vielleicht nützt's. Wäre gut; denn die stehlen wie die Elstern!"

Bauer Altenheymer hatte selten so in einem Zuge gesprochen. Und nach kurzem Nachsinnen fügte er hinzu: „Und das verrückte Volk ist noch stolz auf seine Abstammung. Sehen Sie nur, welch – welch heidnische Namen die Jungs haben!"

Mit schweren Gedanken legte ich mich zum Schlaf nieder. Aber ich kam nicht zur Ruhe. Sonst, wenn bei offenem Fenster die Nachtigall sang oder wenn „Fritz", mein Freund, auf dem ich inzwischen das Reiten gelernt hatte, im Stall nebenan behaglich am Hafer knusperte oder dumpf mit den Hufen ins reichliche

Stroh stampfte, dann kam Ruhe über mich. War ich doch behütet bei guten Menschen und unter lebendiger Kreatur. In dieser Nacht konnte ich keine Ruhe finden. Eine Frage bewegte mich: Was kannst du tun, damit diese Zigeunerkinder ordentliche Menschen werden? Ich fühlte, daß ich ganz ohnmächtig ihnen gegenüber war.

Ich mußte meinem Vorgesetzten einen ersten, amtlichen Besuch machen. Ich legte ihn selbstverständlich in die Zeit, die dafür nun einmal festliegt. Der Herr Superintendent empfing mich mit Würde in seinem Studierzimmer. Vorher hatte ich im Bibliotheksraum verharren müssen, bis ich gerufen wurde. Ich war ein bücherhungriger junger Mann; und während meiner Seminarzeit war ich Bibliothekar der nach und nach groß gewordenen Seminar-Bibliothek gewesen. Ich hatte unendlich viel gelesen, und dadurch war ich zum Autodidakten geworden, der besonders in der „schönen Literatur" zu Hause war. In einem literarischen Kränzchen, das einer meiner Lehrer förderte, hatte ich viel Anregung und Förderung erhalten.

Mir fiel auf, daß der alte Herr vorwiegend Werke, Bücher und Broschüren volkswirtschaftlichen Inhaltes sein Eigen nannte. Eben als ich dachte: Die Theologie und ihre Werke sind wohl in seinem Arbeitsraum . . ., da öffnete er die Tür. „Bitte, treten Sie näher!" sprach die mir bekannte tiefe, klangvolle Stimme. Superintendent Hartmann empfing mich sehr freundlich; er bot mir einen Platz an, und er reichte mir eine Zigarre.

Alte, deftige Möbelstücke gaben dem Arbeitsraum etwas Behagliches. An den Wänden sah ich Bilder von Fichte, Max von Schenkendorf, Theodor Körner, also Gestalten der Freiheitskriege.

Über seinem Schreibtisch kreuzten sich zwei Schläger, hing eine Studentenmütze, und die Farben jener Burschenschaft, der er angehört hatte, waren symmetrisch drapiert. Jetzt gewahrte ich auch, daß über das scharfgeschliffene Gelehrtengesicht vor Jahren ein schneidiger „Zieher" geschlagen worden war.

Er fing das Gespräch an.

„Ja, nun sind Sie hier, Herr Klingelhöfer. Zwei Wochen, das ist noch nichts. Nur langsam wird man heimisch unter Bauern. Wollen Sie mit ihnen verwachsen sein, so müssen Sie sich zu Diensten stellen. Sehen Sie – ich sagte es schon bei Ihrer Einholung –, Ihr Amtsvorgänger, der hatte es verstanden..."

Mein guter Hauswirt hatte es mir gesagt: „Warten Sie ab, der Herr Superintendent wird Sie einfangen. Er hat der Pöstchen gar viele." Da ich erwidert hatte: „Ich eigne mich weder für die Landwirtschaft noch für die Feuerwehr oder für einen Rechnerposten", dachte ich: Jetzt ist es Zeit, abzubiegen.

„Ich habe mir vorgenommen, nach Kräften ein tüchtiger Lehrer zu werden. Dazu habe ich mir eine gute Grundlage geben lassen; und auf dieser möchte ich weiterbauen. Und dann möchte ich auch ein Erzieher der Jugend sein, der die Buben und Mädel zu Charakteren heranbildet." So sagte ich in leichter Begeisterung.

„Sie sind ein Idealist; und das ist ein Zeichen der Jugend. Was das erste anbetrifft, so langt es, wenn unsere Kinder lesen, schreiben und rechnen können. Dazu bedarf es, daß der Lehrer fleißig ist, daß er übt, übt und immer wieder übt."

Da der Herr Superintendent, der mein Vorgesetzter war, innehielt, fuhr ich impulsiv dazwischen:

„Das letztere ist sicher wahr, aber das Studium der Pädagogik und Methodik hat mich belehrt, daß es leichte und schwere Wege gibt, um die Kinder – wie Sie es sagten – 'lesen, schreiben und rechnen' zu lehren. Und ich möchte Wege gehen, die die Kenntnis des Seelenlebens des Kindes uns weist."

Von meiner Entgegnung offensichtlich unangenehm berührt, reckte sich der alte Herr in die Höhe. Scharf sah er mich durch die Brillengläser an. Er lächelte ironisch und sprach: „Nun, Pädagogik und Methodik habe ich ja im zunftgemäßen Sinne nicht studiert, aber" – und er vollendete den Satz in eigenartiger Betonung – „ich weiß doch, wo der Hase im Pfeffer sitzt."

Dann fuhr er fort. „Und Ihre Ansichten über Erziehung riechen auch noch sehr nach Buchweisheit. Wissen Sie, was nicht im Menschen drinsteckt, das kommt nicht heraus; und was drinsteckt, das kommt heraus. Wir sogenannten Volkserzieher können aus einem Klotz keinen Merkur schnitzen – Sie kennen ja das Wort aus der Geschichte der Pädagogik."

Ich aber war sehr betroffen. Und ich erlaubte mir eine Entgegnung, die das Gespräch eigentlich weiterhin als überflüssig abbiegen mußte: „Aber wenn das unabwendbar und starr so vorgegeben ist, dann können wir ja unseren Bankrott erklären."

„Das können Sie auch, junger Mann!" so erwiderte der Herr Superintendent, und ich bemerkte seine gereizte Stimmung.

Ich aber wollte ihn herausfordern: „Dann darf ich mir aber doch wohl die Frage erlauben: Wozu dann Religionsunterricht?"

Er schwieg eine Weile. Er schaute auf ein Bild. Es war ein alter Stich, der den Theologen Schleiermacher darstellte. Dann wies er mit dem Zeigefinger seiner feinen, schmalen Hand auf diesen Mann:

„Sehen Sie, der hat es gewußt! Religion ist das Bewußtsein von der Abhängigkeit von einem höheren Wesen, und dieses Selbstbewußtsein, das für uns durch Jesus von Nazareth im höchsten Maße an einer geschichtlichen Persönlichkeit klargeworden ist, das ist Halt, eine Tröstung, ein stilles, frommes Glücksgefühl."

„Aber – ", so fuhr ich fort, „ist dieses Abhängigkeitsgefühl nicht gestört dadurch, daß viele Menschen kein Abhängigkeitsbewußtsein vor Gott mehr haben? Hat die Sünde uns nicht jenes Gefühl gebracht, das uns einsam sein läßt im Raum, das uns mit dem Gefühl einer von Gott gelösten Menschheit durchdringt?"

„Ich merke, Herr Klingelhöfer, Sie sind mit pietistischer Dogmatik getränkt worden. Sünde? Erbsünde? Da glauben Sie gar auch an einen persönlichen Satan!"

In meinem lebendigen Temperament fragte ich:

„Aber weshalb soll ich das nicht, Herr Superintendent? Ist nicht dadurch das Prinzip des Bösen schlechthin erklärt? Und hat nicht Jesus, der im Fleische gekommene Gottessohn, uns ein Wissen um den Teufel vermittelt?"

„Ich merke, Herr Klingelhöfer, daß Sie theologisch interessiert sind. Offen gesagt, ich bin es nicht in dem Maße. Doch da Sie nun auch noch christologisch reden, muß ich abbrechen. Das ist ein Thema für eine andere Stunde." Damit erhob sich der Herr Superintendent.

Ich aber wollte noch eins. Ich wollte Rat in meiner Not und erzählte noch stehend mein Erlebnis mit den Brüdern Wiedenheller. Fast wurde er, der alte Skeptiker, froh. Er fuhr mit seinen langen Armen durch die Luft.

„Sehen Sie es doch! Sehen Sie es doch! Da haben wir es! Da ist es! Erbanlage! Mit diesen Burschen ist nichts anzufangen. Strenge und Zucht hält sie im Zaume eine Zeitlang. Dann bricht die Anlage hemmungslos durch. Im Zuchthaus werden sie einst landen! Brauchen Sie einmal meine Hilfe, um sie in eine Besserungsanstalt zu bringen, so stehe ich zur Verfügung." –

Auf dem Wege nach Huppstädt quälte es mich in meinem Herzen. Also das war die Lösung eines Theologen: Besserungsanstalt! Da wußte ich nun doch ein wenig Bescheid. Waren sie nicht alle, die unter der Obhut und Zucht meines Vaters waren, unter jener neuen Grundanschauung, die sich in damaliger Zeit in der Justiz Bahn gebrochen hatte? Was sagte man in den Reihen der Rechtsgelehrten? Strafe muß bessern! Und was sagte mein Vater? Er sagte es diesem und jenem seiner „Zöglinge" auf den Kopf: Er kehrt über kurz oder lang wieder zurück.

Aber was hatte doch der alte Gefängnisgeistliche in der Predigt, die ich an dem letzten Sonntag, da ich zu Hause war, besucht hatte, für ein merkwürdiges Thema behandelt! Wo stand doch jenes Jesuswort, das mir heute einfiel? „Wen der Sohn frei macht, der ist recht frei." Was hatte er doch damals gesagt? So hatte er ausgeführt: „Niemand soll sagen das Wort 'Unmöglich'! Niemand ist ausgeschlossen. Wer es auch sei und was er auch sei – Rettung wird ihm angeboten. Und diese Freiheit ist nicht nur Begnadigung, nein, es ist Loslösung von der Wirklichkeit der Sünde. Der Dieb braucht nicht mehr zu stehlen, und der, der gebunden ist in geschlechtlichen Dingen, er braucht sich selbst und andere nicht mehr zu schänden. Aber eins nur hilft uns allen: Wir müssen zum Heiland, wir müssen in die Gewalt Jesu kommen ..."

Die Erinnerung an diese Worte kamen mit Macht über mich. Zu Hause angelangt, schrieb ich an Pfarrer Dr. Velten, den alten Freund meines Vaters. Ihm legte ich meine Frage vor.

In seinem freundlichen Brief freute er sich herzlich darüber, daß „es" – er setzte dieses Wörtchen absichtlich in Anführungsstriche – anfing, in mir zu fragen. Dann legte er als praktische Lösung ein Büchlein seinem Schreiben bei. –

In schwere Gedanken versunken saß ich über dieser Lebensgeschichte. – Ein junger Lithograph aus dem Siegerlande war auf den Weg des Verbrechens gekommen. Er mußte immer wieder dem gierigen Drange nach Geld unterliegen. Und er fälschte mit kunstgeübter Hand Geldscheine. Aus dem Zuchthaus entwich er in üblicher Weise. Durch eine sorgsam versteckte Feile zersägte der schmächtige Jüngling geduldig die schweren eisernen Stangen. Er floh... Und er wurde dann eingefangen und ganz sichergesetzt und ganz sicher bewacht.

Dann war der Verbrecher mit der Bibel zusammengekommen. Dieses Buch sprach von Jesus Christus als dem Lebendigen. Dieses Buch bewertete die Sünde. Gott redete ganz deutlich zu ihm in seiner einsamen Zelle. Und das Wunder geschah: der junge Mann kam in die Gewalt Jesu.

Jahre vergingen ... Jahre, in denen der Falschmünzer ein gänzlich verändertes Wesen zeigte.

Es war nicht Zufall, daß ein preußischer Prinz das Zuchthaus besuchte. Es war kein blindes Ungefähr, daß ihm der Direktor von dem merkwürdig veränderten Falschmünzer Michel erzählte. Und es war nichts Alltägliches, daß der hohe Herr gerade diesen Menschen sehen und sprechen wollte. – Das Schönste war es, daß der Begnadigte auch vom König begnadigt wurde.

Doch es war noch etwas Größeres zu sehen. Der zweite Teil der Geschichte zeigte 'Ohm Michel' als den Laienprediger des Siegerlandes. Nicht lange vor dem Erscheinen dieses Büchleins war er dann selig entschlafen.

Die schlichte Biographie packte mich. Ich erlebte – ohne es innerlich recht zu verstehen – eine große Geschichte. Ein machtvolles Zeugnis rüttelte an mir. Eine stille Sehnsucht zog durch meine Seele. Mit dieser Gestalt – mit 'Ohm Michel' – pflegte ich Umgang in meinen Gedanken. –

Eines Sonntags kam es mit Macht über mich. Wohnte ich doch nur drei Wegstunden weit von jenem Ort, da Ohm Michel gelebt hatte. Mich zog es dorthin. Ich wanderte in das Siegerland. Im Wirtshause fragte ich nach. Und der Wirt – keiner von der üblen Art – erzählte mir Wunderdinge von diesem ehrbar gewordenen Verbrecher. Und dann sagte er: „Heute nachmittag versammeln sich Leute in seinem Hause. Dorthin können Sie gehen."

Und ich ging hin. – Zwei Stuben waren gefüllt. Es war eine andächtige Stille im Raume. Über einem Tischchen zur Seite grüßte von einem schwarzumflorten Bild August Michel die Anwesenden. Nun sah ich den Mann. Ein weißer Patriarchenbart umrahmte das freundliche Gesicht. Herrliche Augen blickten mich an. Dieser Mann mußte Mühselige und Beladene angezogen haben!

Sechs ältere Bauersleute setzten sich an den Tisch.

Man sang ein Lied vom Glück der Erlösten. Ich kannte es nicht. Dann betete einer der „Brüder"; und ich merkte, daß der einen Gott hatte, der ihm nahe war. Es war mir etwas völlig Neues, was ich hörte und sah. Schlichte Menschen sprachen sich mutig über die gewaltigsten Dinge aus. Zunächst hielt ein kräftiger, breitschultriger Mann anhand eines Bibelabschnitts eine kurze, sachliche Einleitung. Danach hatte ein jeder der anderen, mit kleinen Pausen dazwischen, etwas zu sagen. Ein jeder legte seine Erfahrungen demütig, aber ehrlich und offen dar. Wenn ich alles, was ich hörte, unter eine Überschrift hätte bringen sollen, so war es das große Thema von der Gnade Gottes in Christus Jesus.

Während der Aussprache hatte sich leise die Türe geöffnet und ein weiterer Teilnehmer war eingetreten. An der Kleidung und Haltung merkte ich, daß es ein Pastor sein mußte. Man rückte am Tisch auf der Holzbank ein wenig zusammen; und nachher sagte der Herr Pfarrer auch noch ein Wort, und zwar so, als ob er ein „Bruder" wäre.

Nach dem Schlußgesang und dem Gebet wußten sie alle eine fruchtbare Erinnerung von 'Ohm Michel' zu berichten. Einer erzählte: „Zu mir hat der Ohm gesagt, als ich ganz unten lag: 'Sieh, Hannes, du meinst, du wärst dem Herrn Jesus zu schlecht. Warst du ein Zuchthäusler wie ich? Und mich hat Er angenommen; dich verstößt Er auch nicht.' Bald darauf habe ich an die Sündenvergebung glauben können."

Nachher auf dem Heimweg fragte ich mich: Was soll das nun? Ich kannte mich selbst nicht recht. Ich schämte mich fast meiner „religiösen Neugierde". Und doch hatte ich das Gefühl, daß dieses von Dr. Velten angedeutete „es" mich unbewußt getrieben hatte.

Aber eine Frage war in mir wach geworden. Ich überlegte: Wie kommt es, daß von solcher Art Menschen keine in deinem Dorfe leben?

Ich sollte bald merken, daß ich mich geirrt hatte. – Es war an einem dunklen Abend. – Ich saß beim traulichen Schein meiner Petroleumlampe über meine Bücher gebeugt. In den letzten Tagen hatten mich Fragen der Unterrichtsvorbereitung sehr in Anspruch genommen, so daß ich kaum Zeit gefunden hatte, die Fragen, die mich in meiner tiefsten Seele beschäftigten, zu überdenken.

Da klopfte es an meine Tür. Herein trat ein kleiner Mann mit leicht gekrümmtem Rücken. Ein zottiger Bart umrahmte sein schmales Gesicht. Mich nahmen sogleich seine treuen, großen blauen Augen gefangen, die sein Gesicht eigenartig verschönten. Hinter diesen Augen offenbarte sich offensichtlich eine feine, reine Seele.

Umständlich nahm er auf einem Stuhle Platz, den ich ihm anbot. Fast scheute er sich, sich niederzusetzen. Eine Hose aus „Englisch-Leder", einem derben Stoff, der von Arbeit, Schweiß und Schmutz hart und knisternd geworden war, rauschte wie gebogenes Eisenblech. An den Füßen trug er Schuhe, die waren rissig und rochen nach Öl.

„Sie kennen mich noch nicht, Herr Lehrer. Ich bin der Straßenarbeiter Pampus, den sie alle den 'Wegkrätzer' nennen. Und ich hätt' ein Anliegen."

Als ich darauf sagte: „Wenn ich Ihnen dienen kann, so bin ich gern bereit, Herr Pampus", wurde er ein wenig unruhig: „Ach, nennen Sie mich nicht 'Herr'; ich bin ein ganz geringer Mann, dem diese Anrede nicht gebührt."

„Wie soll ich Sie dann anreden, lieber Nachbar?“ so fragte ich vertraulich. Darauf wußte er zunächst nichts zu sagen. Dann meinte er: „Sagen Sie einfach ’Pampus’!“

Und nun begann er ohne Umschweife mir die Ursache seines Kommens darzulegen: „Ich möcht’ bitten, Herr Lehrer, daß Sie für mich an den Kaiser nach Berlin schreiben!“

Ich fuhr erstaunt in die Höhe: „Na, dann müssen Sie aber sicherlich allerlei zu erzählen haben!“

Und das hatte er. – Er war im Krieg 1864 ein tüchtiger Soldat gewesen, der bei den „Roten Husaren“ in Bonn gedient hatte. Zu dieser Truppe wählte man jederzeit gutgewachsene, sehnige Leute. Beim Ausrücken gegen die Dänen hatte ihn ein Pferd vor den Leib geschlagen, und er war schwer verletzt worden. Von jener Zeit an, da man ihn nach Hause schicken mußte, kämpfte der Wegkrätzer um eine ehrliche Rente. Jahr um Jahr war verstrichen in diesem Kampfe. Und das war nun das einzige Hemmnis: er hatte den Unfall nicht sofort gemeldet, und es fehlten Protokolle und Belege. –

Nun war der Wegkrätzer Pampus schon über vierzig Jahre alt; es war also sehr lange her, daß er endgültig von den Zuständigen bei der Behörde abgewiesen worden war. So lag sein Fall. –

Ich fragte: „Weshalb wollen Sie jetzt die Sache wieder anhängig machen? Und weshalb wollen Sie an den Kaiser schreiben?“

„Ja, sehen Sie“ – so begann er mühsam und langsam – , „das hat allerlei Gründe. Zunächst kann ich nicht mehr arbeiten. Ein Bruchband hilft nicht mehr. Sehen Sie“, und er wies schüchtern und linkisch auf eine dicke Aufballung an seinem Leibe hin, die unter der Hose sichtbar war, „ein Ding wie ein kleiner Laib Brot ist's geworden."

Als ich noch schlucken mußte ob des drastischen Vergleichs, fuhr er fort: „Und dann ist der 'alte Willem in Berlin' ein guter Kaiser. Ich glaub', daß er die Sache mal selbst in die Hand nehmen muß, dann 'flutscht et bäter'. So hat mal auch ein guter Soldat gesagt. Ich glaub', es war der Blücher. Ich mein', das hätt' ich beim alten Lehrer Mollerus in der Schule gelernt."

Er lachte darauf ein wenig kindlich. Nach einer Weile aber fuhr er wieder fort: „Und dann will ich Ihnen auch noch einen Grund sagen, weshalb ich komme. Sehen Sie, das hängt mit meinem Karl zusammen, der mir immer aus Ihrem Religionsunterricht erzählt. Ich glaubte, Sie seien wohl ein Mann, der mitbeten kann. Denn das steht bei mir fest: Hilft mir der Herr nicht in der gerechten Sache und in der Not, dann nützt alles nichts."

Als der Mann, der in Sonnengluten und Regengüssen und viel Stille sein Tagewerk vollbrachte, diese Worte sprach, da war es mir, als seien plötzlich meine alten Fragen wieder da.

Es war der erste, den ich im Dorf traf, der natürlich und schlicht Gott den Herrn in sein Dasein einbezog. Und wie kam es, daß Karl Pampus, mein Schüler, daheim erzählte? Wie kam es, daß ich, der ich doch zu erkennen anfing, wie ungeeignet ich eigentlich war, Gottes Wort darzubieten, diesen Jungen berührt hatte?

Aber ich mußte zur Sache kommen. Mir fiel gleich das zunächst Richtige ein, und ich sagte: „Herr Pampus – aber ich wundere mich! Weshalb wenden Sie sich nicht an den Herrn Superintendenten? Er ist doch Landtagsabgeordneter; und er hat einen langen

Arm."

„Ja, ja . . ., nun, da sagen Sie was!" Gedehnt, in langgezogenen Atemzügen und in genauer Besinnung auf den richtigen Ausdruck redete der Nachbar. „Ja, wissen Sie, der Herr Superintendent ist nicht mein Freund. Mich... und auch den Uhrmacher..., 'das kleine Fritzchen'... wie ihn die Leut' so nennen, uns – mag er nicht leiden."

„Nun aber - ", ich wurde etwas rasch in meinen Worten, „das kann ich mir doch gar nicht denken. Er ist doch ein sehr wohlwollender Mann, und den Geringen hilft er doch gern."

„N' ja, sehen Sie, das kommt daher, weil 'klein Fritzchen', der verwachsene Uhrmacher, und ich am Sonntag nicht zur Kirche gehen. Und weil wir gemeinsam im 'Goßner' lesen, wissen Sie, dem Goßner von der Berliner Missionsgesellschaft; der kennt das Leben aus Gott; und wer Hunger hat, der kriegt Speis' und Trank. Der alte Herr hier aber hat nur die Moral. Und die Schrift sagt: 'Das Gesetz ist unser Zuchtmeister auf Christus'. Und Christus, den Heiland der Sünder, den kennt der Herr Superintendent noch nicht. Aber ich will nichts über ihn gesagt haben; er ist ein guter Mann. Aber uns beide, mich und das Fritzchen, die mag er nicht leiden. Das wissen wir. Ich aber kann mich nicht dazu entschließen, den Herrn Superintendenten um seine Hilfe zu bitten."

Ich stellte durch Fragen den geschilderten Sachverhalt noch einmal fest, damit ich ihn selbst klar erfassen konnte. Der Wegkrätzer aber mußte wohl glauben, daß ich Zweifel an seinem Bericht in mir hatte aufkommen lassen. Ernst sah er mich mit seinen klaren Augen an, und er sprach: „Herr Lehrer, ich bin einmal in das helle Licht Gottes getreten, und da war ich voll Dreck von oben bis unten. Ich war inwendig noch dreckiger als äußerlich, wenn die Straße vom Platzregen verschlammt ist. Aber nachdem ich gewaschen bin, kann ich nicht mehr lügen. Nein, das kann ich nicht mehr!“

Nachdem ich ihm versichert hatte, daß ich seinen Bericht nicht im geringsten bezweifelte, mußte ich plötzlich an den 'Ohm Michel' im Siegerland denken. Ich weiß nicht, ob es richtig war, aber ich mußte die Äußerung tun: „Sie kommen mir so ganz anders vor als die andern im Dorf. Haben Sie einen besonderen Glauben?“

„Das könnte sein“, erwiderte der merkwürdige Karl Pampus gedehnt, „ich habe den Glauben, daß ich von Hause aus ein grundverdorbener Sünder bin, daß mich aber das Blut Jesu Christi, des Sohnes Gottes, reingewaschen hat von allen Sünden. Ich bin nun ein begnadetes Gotteskind.“

„Glauben das nicht viele gute evangelische Christen in der Gemeinde?“ so fragte ich.

„Ja, das von dem Blute Christi glauben alle. Aber die Lehre der Schrift von der Sünde, die haben sie nicht. Sie glauben alle daran, daß sie gute Kerle sind; und das bringt ihnen ja der Superintendent auch gründlich bei. Aber wissen Sie, wer nicht schmutzig ist, läßt sich von keinem andern waschen, und wer nicht ganz krank ist, braucht keinen Heiland. Sehen Sie, das muß erlebt sein.“

Ich war plötzlich wieder in jener inneren Neugierde, in jenem suchenden Fragen, das mich vor Wochen ins Siegerland getrieben hatte.

„Sie sagten soeben: 'Ich bin ein begnadigtes Gotteskind'. Das ist ein kühner Satz, Herr Pampus!“

Umständlich griff er nach dem Stuhl. Er war im

Begriff gewesen, nach Hause zu gehen. „Nichts für ungut, Herr Lehrer, nun muß ich mich mal wieder ein bißchen setzen. Ich will Ihnen was erzählen."

Und nun meinte er, er müsse mir zur freudigen Ermunterung meines eigenen Glaubenslebens etwas berichten von dem Wunderführen seines Gottes. Er berichtete Erlebnisse, die mich erstaunen ließen darüber, was doch der Wegkrätzer für einen nahen Gott hatte. Und er sagte zum Schluß: „Wissen Sie, Herr Lehrer, daß ich die Attacke auf den alten Kaiser wage, das hat mich der Herr geheißen. Ich brauche Hilfe."

Nun wurde ich skeptisch, und ich fragte: „Irren Sie nicht?" Ein festes „Nein!" bekam ich zu hören.

Dann bekannte ich offen: „Lieber Nachbar, Ihren Glauben habe ich nicht!" Und ich wurde verlegen, daß ich diesem einfachen Menschen so schnell ein Bekenntnis abgelegt hatte. –

„Sagen Sie lieber noch nicht; wer weiß, was noch geschehen kann!" So wollte er wohl trösten, denn ich merkte, wie scharf, aber auch wie freundlich mich seine Augen anblickten.

Den Brief an den Kaiser habe ich geschrieben. – Ich machte mich bei dem Herrn Superintendenten aber zunächst mit den Formalitäten bekannt, die ein Schreiben an einen „allergnädigsten Kaiser und Herrn" erforderte.

Als er hörte, was Karl Pampus, der Wegkrätzer, von mir wollte, fuhr er empor: „Ach, das ist ein verrückter Schwärmer. Er und der Uhrmacher, das sind wunderliche Käuze."

Er informierte mich aber sehr gut, wie es ein Landtagsabgeordneter nur kann. Dann sagte er bestimmt: „Zweck wird es nicht haben. Die Instanzen haben alles getan; es ist entschieden. Und ich will ihnen sagen, daß ich Schritte für den Pampus in Berlin längst getan habe. Der Fall ist in seinen Anfängen nicht geklärt. Deshalb ist nichts zu machen."

Und es kam, wie der Herr Superintendent und Landtagsabgeordnete vorausgesagt hatte: aus dem Zivilkabinett Seiner Majestät kam der Bescheid in dem Sinne, daß der letzte Entscheid des Kriegsministeriums rechtsgültig sei.

Ganz fröhlich brachte mir nach geraumer Zeit Karl Pampus diese Nachricht.

„Ja", sagte ich ein wenig still und enttäuscht, „dann ist das nun das letzte Wort."

„Nein", sagte der Wegkrätzer lebhaft, „nein, das letzte Wort ist noch nicht gesprochen. Das letzte Wort spricht immer der Herr im Himmel. Er hat noch zu entscheiden. Denn Er hat es mir versprochen..."

Ich dachte: „Wahrhaftig, der Herr Superintendent hat recht – der Mensch ist ein guter Kerl, aber es muß doch wohl etwas bei ihm nicht in Ordnung sein."

Nach zwei Tagen kam der Pampus wieder. Ich war sprachlos vor Staunen, aber fast hätte ich laut gelacht! Was mußte ich sehen? Er hatte sich für zwei Pfennige bei der Schmalhaus Jette, jener Frau, die mit Papier, Schnürriemen und Seife hausierte, ein schlichtes, kleines Briefböglein gekauft. Mit einer Feder, mit der allem Anschein nach sein Großvater noch hatte gekritzelt, mit Tinte, die gelbwässrig und schal gewesen, damit hatte er geschrieben. Und eine recht mangelhafte Rechtschreibung wies der Brief auf. Das Deutsch war aber so, daß man verstehen konnte, was der Schreiber wollte.

„Lieber Herr Kaiser!" So fing das eigenartige und einzigartige Dokument aus dem Dorfe Huppstädt an. Und also schloß es : „Und nun erwarte ich bestimmt, das der Herr Kaiser einem armen Manne hilft. Gott wird ihn segnen!

Es grüßt ihn, lieber Herr Kaiser, untertänichst

Karl Pampus, staatlicher Wegearbeiter."

Ich wollte zunächst das wunderliche Schriftstück verbessern – denn so sind wir Schulmeister ja veranlagt –, dann dachte ich: Laß dem Pampus die Freude, an Seine Majestät den Kaiser kommt das Papier wohl niemals.

Karl Pampus, der Glaubensheld, zog mit seinen schwarzen Fingern eine Briefmarke aus der Westentasche, leckte sie dreimal ab, schlug sie mit der Faust fest auf den Umschlag, der auch zwei Pfennige gekostet hatte – und dann warf er, nachdem er die Mütze vom Haupte genommen hatte, ehrfürchtig den Brief in den Kasten, der an der Schule angebracht war.

Ich stand staunend dabei und hätte laut lachen mögen. Die Anschrift lautete:

„An den Herrn Kaiser Wilhelm den ersten zu Berlin."

Es strichen einige Wochen ins Land. Wenn ich den Wegkrätzer traf, war er voll guten Mutes. Er sagte lächelnd: „Sie sollen es sehen, Herr Lehrer, nun wird das letzte Wort gesprochen."

Und es war also. – Wieder war es an einem Abend, da ich studieren wollte, da polterte Karl Pampus an meine Tür.

„Hier!" Mehr sagte er nicht. Seine Augen strahlten. Er reichte mir ein Schriftstück, das trug das kaiserliche Siegel. Darin aber stand, daß Seine Majestät geruht habe anzuordnen, daß das Gesuch des ehemaligen Husaren Karl Pampus in allen Vorinstanzen noch einmal gründlich geprüft würde.

„Das ist noch nicht das letzte Wort!" meinte Pampus froh und siegesgewiß. Der kranke Mann ist bald darauf verhört und untersucht worden. Und nach einem Jahr ehrlicher Arbeit an der Rechtslage des Mannes, der im Kampf nicht erlahmt war, ist ihm eine Rente zuerkannt worden, die nachzuzahlen war vom Jahre 1864 ab. –

Als ich das Schreiben gelesen hatte, war ich richtig bewegt. Pampus, mein reicher Nachbar, aber sprach: „Da hat der Herr ein Wunder getan! Und wissen Sie, Herr Lehrer, das muß ich erzählen jedem, der gegen mich und den 'kleinen Fritz' ist. Der Superintendent kriegt es auch zu wissen, und Sie wissen es ja nun auch. Ich möchte es sagen und erzählen, damit sie alle Gott suchen – und finden möchten."

Und das ist wahr, diese Bekundung des armen Wegearbeiters hat aufrüttelnd und fragend im Dorfe gewirkt.

„Ja, ja", so sagte mein Hausherr Altenheymer zu mir, „man kann doch sehen, daß der Wegkrätzer und der Uhrmacher etwas haben, was uns allen fehlt."

Ich aber mußte bekennen: „Sie haben recht!"

Vor Gott sprach ich in der Stille: „Du weißt, was mir fehlt!"

Vom 'kleinen Fritz' hatte mir Karl Pampus manches berichtet, ich kannte ihn aber noch nicht. Und so beschloß ich, ihn zu besuchen. Er wohnte bei dem Zimmermeister Scholten – dem Bruder des Bitzenbauern Gerhard Scholten – zur Miete.

Ich traf ein kleines, verwachsenes Männlein an, das über ein Buch gebeugt am Tische saß. Erstaunt sah ich, welch reichhaltige Bibliothek in dem behaglichen Stübchen war.

Siegfried Reuter war als der Sohn eines Apothekers in der Kreisstadt geboren. Die Apotheke war Eigentum des Staates gewesen; das Einkommen war gering, wurde doch selten jemand krank von der ländlichen Bevölkerung des weiten Hinterlandes. Mehr Arznei fast brauchte der Tierarzt für seine Patienten unter dem Vieh als der alte Sanitätsrat für seinen gesunden Bauernschlag.

Siegfried war durch seinen Vater von frühester Jugend an mit der Natur verbunden. Und von seiner Mutter, einer feingebildeten Herrnhuterin, hatte er ein tiefes Gemüt ererbt.

Unter ihrer Führung pflückte er die Blumen am Wiesenrand, unter ihrer Leitung erwarb er sich unzählig viele und gründlich tiefe Einsichten in die Zusammenhänge und Lebensbeziehungen der Natur.

Früh wurde es ihm klar, wie vielgestaltig und doch so geordnet der Zusammenhang in der organischen Welt ist und wie gesetzmäßig alles abläuft.

„Sieh", so sprach die Mutter, „das ist Gott. Er ist sehr groß!"

Sie hatte eine ganz der Anlage ihres Jungen entsprechende Weise, ihm die Einzigartigkeit der Heiligen Schrift verständlich zu machen.

„Sieh, mein Siegfried, dieses Buch spricht anders, als die Menschen sprechen." Das war der Leitgedanke ihrer Hinweise.

Der hochbegabte Junge war mit fünfzehn Jahren ein aufmerksamer Bibelleser.

Forsch und gewandt meisterte er seinen Körper. Er war der beste Turner in der Klasse; er wanderte die Heimat durch und wußte ihre Geschichte. Bei seinem Wandern schlief er nachts im Freien unter den Sternen, und beim Rauschen des Nachtwindes horchte er gern auf die Stimme des Schöpfers in den vielfältigen Geräuschen und Regungen der Natur.

Da traf ihn das Leid. – Beim Riesenschwung am Turngerät rutschte ihm die Hand ab. Er brach die Wirbelsäule, und Siegfried, der kräftige, gesunde, stolze Junge, wurde zum Krüppel. Das geschah, als er in der Sekunda saß.

Die Mutter aber, die ihn treu und unermüdlich pflegte, bestand darauf: „Es gibt kein Geschehen, das nicht von Gott kommt. Und mag man von göttlicher Zulassung oder von göttlichem Willen sprechen, es kommt alles von Ihm."

An dieser schweren Frage ist Siegfried Reuters Denken zerbrochen, wie sein gerader, stolzer Rücken. Der Bruch der Gesundheit, das war das Geschehen des Augenblickes. Daß der Eigenwille zerbrach, das vollzog sich in einer langen, schweren Schule.

Aber das Wunder geschah. – Aus dem zerbrochenen, geläuterten Geist wurde ein starker, gerader inwendiger Mensch.

Und noch etwas tat Gott. – Er nahm dem Knaben den Vater, der Mutter den Gatten und der Familie den Ernährer. Siegfried wäre mit diesem Schlage nicht fertig geworden, wenn nicht die Mutter ihm vorgelebt hätte, was sie immer wieder in jene schlichten Worte formte: „Der Herr macht keine Fehler!" Dieser Satz diente ihr zum einfachen Ausdruck einer Glaubensruhe, die, göttlich gewirkt, bei ganz Seltenen zu beobachten ist.

Siegfried kam bei einem Uhrmacher in die Lehre. – Die Brüdergemeinde half ihm dann, daß er sich hier im Dorf in ländlicher Schönheit und Stille niederließ und von den bescheidenen Einkünften lebte, die sein Handwerk ihm einbrachte. Die Mutter wohnte anfangs noch in der Stadt. Beide waren eins gewesen im Glauben und Lieben. Und wenn sie sich trafen, dann war das große Thema ihres Lebens, „Alles kommt von Gott...", der Drehpunkt ihrer Gespräche gewesen, die sie aufrecht, stark und froh erhalten hatten.

Dann war auch die prächtige Frau in den Himmel geholt worden von ihrem Heiland-Gott. –

Dieser Lebenslauf beeindruckte mich sehr. Vor mir saß ein ganz Großer des Reiches Gottes. Dieser Einsame hatte alles. Ihm gegenüber besaß ich nichts.

Ich sagte ihm: „Sie müssen aber einen einsamen Weg gehen."

Er schüttelte den Kopf: „Gerhard Tersteegen, den ich liebe, singt: 'Ein Vater gehet mit...'"

Aber ich meinte: „Hier im Dorf fehlt Ihnen, Herr Reuter, doch jegliche Anregung, und ich wüßte nicht, wer Sie verstehen könnte!"

Er lächelte froh: „Anregung? Schauen Sie!" – und er wies auf seine Bücher mit seiner feinen, zarten Hand, „schauen Sie, das sind meine Freunde. Und Austausch pflege ich mit dem Wegearbeiter Pampus, wir beide verstehen uns in der innersten Seele. Und dann wissen wir, daß wir eine große Aufgabe haben, mein Bruder Pampus und ich. Wir müssen eine Festung erobern. Dazu gehören Geduld, Ausdauer, Kraft. Und die Festung der Selbstbehauptung, hinter der sich die meisten Menschenherzen verschanzen, die wird nur durch Liebe erobert."

„Ich verstehe nicht recht, weshalb Sie von einer Festung sprechen..."

„Dann will ich ganz offen reden, Herr Lehrer. Hier in Huppstädt hat die Festung, hinter der sich der Teufel verbirgt, drei besonders befestigte Türme, und diese heißen 'Turm der Selbstgerechtigkeit', 'Turm des Alkohols' und – jetzt kommt das stärkste Bollwerk – 'die Macht der Dämonie'."

Ich schaute ihn erstaunt an. „Herr Reuter, unter den zwei ersten 'Türmen' kann ich mir etwas vorstellen. Was Sie mit dem letzten meinen, das verstehe ich nicht."

„Ich wünschte sehr, daß Sie das auch nie verstehen lernen." Er brach ab. Ich merkte, daß er müde war, und verabschiedete mich bald. Nachdenklich über diesen besonderen Menschen ging ich durch den Abend. –

Ich war nun seit acht oder neun Monaten in Huppstädt. Mit der Familie Altenheymer verstand ich mich sehr gut.

Der älteste Sohn, der kluge junge Mann, war in meinem Alter. Maria, die Neunzehnjährige, servierte mir die Mahlzeiten, die ich des amtlichen Ansehens wegen allein in meinem Zimmer einnehmen mußte.

Maria war ein stilles, besonnenes Menschenkind. Schlank und rank, ein adrettes, hübsches Mädchen, Offenheit und Wärme in den blauen Augen. Sie hatte einen tiefen Sinn für alles Schöne. Daher lieh ich ihr hin und wieder ein Buch der schönen Literatur, das sie in stillen Stunden, da es die häusliche Arbeit erlaubte, las. Und war es nicht eine selbstverständliche Sache, wenn wir uns gern miteinander unterhielten? Und – da ihr Sinn für ewige Dinge still und sehnsuchtsvoll erschlossen war – war es nicht ebenso natürlich, daß ich im innersten Winkel meines Herzens mich auf solche Augenblicke freute, daß mir von Tag zu Tag mehr bewußt ward, daß ich Maria liebhatte? –

Dann fiel ein dunkler Schatten auf mein Leben, eine tiefe Kümmernis belastete meine Seele...

Wilhelm Jasper durchquerte meinen Weg; er, mein Nachbarkollege, hatte sich einen Lebensplan geschmiedet mit Vernunft und kluger Berechnung.

Mit ihm einig wurde Gerhard Scholten; und der alte Altenheymer hatte auch nichts dagegen. Wer sollte auch etwas dagegen sagen wollen? Nach ländlicher, bäuerlicher Tradition war es ja immer so gewesen: die „Kötter", die Armen, die heirateten also, daß sich das Herz zum Herzen fand; die „Bauern" verschacherten Dreck gegen Dreck, Ackerfurche zu Ackerfurche und Wiese zu Wiese. „Die Liebe kommt von selbst, wenn keine Sorgen vorhanden sind." So hörte ich die Dorfweisheit sprechen.

Der Herr Superintendent und Landtagsabgeordnete hatte auch nichts gegen diesen Volksegoismus getan – im Gegenteil, aus volkswirtschaftlicher Sicht hielt er diese Sitte für rationell.

Es ist an einem Abend gewesen. Da hat sie es mir offen gesagt, daß sie den Eltern folgen müsse und den Wilhelm Jasper heiraten werde. Sie hat nicht geweint. Dazu war sie zu tapfer. Sie hat auch weiter nichts gesagt; nur ein eisiger, harter Zug legte sich auf ihr schönes Gesicht. Der Mund preßte sich verbittert zusammen.

Mir hatte sie kein Versprechen gegeben; und ich hatte ihr keine Zusage abgenommen.

Mein Kollege ging bald aus und ein in Altenheymers Hause. Ich konnte nicht ausziehen, denn niemand hielt sich für befugt, den Lehrer zu verpflegen. Und die „dicken Bauern" wollten sich – so sagte mir der Wegearbeiter - „diese Arbeit nicht antun". Im Schulhause aber war alles leer. Ein bescheidenes eigenes Hausgerät konnte ich nicht kaufen; ich hatte dazu kein Geld.

Ich habe eine gute Miene zum bösen Spiel aufgesetzt. Das Leiden trieb mich aber zu Gott – und Siegfried Reuter, der kleine Uhrmacher, nahm teil daran. –

Es sind wohl der Monden sechs oder sieben ins Land gegangen, da kam die Macht der Finsternis mit Wucht über die Familie, in der ich ein heimatloser Gast geworden war. Und die armen reichen Leute, die sich mit Betonung und Nachdruck allzuoft „gute evangelische Christen“ nannten, erbebten in den Grundfesten ihrer Sicherheit.

Ich merkte es zuerst der Mutter an. Dann sah ich, wie der Bauer einherging mit stummem Weh und trotzigem Blick. Traf er mich, dann war sein Gruß stumm. Maria aber sah ich nicht mehr.

Der Wegearbeiter Pampus, den ich einsam in der Delle traf, die vor dem Friedhof lag, sprach mich ohne Umschweife an: „Herr Lehrer, was ist bei Altenheymers eigentlich los? Ich habe es mit eigenen Augen gesehen, daß Maria in später Stunde zum alten 'Öhm' hineinhuschte; und der ist kein Guter!“

„Ehrlich gesagt, Nachbar Pampus, ich weiß nicht, was los ist; aber es stimmt etwas nicht.“

„Wissen Sie, Herr Lehrer, weshalb die Leut' zum 'Öhm' gehen?“

„Nein, wie soll ich das wissen?“

„Nun, dann sollen Sie es jetzt erfahren. – Der Alte legt allen, die ihn in ihrer Not aufsuchen, die Karten – in des dreieinigen Gottes Namen – man denke! Und er sagt die Zukunft voraus! Das ist Lästerung Gottes! Ob er was erreicht? – ich denke schon! Als ich ihm auf den Kopf gesagt habe: 'Du besprichst die Leute im Namen und Auftrag des Bösen!',da hat er mich angegrinst und gespöttelt: 'Aber es hilft!' Da habe ich mich nicht halten können. So hab' ich gesagt: 'Und Geld nimmst du dafür! Die Schrift aber sagt, daß du verflucht würdest mit deinem Geld!' Da zischelte er wie eine Schlange, da schossen giftige Strahlen aus seinen schwarzen Augen. Und er sagte mir's ins Gesicht: 'Was geht mich deine Bibel an!' – Sehen Sie, Herr Lehrer, wer das sagt und wer so lebt, der steht mit dem Bösen auf gutem Fuß! Und das schlimmste: Er bereitet auch Pülverchen, allerlei Mixturen, Volksmedizin, wie er sagt. Aber – nun, ich kann nur warnen..." –

Mir graute vor dem alten 'Öhm'.

Dieses Grauen aber sollte mich noch ganz anders packen, es sollte mich fast zu Boden werfen.

Siegfried Reuter, der Uhrmacher, ließ mich zu sich bitten. Ich wurde mit einem todernsten Gesicht empfangen. Er entschuldigte sich, daß er sich in eine mich betreffende Angelegenheit habe mischen müssen. „Aber" – so versicherte er –, „es ist die Liebe zu Ihnen, die mich bestimmt."

Ohne Umschweife sprach dann der ehrliche Mann:

„Es geht ein Gerücht um im Dorf, ein ungutes Gerede. Und dieses Gerede bringt Sie in Beziehung zu Maria Altenheymer."

Ich lächelte in meiner Unschuld, und ich entgegnete: „Das soll sich wohl wieder legen, Herr Reuter, ich habe mit Maria Altenheymer nichts."

„Wissen Sie, Herr Lehrer, daß das Mädchen schwanger ist?" Seine Lippen zitterten ein wenig. Ich spürte ein Beben im Körper; ich mußte mich an dem Tisch festkrampfen, sonst wäre ich umgefallen.

Ich konnte nur stammeln: „Davon weiß ich nichts. Und – wie sollte ich es auch wissen...?" Und mir versagte die Stimme. Schließlich sank ich hin auf das kleine Sofa.

Siegfried Reuter setzte sich neben mich. „Armer, lieber Freund", so hat der treue Mann getröstet, „Sie stehen in des Herrn Hand."

Später geleitete er mich zu meiner Wohnung. Ich

aber meinte, meine bleischweren Füße trügen mich nicht über die Schwelle.

Als sich Siegfried Reuter mit herzlichem Druck seiner schmalen Hand verabschiedete, sagte er nur ein Wort, und das war ein Gotteswort: „Denen, die Gott lieben, müssen alle Dinge zum Besten dienen." –

In der Einsamkeit meines Zimmers habe ich es lernen müssen, meinen Menschen in mir zu bezwingen. Mit klarem Kopf fragte ich mich: „Was sollst du tun?" Natürlich wollte ich dem Gerücht auf die Spur gehen. Ganz selbstverständlich wollte ich den Urheber und den bösen Verleumder fassen. Aber wie sollte ich das anfangen? Und hier fühlte ich eine meerestiefe Ohnmacht. War ich doch eigentlich der Fremdling im Dorf, und wußte ich doch aus der Praxis meines Vaters, wie schwer es ist, das Böse zu entwirren, wenn es sich gleich einem Knäuel zusammengerollt hat.

Es wird wohl so sein, daß dann und je der lebendige Gott in einem Menschen in einem einzigen Augenblick die Struktur verändert hat. War es nicht bei dem großen Apostel unseres Herrn Jesus Christus so, daß er in einem Nu eine derartige Wendung erlebte, daß er fragen mußte: „Was willst Du, Herr, daß ich tun soll?"

Aber es ist nicht bei jedem so, den Er gesucht und gefunden hat. Ich wurde schrittweise geführt, ich kam in Etappen näher. Das Dorf in seinen Gegensätzen – den Satten und Selbstgerechten und den fröhlichen Heilsgewissen, die ich in Siegfried Reuter und dem Wegkrätzer kennengelernt hatte –, das alles hatte eine Sehnsucht nach der Wahrheit in mir wachgerufen.

Jetzt war ich einen Ruck vorwärtsgestoßen worden durch eine ordnende Hand, die auch das Böse einbezieht, das nicht von Gott ursächlich stammt. In dieser Nacht lag ich auf meinem Angesicht und rang mit dem

Alleinigen: „Herr, gib mir Halt in der Trübsal, rette Du meine Ehre!“ Ich rang, bis die Morgenröte anbrach. Und ich bettelte wie einst Jakob an der Furt: „Ich lasse Dich nicht, du segnest mich denn.“

Eine Stimme hörte ich in meinem Herzen: „Ich habe dich lieb!“ Aber ich wurde nicht froh in Gewißheit.

Seine große, erbarmende Liebe aber rühmte ich bald. Gott wollte mich nicht länger in meiner Pein lassen. –

Ich wartete täglich, ja stündlich darauf, daß mich der auf seine Ehre so stolze Altenheymer Auge in Auge fordern würde. Ich wartete auf diesen Augenblick in der Spannung dessen, der ehrlich zu antworten hat. Doch niemand fragte mich. –

Dann ist der schreckliche Tag gekommen, da der Boden meiner Hausleute wankte und da sie versanken im Nichts...

Der alte Briefträger Spohn ist gekommen; und wenn sonst dieser Nachrichtenmann, den man um seiner vielen Neuigkeiten willen, die er verbreitete, die „wandelnde Zeitung“ nannte, im Hause des Johann Altenheymer erschien, dann war eitel Freude daselbst. Der Alte bekam einen gründlichen Kaffee.

Heute ist er gekommen, und schnell ist er verschwunden, denn die Leute sagen ja von ihm: „Der Spohn hat die Ahnung.“

Ich saß in der stillen, lauschigen Laube im Garten. Da hat es in meine erregten Nerven eingeschlagen wie ein zuckender Blitz. Ich bin emporgefahren – einen Schrei der Mutter Altenheymer habe ich gehört, den vergesse ich in meinem Leben nicht. Es war ein Todesschrei...

Johann Altenheymer ist aus dem Stall geeilt. Sie aber – seine Gefährtin des Lebens – lag am Boden, und in der Hand hielt sie einen Brief.

Man hat die Sterbende aufs Bett geschafft, und schnell ist der älteste Sohn in die Kreisstadt gefahren. Doch als der alte Sanitätsrat kam, war sie bereits tot. Er bezeichnete als Todesursache: Herzschlag.

Nachdem sie alle zusammen waren und nur die älteste Tochter fehlte, fragte der Vater ein um das andere Mal: „Wo ist Maria? Wo ist meine Tochter?" Da fielen der Blick und die Gedanken auf den Brief. Mit zitternder Hand hat ihn der Vater gelesen, dann ist er umgesunken wie eine Eiche, die der Blitz trifft.

Maria hatte geschrieben, sie nehme Abschied von den Eltern und vom Leben, denn sie könne die Schande nicht tragen. Wilhelm Jasper habe das Unglück über sie und ihre ganze Familie gebracht. Sie habe versucht, diese Schande abzuwenden, und habe sich schwer versündigt. Sie bitte um Verzeihung, wenn sie freiwillig aus dem Leben scheide. Sie grüße noch alle. Auch den Schulmeister Christian Klingelhöfer grüße sie sehr herzlich.

Der Brief war mit zitternder Hand geschrieben. Er trug im Stempel die Zeit: 9 – 10 Uhr vormittag. Am Nachmittag kam er an, und am Abend barg man die Tote bei Waldsteeg aus dem Fluß.

Ich bin nicht fähig, die Not Johann Altenheymers zu beschreiben. Maria kam mit ihrer Mutter in ein Grab. Der Superintendent hat gedonnert und gewettert über dem Bibelwort: „Der Gottlosen Weg vergehet." Und er hat eine glühende Verdammungsrede gegen Wilhelm Jasper gehalten. Der aber war spurlos verschwunden; und erst nach Jahren schrieb er in einer behördlichen Sache aus Amerika. Es war damals eine andere Zeit, und – obgleich sie kein halbes Jahrhundert hinter uns lag – heutzutage denkt man anders. Um desgleichen geht niemand mehr in die Fremde.

Vom Evangelium und seinem Trost konnte der Superintendent am Grabe nichts sagen. Er hatte ihn nicht. Und doch wäre es an der Zeit gewesen, der zerschlagenen Familie ein Wort von dem zu sagen, der die Mühseligen und Beladenen zu sich ruft.

Diesen Dienst tat uns allen der kleine Uhrmacher, der an stillen Abenden zu uns kam. Bei Johann Altenheymer war nichts mehr zu spüren von seiner früheren Selbstgerechtigkeit. Da er sich anklagte als ein ungetreuer Haushalter, wies ihn Siegfried Reuter auf den Gekreuzigten hin. Es ging alles verborgen und still, aber gründlich und göttlich zu. Bauern sprechen nicht viel. Aber ich merkte, daß der Alte ein Anderer wurde. Und oft sah ich ihn gebeugt über der Hausbibel.

Ich selbst konnte loben und danken, daß meine Unschuld erwiesen war. Aber meines Gottes war ich dennoch nicht froh. Ein starkes Suchen trieb mich zu Aussprachen im Hause des Uhrmachers, und oft war auch der Wegearbeiter Pampus dabei. Er sagte nicht viel, aber seitdem ihm sein Kaiser geholfen und er den lebendigen Gott dahinter sah, war viel Zeugenmut über ihn gekommen. Und er erzählte gern kleine, große, verborgene und doch offenbare Geschichten von Gotteshilfen aus seinem bescheidenen Leben. Die Geschichte vom Kaiser berichtete er in der Nachbarschaft; dabei war er so fröhlich, daß seine Freude Eindruck machte. Und in manchem Herzen entstand die Frage, die nicht ausgesprochen wurde: „Woher hat der Pampus seinen festen Glauben?“

Fragen solcher Art aber sind Zeichen innerster Erschütterung.

Wir hatten als Lehrstoff im Religionsunterricht Auszüge aus der Bergpredigt des Herrn zu behandeln.

Zum erstenmal in meinem Leben stand ich vor der Person des Jesus von Nazareth still. Was wollte Er mit dieser gewaltigen Ansammlung Seiner Auslegung des Gesetzes? Ist diese Predigt wirklich „vertieftes Gesetz“, wie es unser Seminardirektor gesagt hatte? So hatte auch ihn eine übliche Auslegung belehrt. War dem also? Es packte mich der Text mit Macht. Mir ging es wie damals den Zuhörern, ich „entsetzte mich über Seine Lehre“. War das Verbindlichkeit und Unbedingtheit dessen, der an Gottes Stelle sprach? Jesus, den mir die Zeitauffassung vermenschlicht hatte, wurde mir übermenschlich groß. Ich aber empfand es deutlich: Das, was dieser Jesus will, das kann ich nicht. Ganz gewiß, das ist mir unmöglich!

Mit meinen Fragen ging ich zum Herrn Superintendenten und Schulpfleger Hartmann. Er aber schüttelte den Kopf und sprach würdevoll und mit deutlicher Stimme: „Sehen Sie, Herr Klingelhöfer, daran habe auch ich mich einmal zermartert. Das Problem der Bergpredigt ist mir nicht gelöst worden. Ich aber sage Ihnen, der Mensch soll tun, was er kann, und was er nicht kann, das wird nicht verlangt. Der Idealmensch Jesus von Nazareth hat sich und andern ein Ideal gesteckt, dessen Gipfelhöhe niemand erreicht. Der gütige Gott aber sieht den an, der 'strebend sich bemüht'. Sie kennen das Wort, das Altmeister Goethe gesprochen hat.“

Ich meinte darauf: „Dann ist also Jesus nicht ganz ernst zu nehmen, wenn Er spricht: 'Ich aber sage euch ...'“

„Wissen Sie – ehrlich gesagt – ich bin so stark in sogenannte weltliche Dinge verwoben, daß ich keine Zeit zum Grübeln und Spekulieren finde. Ich glaube, mein Dienst am Gemeinwohl ist Gottesdienst, weil er dem Nächsten gilt. Die Theologie interessiert mich nicht." So deutlich und ehrlich antwortete mir der alte Herr, und er verschloß sein Innerstes nicht.

Ich mußte das achten, und doch war ich im Tiefsten unzufrieden. So sagte ich denn: „Ich suche die Wahrheit, Herr Superintendent."

Da wurde er sehr ernst. Und das entgegnete er noch: „Wenn Sie soviel durchlebt hätten wie ich, dann stellten auch Sie die Pilatusfrage: 'Was ist Wahrheit?'"

Darauf bin ich zu Siegfried Reuter gegangen, und eine einsame dunkle Nacht fand uns versammelt bei der Lampe trautem Schein.

Der kleine Uhrmacher legte mir das Evangelium der Bergpredigt dar.

„Sehen Sie, Herr Lehrer, der Herr spricht hier von Gottesmenschen, die von neuem geboren sind. Christus ist als der König Israels verworfen worden. Aber Seine Jünger erkennen Ihn als ihren Herrn an und sollen Seine Wesenszüge in der Welt offenbaren. Davon redet die Bergpredigt. Wenn auch das Fleisch, die sündige Natur in uns, naturhaft stracks gegen die Bergpredigt handeln will, haben wir Christen doch den Heiligen Geist empfangen. Und wenn wir nach dem Geist wandeln, werden wir die Kraft zu einem Gott wohlgefälligen Leben erhalten."

Alles verstand ich nicht. Aber ich hatte es doch gehört und gesehen, daß er selbst – und auch der Wegearbeiter – ein bergpredigtgemäßes Leben führten. Und darum waren beide fröhliche Gotteskinder.

Josef und Rotscha Wiedenheller waren meine Sorgenkinder. Sie waren das, was man verbummelte Burschen nennt. Zu besonderen Streichen hatten sie nach meinem deutlichen und kräftigen Eingreifen keine Lust mehr verspürt. Ja, ich hatte sogar entdeckt, daß sie beide einen Zug in ihrem Wesen zeigten, den ich Gutmütigkeit nannte. Ich mußte immer wieder daran denken, wie brauchbar die Knaben werden könnten!

Waren sie doch die besten Turner, und ihre Hände konnten geschickt Spielzeug aller Art verfertigen. Rotscha hatte sich eine Armbrust geschnitzt und geschmiedet, mit der schoß er die Spatzen im Flug. Josef aber war sehr musikalisch; er führte die zweite Stimme beim Gesang. Späterhin habe ich ihm Unterricht im Geigenspiel erteilt, und er war ein gelehriger Schüler, der schnell und gut Fortschritte machte.

Viel Mühe hatte ich mir gegeben, sie zu regelmäßigem und sauberem Arbeiten zu zwingen. Aber das war ein aussichtsloser Riesenkampf. Immer wieder kamen die Burschen ohne Hausaufgaben zur Schule. Und oft waren diese halb fertig, schlotterig und unsauber.

Eines Tages ist mir der Geduldsfaden gerissen. Josef war wieder faul gewesen, da nahm ich die Rute. Gerade wollte ich kräftig ausholen, da sprang Rotscha wie eine zornfunkelnde Katze auf mich zu; Blitze sprühten aus seinen schwarzen Augen. Und mit heiserer Stimme schrie er mich an: „Sie sollen meinen Bruder nicht schlagen!“

In mir kochte plötzlich der Zorn. Ich nahm Rotscha und warf ihn vor die Tür. Schimpfend lief er davon.

Die Klasse war starr vor Entsetzen. Auch ich wußte nicht, was ich tun und sagen sollte; und mit dem Unterricht war es vorbei.

Am Nachmittag desselben Tages wühlte es in mir. Ich überlegte auch hin und her, wie sehr meine Autorität verletzt wäre. Voller Ärger schwur ich dem Jungen: „Das sollst du büßen!“

Ach wäre ich doch zu Siegfried Reuter gegangen!

Im grimmen Zorn schnitt ich am andern Morgen vom großen Haselstrauch einen Stock; er war schlank und doch kräftig. Als Rotscha, ein wenig schüchtern, aber doch harmlos, zur Schule kam, da hat sich mein Zorn fürchterlich entladen.

Rotscha hat auf der Bank gelegen. Er hat nach der Züchtigung nicht sitzen können. – Mein Gewissen aber schlug wie eine schrille Glocke. Und eine Stimme redete deutlich: „Des Menschen Zorn tut nicht, was recht ist vor Gott."

Dieser Tag war für mich entsetzlicher als der vorige. Denn Gott sprach sehr deutlich zu mir. Mein Gewissen steigerte sich zu heftigsten Qualen. Und vor mir standen die Forderungen der Bergpredigt. Was vom Haß geschrieben war, und das vom 'Auge um Auge, Zahn um Zahn', das beleuchtete Jesus Christus, der Herr. Und er zeigte mir alle Sünden meines heißen Temperaments. Er ging mein Leben mit mir durch; und ich konnte auf tausend nicht eins antworten.

In meiner Not suchte ich den Freund. – Und Siegfried wurde grundehrlich.

„Ja", so sagte er, „Sie haben eine große Schuld auf sich geladen. Und das alles wäre verhütet worden, wenn Sie sich einmal ruhig und gründlich in der Familie umgehört hätten. – Und dann", er sagte es schmerzlich bewegt, „Sie sind ja auch noch nicht in der Gewalt und Nachfolge Jesu." –

Da ich nicht zur Ruhe kommen konnte, habe ich den schweren Gang zum Philipp-Hause angetreten.

Ich traf die Mutter allein. Eine müde, blasse Frau empfing mich. Und es währte nicht lange, da stand ich mitten in einer Lebens- und Leidensgeschichte. Die heißen Werbungen Philipp Wiedenhellers, der eigentlich, um seine Vorfahren absichtlich nicht zu verleugnen, vom „Öhm“, dem alten Zigeuner, auch noch den Namen Bela erhalten, hatte die junge Friederike betört. Glühende Tänze konnte er tanzen, und sie war sanft und gut gewesen, sie, die Tochter des Waldhüters. Der kräftige, stolze Bursche hatte damals schon im Walde gearbeitet. Er pflanzte und hegte und legte Saatkämpe an.

Sie hatte in ihrer Ahnungslosigkeit und Leichtfertigkeit übersehen, wie gefährlich es ist, wenn ein Waldarbeiter um zehn Uhr morgens seinen „Klaren“ notwendig braucht. Sie war die Frau eines Trinkers geworden. Erwacht war sie, leidvoll ernüchtert, im Elend.

Und gestern, da war es doch so gewesen: der Philipp hatte die Löhnung vertrunken, und es war kein Brot und kein Mehl im Hause vorhanden. Da hatten die Jungen geweint; und Josef hatte die weinende Mutter getröstet. Dann waren die beiden zum Walde gegangen, denn sie wußten die Stellen, da saftige, dicke Blaubeeren wuchsen. Und ihre Hände hatten gesucht und gesucht, gestrippt und gesammelt. Selten hatte ein Beerlein den eigenen Mund berührt, denn sie hatten an die Mutter gedacht. So hatten sie beide fünf Liter der köstlichen Frucht zusammengebracht.

Freudestrahlend hatte der Rotscha am Abend ein Brot heimgebracht, das ihm spät noch der Bäcker gegeben hatte. Dann aber, nachdem sie mit der Mutter das frisch Gebackene zu süßer Ziegenmilch gegessen hatten, waren sie todmüde in ihr ärmliches Bettwerk gefallen.

Nun wußte ich, weshalb ich keine pünktliche Pflicht hatte verlangen können.

Und als die Mutter, ein wenig gerührt, mir erklärte: „Die Jungs halten aufeinander, und der Rotscha hat den Josef sehr lieb", da wußte ich auch, weshalb der Junge sich gegen mich empört hatte. Ich konnte ihn verstehen, und ich konnte ihm verzeihen.

„Aber das muß ich noch sagen, Herr Lehrer" – und Friederike Wiedenheller weinte bitterlich – , „das ist alles noch nicht das Schwerste. Viel schwerer ist es mir, daß die Kinder unter dem Einfluß des Großvaters stehen. Der ist kein guter! Sein Fluchen stammt aus der Hölle. Und was er treibt, nun, Gott sieht's! Aber darüber kann ich nichts sagen, denn ich fürchte mich vor ihm. Und wissen Sie, daß er Sie sehr haßt?"

Ich schwieg. – Dann erzählte ich ihr das, was mich drückte. Sie aber sprach: „Ich weiß es; Rotscha hat es mir am Abend erzählt; aber er bat mich, ich sollte es nicht dem Großvater erzählen. Ja, ich habe den Jungen besehen, die Schläge waren fürchterlich." Sie weinte, wie eine Mutter weint, die mit ihrem Kinde fühlt.

Mit diesen Worten sprach die leidgeprüfte Frau aber auch ein Vernichtungsurteil über mich aus, unter das ich mich beugen mußte. Ich streckte ihr die Hand hin und sagte: „Verzeihen Sie mir, Frau Wiedenheller, meinen unverantwortlichen Zorn."

Da schaute sie mich lange an, und sie sagte zu mir: „Wir müssen alle von Gottes Vergeben leben; ich will es vergeben und vergessen."

Diese Worte, ernst und ruhig gesprochen, trösteten mich mehr, als die abgehärmte Frau ahnen konnte. Ich aber wußte, daß vor mir jemand saß, der kurz und klar mir die Geschichte seiner Seele offenbart hatte.

Das Wort vom Vergeben begleitete mich in meine stille Kammer. – Und wieder erhob sich der Ankläger gegen mich. Die Bergpredigt forderte mich vor Gericht. Kein Entlastungszeuge erhielt das Wort, kein mildernder Umstand kam dagegen auf. Der Richter sprach: „Schuldig!“

Als Verurteilter bin ich wieder zum Uhrmacher gegangen; und ich habe ausgepackt, ich habe ihm meine Seele dargelegt, so wie sie war.

Da ist er mit wahrer Liebe gekommen und hat sich an meine Seite gesetzt. Er hat mir Jesus, den Heiland, verkündet. Es ist mir ganz eigen ergangen. Wie Schuppen fiel es auch von meinen Augen wie einst dem Saulus von Tarsus in der Dunkelheit.

Ich konnte es in meiner inneren Lage verstehen, daß ich den „Christus für mich“ so sehr nötig hatte. Mir stieg ein Ahnen auf, und dann wurde mein Verständnis klar, und ich verstand das Evangelium von der Begnadigung durch das Werk am Kreuz von Golgatha.

In einer noch schweren Nacht brach gegen Morgen das Licht hinein in meine Seele. Als die Sonne schien, war auch mir die Sonne aufgegangen.

Rotscha Wiedenheller habe ich die Hand gegeben. Und ich habe ihm gesagt: „Mein Junge, vergib mir; ich habe Sünde dadurch getan, daß ich dich so hart schlug. Aber Gott hat mir auch vergeben.“

Da hat sich der Junge die dunklen Augen gewischt. Und von da an war er ein anderer. Er war dem Einfluß Gottes zugänglich geworden.

In meinem Religionsunterricht bemühte ich mich, den Kindern die Wirklichkeit des lebendigen Christus zu zeigen.

Meine Lehrer wurden der Uhrmacher und Pampus, der Wegearbeiter. Allwöchentlich einmal fanden wir uns zusammen, und der alte Altenheymer, der still und langsam, aber tief und gründlich zur Wahrheit Gottes gekommen war, kam auch zu uns.

Johann Altenheymer sagte nicht viel, aber doch vergesse ich es nicht, wie oft er zum Ausdruck brachte: „So sind sie alle im Dorf, wie ich einer war. Sie glauben an sich. Niemand will ein wirklich verlorener Sünder sein. Ach ja, das hält schwer, das hält schwer. Es muß die Hand Gottes kommen, die Felsen zerschlägt. Das tut der Herr allein. Wir aber können nur beten..."

Er sagte das dann alles so stockend und so holprig, und man merkte es ihm an, daß, während er die Sätze sprach, die furchtbarste Zeit seines Lebens in ihren aufrüttelnden Bildern aufstieg. Über seinen inneren Werdegang sprach er sich nie aus. Und doch spürten wir, daß er den Heilsgrund gefunden hatte. Wenn Siegfried Reuter uns die Schrift deutete, und wenn der Wegkrätzer uns von seinen Gebetserhörungen erzählte, dann horchte er aufmerksam. Aber er sagte dann wohl: „Glücklich der, der so etwas erlebt hat; ich bin wohl noch nicht so weit in der Erfahrung, ich kann so etwas nicht."

Dann konnte Freund Pampus erwidern: „Altenheymer, merk es dir! Es heißt in der Bibel: 'Werdet wie die Kinder!'" –

Zu dieser Wahrheit sollte ich bald eine Lektion erhalten, nachdem ich eine Lektion den Schülern vorgeführt hatte. –

Ich hatte mit den Kindern der Mittelstufe die Geschichte „Jesus stillt den Sturm" zu katechisieren. Es war mitten im Winter, und draußen lag tiefer Schnee. Vögelchen suchten und pickten am Futter, das wir vor die Fenster der Schulstube gelegt hatten. Und wirbelnde Flocken lenkten die Blicke der Kinder nach draußen.

Da habe ich die Geschichte so erzählt, als wenn wir dabei wären. Ich ahmte den Sturm nach, ich schilderte, wie das Schifflein schaukelte, wie die Wellen spritzten und wie die Seevögel ängstlich kreischend den schneidenden Wind durchzogen.

Die wasserschöpfenden Jünger haben wir beobachtet, ja, wir haben uns in die Geschichte hineingedacht bis dahin, da einer sagte: „Geh, wecke den Meister!"

Den ruhenden Herrn, der keine Furcht kannte, sahen wir; und den majestätischen Herrn erblickten wir, wie er am Bug des Schiffleins stand und das Allmachtswort sprach. – „Und es ward ganz still..."

Mit großer Aufmerksamkeit hatten auch die Kinder der Oberstufe zugehört. Ich schwieg nun ein Weilchen, und die Kinder verstanden, daß ich ihnen Zeit lassen wollte, Fragen zu stellen. Doch die schüchternen Dorfkinder taten sich schwer damit. Bei dem lebendigen Rotscha hatte ich es leichter. Ich dachte oft daran, wie still er in den ersten Stunden gewesen, und ich dachte an den Streich, den er damals ausgeheckt hatte. Ich erfuhr später, daß ihn einige ältere Buben, die bei meiner Diensteinführung so trotzig dreingeschaut, dazu angestiftet hatten. Nach unserer Versöhnung war er besonders am Religionsunterricht interessiert.

Ich schaute über die Klasse. „Vielleicht hat jemand eine Frage – ?"

Da wurde Rotscha lebhaft; sein Finger flog in die Höhe. Ich nickte ihm zu: „Nun, Rotscha?"

Da stellte er eine Frage, die er eigentlich nicht hätte zu stellen brauchen, denn wir hatten doch oft von dem gegenwärtigen Herrn gesprochen. Er fragte aber dennoch: „Kann der Herr Jesus heute auch noch solche Wunder tun?"

Ich wollte gern, daß er sich ein wenig präziser ausdrückte, und fragte: „Meinst du, ob Er heute noch Seestürme bändigen kann?“

„Nein, ich meine so: Kann er in meiner Not helfen?“

Ich ahnte, daß der Junge aus einer persönlichen Situation heraus beunruhigt war. Ich sann eine Weile nach, und dabei dachte ich an seine häuslichen Verhältnisse. Dann kündigte ich an:

„Ich will dir, Rotscha, und euch allen Erlebnisse erzählen, für die ich einstehen kann, daß sie wahr sind.“ – Und ich berichtete von einigen Erlebnissen – ohne Namen zu nennen –, die Wegkrätzer Pampus mir erzählt hatte. Ich verlegte sie in guter Absicht und mit gutem Gewissen in eine den Kindern fremde Umgebung. Denn ich wußte ja zu gut, wie gefährlich es sein konnte, wenn man im Dorf deutlich würde. Aber das spürte ich, wie die Begebenheiten packten, denn es handelte sich ja um Lebenssituationen, die die Kinder verstanden. –

Rotscha hatte sich einen Handschlitten aus einer kräftigen Kiste gezimmert. Sogar die eisernen Kufen fehlten nicht, denn er hatte die Reifen eines alten Fasses, das geschrumpft und dadurch auseinandergefallen war, geradegeklopft und sie blankgeschmirgelt. Da er den Schlitten größer gebaut hatte, als sie Schreiner Niedecker herzustellen pflegte, und da er sogar ein selbsterfundenes Steuer einfahren wollte, war Rotscha recht stolz auf sein Werk. Dem knickrigen Niedecker mochte es gewiß gut tun, wenn er sehen mußte, daß auch andere etwas vom Schlittenbauen verstanden! Aber die Probefahrt sollte man wohl doch etwas weiter vom Dorf entfernt durchführen ... So etwa gingen Rotschas Gedanken.

Kurze Zeit später rodelte er aus einem Seitental der Bergkette, die eine gute halbe Stunde von Huppstädt nach Süden zu liegt, einsam hangabwärts. Das Eisen der Kufen wurde mit jedem Meter blanker, die Bahn ständig schüssiger. Und welche Freude für den Rotscha, daß das Steuer seine Dienste tat und willig gehorchte! Ein Kraftgefühl stieg in ihm auf, Heldengefühl erfüllte seine junge Seele. Wenn das der alte Niedecker sehen könnte! Und die Kinder alle!

Wie wäre es , wenn er ein Meisterstück wagte? Dort ging es steil den Hang hinab! Kaum daß der Rodler Zeit hatte zum Überlegen. „Klar! Das wäre das Glanzstück! Los, Rotscha!"

Und schon schoß er hinunter, der rasende Schlitten. Da – ein Ruck! Das Steuer zerbrach! Rotscha versuchte mit den Hacken zu lenken... Noch steiler ging's hinab. Ihm verschlug es den Atem. Zu seiner Linken tauchte eine alte Bretterbude auf. Schon war der Schlitten vorbei, und, o Glück, der Abhang wurde sanfter, der Schlitten ließ sich stoppen – doch gerade im allerletzten Moment der rasenden Fahrt passierte es! Das Vorderteil des Schlittens kippte nach unten, es krachte gewaltig, Rotscha riß die Arme vors Gesicht, dann fiel er tief, tief, und heftig schlug er irgendwo auf. Für einen Augenblick schwanden ihm die Sinne.

Als er wieder zu sich kam, schaute er sich um. Da gewahrte er über sich ein Stückchen Himmel – eben noch sichtbar im schnell schwindenden Abendschein. Ihm war, als hinge er in einem Schornstein. Er besann sich, und da merkte er, daß er in einer klebrigen, schlammigen Brühe steckte. Unwillkürlich tastete er seine Glieder ab, er schien heil geblieben zu sein. Erneut schaute er nach oben. Er hatte keine Ahnung, wo er sich befand. Ihn überfiel eine gewaltige Angst.

Er mußte an die Mutter denken, an den Bruder. Ihn begann zu frieren. Laut schrie er um Hilfe. Doch wer sollte da oben schon hören? Immer wieder schrie er aus Leibeskräften. Seine Hände tasteten die glitschigen Wände ab. Verzweifelt starrte er nach oben, wo das Stückchen Himmel immer dunkler ward. Und immer wieder rief er laut.

Die Angst um sein Leben erschütterte ihn so, daß er laut aufstöhnte. Hier kann dich niemand finden! Hier mußt du sterben – verhungern!

Das Stückchen Himmel über ihm war kaum mehr zu erkennen. Fast war es ganz dunkel um ihn her. Da kam ihm ein Gedanke, ein Erinnern, daß ihm fast der Atem stockte. Der Herr Jesus kann helfen!

Er wurde mit einemmal völlig ruhig. So hatte es der Lehrer gesagt: Der Herr Jesus kann helfen!

Rotscha faltete seine verschmierten Hände, beugte sich nach vorn, und dann flehte er um Hilfe und Rettung aus seiner Not. Und weil er jetzt auch seine ganze Sündennot spürte, brachte er auch diese zum Ausdruck. Ja, diese Seelennot drückte ihn auf einmal so sehr, daß er alles um sich her vergaß und den Heiland laut um Vergebung anflehte, um Heil und Rettung vor dem ewigen Gericht. Daß es ein solches gab, davon war er überzeugt...

Und Gott hörte sein Flehen, sah seine Angst, sah seine Reue – und lenkte Rotschas Gedanken auf den Heiland am Kreuz. Da wurde es ruhig in des Jungen Seele. „Nun bin ich Dein. Du hast mich angenommen. Und ich weiß, Du wirst mir auch hier heraushelfen, irgendwie..." Und wieder begann er zu rufen. Doch nun nicht mehr voll Todesangst, sondern im Vertrauen auf die Hilfe seines Heilandes.

Eine ganze Weile mußte er noch warten. Immer wieder rief er laut nach oben, wo es inzwischen fast Nacht geworden war.

Plötzlich schallte es von dort oben herab: „Wer ist da – ?"

„Ich - Rotscha Wiedenheller!"

Einige Augenblicke war völlige Stille. Dann rief es erneut von oben herab: „Das kann doch nicht wahr sein, Junge, ich glaub', ich träume..."

„Doch, ich bin's wirklich, der Rotscha Wiedenheller! – O bitte, helft mir hier heraus, mir ist so kalt!"

„Ich hol' eine 'Fahrt', Junge, eine Grubenleiter, – drüben an der Schuppenwand hängt eine! Ich bin gleich wieder da!"

Wenig später war Rotscha gerettet. Mit Augen voll Tränen stand er vor dem Gemeindearbeiter Lixfeld und wußte vor Freude fast kein Dankeswort zu finden.

„Was um des Himmels willen ist hier passiert?" fragte der Mann.

Und Rotscha berichtete alles. Der Schlitten müsse wohl irgendwo noch da unten in dem Loch stecken. Wie leicht hätte Rotscha auf die Holztrümmer aufschlagen können oder das Genick brechen! Es sei alles wie ein Wunder, schloß der Junge seinen Bericht.

Die beiden machten sich schnell auf den Weg zum Dorf. Rotscha schlotterte vor Nässe und Kälte. Doch glücklich dankte er immer wieder seinem Heiland für seine Errettung.

Hannes Lixfeld erklärte ihm: „Hier soll es im Frühjahr weitergehen mit der Erzsuche. Der Bürgermeister meinte schon vor ein paar Tagen, ich solle hier mal nachsehen, ob der Schacht noch ordentlich abgedeckt sei. Die Abdeckung ist natürlich verschwunden; Racker wie ihr könnt ja immer Bretter gebrauchen; na ja, so war's früher bei uns auch schon... Aber nun schau, was heut' hier passiert ist! Es ist gewiß nicht von ungefähr, daß ich erst heute nachmittag hergehen mußte! Gerade heute nachmittag!“ Immer wieder schüttelte er den Kopf.

Jetzt konnte Rotscha nicht länger schweigen. Wie ein Bekenntnis kam es heraus:

„Lixfeld, ich habe gebetet. Und der Herr Jesus hat mich erhört!“

„Du – ?“ – Erstaunt blieb der Mann stehen. –

Zu Hause hat Rotscha sein Erlebnis der Mutter erzählt. Auch mir hat es die Mutter unter Tränen berichtet. Ich meinte: „Aber dem Großvater solltet ihr es auch berichten!“ –

Das hat sie befolgt; und sie hat sicherlich Sorgen um die Seele des alten Mannes gefühlt. –

Der Alte aber ist sehr ärgerlich geworden. Häßlich hat er sie angefahren: „Laß mich in Ruhe mit solchen Märchen! Und den Schulmeister kann ich nicht ausstehen. Hörst du? – nicht ausstehen! Wenn der noch länger im Dorf bleibt, werd’ ich zum Bettler! Der vertreibt mir die Kundschaft!“ –

Einige Wochen vergingen. Die Tage waren kurz und die Nächte lang. Wie herzlich und behaglich war es in Siegfried Reuters Zimmer! Wir waren an diesem Abend allein, und vor uns lag die Heilige Schrift. Epheser 6 redet von der Waffenrüstung des Christen: „Ziehet an die ganze Waffenrüstung Gottes, damit ihr zu bestehen vermöget wider die Listen des Teufels. Denn unser Kampf ist nicht wider Fleisch und Blut, sondern wider die Fürstentümer, wider die Gewalten, wider die Weltbeherrscher dieser Finsternis, wider die geistlichen Mächte der Bosheit in den himmlischen Örtern. Deshalb nehmet die ganze Waffenrüstung Gottes, auf daß ihr an dem bösen Tage zu widerstehen ... vermöget.“

Meine kritische Schulung, meine Studienzeit brach

wieder einmal durch, und ich mußte meinem Freunde sagen, wie ich während meiner Ausbildung belehrt worden sei: Hier handele es sich um eine Zeitauffassung, die weder Jesus noch Paulus hätten abstreifen können. Und ich stellte die Frage: „Muß man nun unbedingt an einen persönlichen Teufel glauben?“

Siegfried Reuter lächelte in seiner feinen Art: „Weshalb wollen Sie Jesus Christus eines Irrtums zeihen? Ich glaube immer noch, daß er der Fachmann ist in den Fragen der übersinnlichen Welt. Aber ich kann mir die Gesetzmäßigkeit, die Intelligenz, die sich in dem Bösen offenbart, auch gar nicht denken ohne ein persönliches Wesen, das dahintersteht. Und dann, sehen Sie nicht die Wirklichkeit der Dämonie hier am Orte? Liegt es nicht wie ein Bann auf all den Häusern, die mit dem 'Philipp Öhm' zu tun haben?“

Ich sagte darauf – und ich mußte lachen: „Von dem Hokuspokus halte ich nicht viel. Wir sind in einer Vorlesung über den 'Willen' auch über die Suggestion unterrichtet worden. Einbildung wirkt Wunder, die keine sind.“

Schnell entgegnete der Uhrmacher: „Sie haben recht; aber merkwürdig ist, daß alle die, die mit diesen Dingen in Berührung kommen, in innere Not, unter einen gewissen Druck geraten, was doch eigentlich gar nicht zu erklären ist. Fast alle waren doch ganz passive, neutrale Leute; wie kommt es, daß sie so unruhig sind? Und wie kommt es, daß sie davonlaufen, wenn sie mit Christus und Seinem Evangelium in Berührung kommen?“

„Trotzdem. Es fällt mir schwer, an einen Teufel zu glauben – zumal, wenn ich mir ihn vorstelle, wie er uns aus dem Mittelalter von vielen Darstellungen her bekannt ist.“

„Da haben Sie völlig recht. Doch von diesen Darstellungen wollen wir jetzt nicht reden; das hat seine Gründe, daß er uns so vorgestellt wird. Und – unterschätzt zu werden, wird ihm persönlich schon sehr recht sein. Aber es ist ein völlig falsches Bild, das viele Menschen von ihm haben – vor allem heute in unseren Tagen. Er war ja vor langer Zeit ein gewaltiger Engelfürst, der sich dann wider Gott erhob und deshalb fiel, durch Gott hinabgestürzt... Nun, sich mit dem Teufel, dem großen Widersacher Gottes und dem Verderber des Menschen zu beschäftigen, ist nicht unsere Aufgabe; wir täten nicht gut daran. Aber wir dürfen ihn auch niemals unterschätzen!"

„Ich merke immer wieder, wie sehr ich hier in Huppstädt noch fremd bin und noch viel lernen muß. Meinen Sie wirklich, daß so nüchterne Bauersleute wie die hier noch an Dinge glauben, die uns vom finsteren Mittelalter her bekannt sind? Gewiß lehnt man sie doch alle als Schwindel ab..."

„Ich wünschte, es wäre so. Sogar Gerhard Scholten, der sich doch zu den Aufgeklärten rechnet, hat den alten 'Öhm' zu seiner Kuh geholt und erwartet, daß das Tier dadurch gesund wird. Das hat doch nichts mit Suggestion zu tun. Sogar Scholten glaubt an jene Macht und Kraft, die der Alte habe."

Ich mußte lachen. Dann aber wunderte ich mich über die Ohnmacht der Gottfernen. 'Verfinstert am Verstande', so bezeichnet Gottes Wort diese Menschen.

Siegfried Reuter aber mahnte mich treulich: „Wir müssen ernstlich beten, daß die Menschen hier ins Licht Gottes kommen. Daß sie erkennen, was Gott gewirkt hat in Christo Jesu und was Sein Wille ist und Er jetzt den Menschen anbietet – jedem einzelnen anbietet: das herrliche Evangelium! Erlösung von

Sünde und Schuld und Befreiung von der Sünde und der Macht des Teufels. Ich ahne es, ich fühle es, daß das Dorf im Werden und Erwachen ist. Und 'Erstlinge' sind schon da aufgrund des großen Erbarmens Gottes." –

Während er noch in freudiger Erregung sprach, schaute er aufmerksam hinüber zum Fenster. Dann fragte er mich: „Da war doch jemand, – haben Sie nichts gehört?"

„Nein", antwortete ich.

Er aber meinte sicher Tritte gehört zu haben.

Als ich hinaus in die Dunkelheit schaute, rieselte leise der dichte Schnee. Er fügte eine zweite Decke zu jener, die vor Wochen gefallen war, als Rotscha zum Rodeln ging.

Es war gegen elf. – Ich schritt durch die Nacht dem Hause Altenheymers zu. Nirgends war ein Licht zu sehen. Fern im Wald bellte ein Fuchs; und Scholtens Hund antwortete ihm ärgerlich.

Tief atmete ich die klare Winterluft ein, in Gedanken noch ganz bei unserem Gespräch. Gerade als ich über Altenheymers Türschwelle treten wollte, da geschah es... Ein Schuß krachte. Ich fühlte einen schneidenden Schmerz in meinem linken Fuß. Dann konnte ich nicht mehr weiter. Natürlich erwachten meine Hausleute. Der alte Altenheymer führte mich mit seinem Sohn ins Haus.

„Was ist passiert?" fragten mich alle erschrocken. Ich wußte es nicht. Mein Bein war durch einen Streifschuß verletzt.

Am nächsten Morgen fand die Magd unter dem Schnee an der Tür die Hülse eines sogenannten Selbstschusses.

Wer hatte ihn hingelegt? Der Öhm? Die Wunde am

Fuß heilte schnell; den Attentäter aber verhüllte das Dunkel jener Nacht.

August-Kirmes der Kreisstadt, das war das große Fest des Jahres. Jubel und Trubel, süße heiße Düfte verwirrten die Sinne. Sogar die alten Frauen putzten sich, „machten noch einmal rund“ beim „dicken Kormann“. Und in der Kirche saßen an diesem Sonntag außer den Konfirmanden nur die Ältesten und der Organist. Das Zechen ging schon früh an.

Ich hatte aus Büchern und aus einer Neigung heraus, die sich auf Heimatliteratur bezog, Verständnis für Volksbräuche. Als mir aber Siegfried Reuter erzählte, daß an diesem Tage der Alkohol in Bächen floß und alle Vernunft ersäufte, da bekam ich den Ekel.

Meine Schüler wollte ich fernhalten. Ich besprach mit ihnen einen Ausflug nach einer alten Burg, und ich hatte mit der Burgverwaltung verhandelt, daß wir das Innere, das bis zu den Sattelstücken ritterlich geschirrter Pferde und bis zu den feinsten Waffen der Reisigen hin erhalten war, besichtigen dürften. Am Montag würde ich dann mitgehen zum Fahren auf dem Karussell.

Aber ich bekam von jedem Kind die beschämende Antwort: „Der Vater will es nicht haben!“ oder: „Die Eltern sind dagegen!“

Nur Josef und Rotscha meldeten sich, und ich bin an jenem Sonntag mit den zwei Buben wirklich zu dreien gewandert. Ganz vertraut und offen wurden die Knaben. „Ich will es Ihnen sagen, Herr Lehrer“, und Rotscha hat mir Freude bereitet in seiner Offenheit, „die Leut' sind sich einig geworden, weil der Großvater rundgegangen ist. Und sie haben alle gesagt: 'Ja, Öhm, Ihr habt recht. Der Schulmeister gönnt den Kindern keine Freude'."

Die Freude aber ist einem von ihnen gründlich verdorben worden. Dieser eine, der zum letztenmal Kirmes gefeiert hat, das ist Gerhard Scholten gewesen.

Die Burschen haben die Schaftstiefel geschwärzt. „Blank wie Altenkirchen", sagten die Dörfler, wenn sie sich festtäglich herrichteten. Die blauen Kittel wurden gestärkt, daß sie rauschten. Die Beschläge der Pfeifen wurden gescheuert mit Sand und Ofenruß. Dann – zuletzt – sah man die Stöcke nach, ob die Habe in Ordnung sei und der Handriemen nicht reißen könnte. Denn wer konnte wissen, wie schwer die Schlacht würde!

Es kam zu einer schweren Saalschlacht: die „dikken Bauern" gegen die „Köttner". Natürlich – wie immer – handelte es sich ursächlich um berauschte Köpfe und um die Gunst dieses oder jenes Mädchens. Bastian Scholten bekam die Wut auf Ebert Schellenbeck, der ihm die schöne Regine abspenstig gemacht hatte beim Tanz.

In seiner Wut zog er das große Messer, das ihm der Vater, der zur Jagd ging, von Solingen mitgebracht hatte. Und der Ebert wurde wie tot aus dem Saal getragen. Bastian aber führten zwei Gendarmen ab. Und nun haben er und der Vater ausgespielt im Dorf. Denn der Vater, der angesehene Mann, „hielt auf Ehre" – sie war sein Gott.

In den Tagen, da er in der furchtbaren Schwebe lebte, ob er der Vater eines Mörders oder Totschlägers sein sollte, da hat ihn Gott ganz kleingemacht. Da hat er zu beten versucht; und er hat es nicht gekonnt. Und als er den Pastor gerufen hat, da ist ihm ein Hagelwetter moralischer Vorwürfe um den Kopf gesaust. Von der Not, in der der Bauer war, verstand der Herr Superintendent nichts. Ich weiß nicht, wie tief das alles ging. Not lehrt beten; aber die Not ist auch der Pflug Gottes, der in den Unkrautboden hineinschürft. Ich weiß nicht, ob es Angstrufe waren, die mit der Sünde zusammenhingen. Aber ich erinnere mich noch gut – und ich buche es als eine Begebenheit, die in die Wendezeit des Dorfes hineinpaßt –, daß nach jenen Wochen, da der Ebert Schellenbeck im Krankenhaus langsam der Genesung entgegenging, mich Gerhard Scholten aufsuchte.

Er war gar nicht mehr der protzige Bauer, selbstbewußt und stolz. Er war sehr bewegt, und in seinem Wesen lag etwas Demütiges und Gebeugtes. Als er aber die Absicht seines Kommens bekundete, da reckte sich Gerhard Scholten aufrecht in die Höhe. Fest und bestimmt sagte er:

„Herr Lehrer, ich nehme den Kampf gegen den Alkohol auf, Sie müssen mir helfen!

Als ich ihm zu verstehen gab, daß es sich bei jeglicher Volkserneuerung um die Geburt eines neuen Menschen handele und nicht darum, einen neuen Flicken auf ein altes Kleid zu setzen, da betonte er:

„Sie haben ganz recht, aber an einer Sünde muß man anfangen im Namen Gottes."

Siegfried Reuter sagte nachher: „Lassen Sie ihn! Er ist ein ganzer Kerl. Und Gott führt verschieden. Der Scholten meint es ehrlich. Bringt ihn sein moralischer Entschluß seiner eigenen Ohnmacht nahe, so kann er auch über diesen Weg zu Christus kommen."

Wir hatten nun einen Kämpfer gegen den Volksfeind; und wir, die wir uns im Hause des Uhrmachers trafen, schlossen uns ihm gerne an. Der Superintendent aber sagte: „Es kommt eine neue Zeit; und ich verstehe sie nicht."

Es ist ein Ereignis eingetreten, das hat das ganze Dorf aufgerüttelt. „Philipp-Öhm“ ist gestorben.

Der alte Mann kam nach einem Gang durch den Wald, als er wie so oft Kräuter suchen wollte, um Mixturen herzustellen für allerlei geheime Zwecke, fröstelnd nach Hause. Der Förster Hegermann hatte ihn immer bei diesen Gängen beobachtet, denn er kannte ihn, und er wußte, wie behende der Alte eine Hasenschlinge legen konnte.

Eine schwere Lungenentzündung zwang ihn in sein schmutziges Bett. Friederike Wiedenheller kochte ihm Kaffee und schweißtreibenden Tee; als aber der Alte stöhnte und nach Atem rang, da holte man den alten Sanitätsrat. Doktor Hubert fuhr spornstreichs mit seinem Wägelchen zum „Öhm“. Der wußte nun, was kommen würde. Und der Sanitätsrat, der auch um eines jeglichen Tun und Lassen Bescheid wußte, ging zum Superintendenten und sagte in seiner rauhen, ehrlichen Art:

„Rücken Sie den mal zurecht, ehe es zu spät ist. Durch kommt er nicht, und er ist ein alter Sünder.“

Ja, angesichts des Todes und der Ewigkeit sieht alles anders aus.

Der Herr Superintendent schickte sich an zu dem schweren Gang, obwohl er wußte, daß er kein Seelsorger war.

Der „alte Zigeuner“ starrte ihm mit fieberheißen Augen entgegen, dann fuhr er ihn mit heiserer Stimme an: „Sie können mir nicht helfen! Sie glauben selber nichts! Aber wenn Sie mir einen Gefallen tun wollen, dann schicken Sie mir den Schulmeister, mit dem hab’ ich zu reden.“

Und so kam der Herr Superintendent Hartmann zu mir. Ganz niedergedrückt war er in seinem Gemüte, und ganz ehrlich sagte er:

„Gehen Sie hin, Herr Klingelhöfer, ich kann da nichts machen. Und ich weiß, daß Sie ein Glaubensfundament haben, das ich nicht besitze. Sagen Sie ihm das Evangelium von dem Gekreuzigten. Ich habe ihm nichts zu sagen..."

Diese Worte ergriffen mich tief. Vor mir stand ein Mann der verlorenen Jahre. Dann aber geriet ich in Angst und Sorge. Ehe ich den Weg zum Philipp-Hause antrat, fragte ich meinen himmlischen Herrn um Rat.

Als ich beim „Öhm" eintrat, hatte der Alte einen lichten Augenblick. Keuchend lag er in den großkarierten Kissen aus Kattun. Fahl war sein Gesicht, und die Augen fieberten in gläsernem Glanz.

Er drehte sich mühsam zu mir her, und als Friederike sich neben mich stellte, da wehrte er ab. Sie ging in die Küche.

„Schulmeister, ich habe Sie gehaßt..."

Ich erwiderte ernst und kurz: „Das weiß ich."

Der Alte schloß die Augen. Ich aber seufzte zu Gott.

„Schulmeister – "

Er schwieg, und dicke Schweißtropfen traten auf seine Stirne.

„Schulmeister – ich bin ewig erloren..."

„Nein! Sie sind für den Himmel geschaffen, und Sie sollen hineinkommen!"

„Es ist zu spät!" murmelte er. Dann sprach er es noch einmal: „Es ist zu spät!"

Ich fragte ihn: „Kennen Sie die Geschichte vom Schächer am Kreuz?"

Langsam schlug er die Augen wieder auf. Leise und stockend kam es heraus: „Ich weiß alles... Ich habe die Bibel gelesen..., ich habe nicht gewollt... Auf mich wartet das ewige Gericht!"

Ich sagte ihm deutlich: „Jesus Christus hat den Teufel besiegt, hat dem Tod die Macht genommen. Nun kann jeder zu Ihm kommen, um Vergebung zu finden, Frieden mit Gott und ewiges Leben."

Als ich den Namen „Jesus" aussprach, zuckte es durch den heißen Körper, und die Augen flackerten. Nach einer Weile flüsterte der sterbende Mann: „Ich wollte Sie um Ihre Ehre bringen ... Ungut kreuzten Sie meinen Weg ... Sie schlugen mein Blut ... Ich wollte Sie töten ... Sie waren zu gut zu den Jungen ... Das wollte ich nicht ..."

Wollte sich der „Öhm" durch ein Bekenntnis entlasten? Schnell antwortete ich: „Ich verzeihe Ihnen alles, so wie Jesus mir verziehen hat."

Als er aber wieder den Namen „Jesus" hörte, wand er sich in den Kissen. Dann war er so matt, daß er nichts mehr sagen konnte. –

Ich verließ den Raum. Still und sehr beschwert suchte ich den Weg zu Siegfried Reuter. Ich erzählte ihm alles. Da sagte er tief bewegt:

„Sehen Sie, es ist so ernst, daß der Alte gesagt hat: 'Ich habe die Bibel gelesen.' Er hat die Wahrheit Gottes gewußt, und er hat bewußt 'nein' gesagt. Wir wollen ihn der Barmherzigkeit und der Gnade Gottes anbefehlen. Aber es gibt ein Zuspät."

Jetzt aber geriet ich in nicht geringe Not. Eine heiße Liebe zu dem verlorenen Mann stieg in mir auf. Ich ging in mein Haus, und in meinem einsamen Zimmer rang ich mit Gott. Eine Antwort aber bekam ich nicht.

Am Abend wollte ich noch einmal klar und deutlich dem Sterbenden das Evangelium bringen. Aber es war zu spät. Als ich in seine Wohnung eintrat, da war er bereits gestorben.

Am meisten war der Trinker erschüttert, Philippchen,

Öhms Sohn.

Wenn ich meine schlichten Aufzeichnungen überschaue, so muß ich noch einen Blick in die nächsten Jahre schicken. Es ist eine leider sehr gedrängte Übersicht.

Der Herr Superintendent war nicht in der Lage, den „Philipp Öhm“ zu beerdigen. Er sandte seinen Hilfsprediger; dieser richtete ein ernstes Wort an die Umstehenden über den Text: „Irret euch nicht, Gott läßt sich nicht spotten!“

Die Dorfleute stellten sich von einem Fuß auf den andern, so unruhig waren sie am Grabe.

Der alte Herr erlebte einen Zusammenbruch, und er fragte wieder nach der Theologie. Darauf bekannte er: „Mein System taugt nichts.“ Er reichte sein Gesuch um Eintritt in den Ruhestand ein, und das wurde ihm auch genehmigt. Als er den Ort seiner sozialen Wirksamkeit verließ, zog er an den Rhein.

Vor seinem Weggang besuchte er mich noch einmal und sagte: „Herr Lehrer Klingelhöfer, es kommt eine neue Zeit, nein, sie ist schon da, und ich kann mich ihr nicht widersetzen.“

Ein Bibelwort bohrte in mir, das heißt: „Es ist ein köstlich Ding, daß das Herz fest werde...“

Da der alte Herr bewegt stille wurde, vollendete ich: „ – welches geschieht durch Gnade.“ Und als ich ihm die Hand drückte, da sah ich, wie Tränen seine Augen füllten. –

Siegfried Reuter trieb uns alle an: „Freunde, betet, daß der Herr weiter hier wirken möchte! Betet und zweifelt nicht!“

Dann wurde wider Erwarten und nach viel Kampf der Hilfsprediger Bergfeld zum Nachfolger gewählt.

Und der Zimmermeister Scholten hat nach der Wahl gesagt: „Nun ist die Ruhe hin!“

Das war auch so, denn Eberhard Bergfeld predigte ein klares Evangelium und redete deutliche Worte.

Gerhard Scholten ist ein Ganzer geworden unter der Predigt von der Kraft und Gnade Gottes; und der erste, der vom König Alkohol her in die Gemeinde Gottes trat, war „Philippchen, der Säufer“.

Josefs und Rotschas hat sich Siegfried Reuter angenommen. Sie sind zunächst beide tüchtige Handwerker geworden; Rotscha aber hat sich später für den Missionsdienst unter den Zigeunern entschieden.

Ich fand in Christine Müller, der Tochter des Rektors aus der Kreisstadt, eine Lebensgefährtin, die treu an meiner Seite stand im Dienst in dem Dorfe, in dem ich mein Amtsleben beschloß.

Wenn wir heute, da wir die Ruhe genießen, als alte Leute nach Huppstädt kommen, dann grüßen wir viele, die mit uns eines Glaubens sind.

Für Glauben und Vaterland

Die Aprilsonne des Jahres 1576 warf ihre freundlichen Strahlen auf die kleine holländische Stadt Delft. Die Knospen zahlreicher Linden begannen sich zu öffnen, Vögel zwitscherten und bauten ihre Nester, und die klare, glänzende Bläue des Himmels spiegelte sich in dem glitzernden Wasser der bis zum Rand gefüllten Stadtgräben.

Es war noch recht früh am Morgen. Im Palais des Prinzen von Oranien sowie in der näheren Umgebung herrschte noch tiefe Stille. Diese wurde endlich unterbrochen durch die Schritte eines Mannes, der durch den Park kam, einige Worte mit dem Torwächter wechselte und sich dann der prinzlichen Wohnung zuwandte. Er mochte ein angehender Fünfziger sein. Der aufmerksame, vorsichtig prüfende Blick seiner Augen wies ihn als einen Mann aus, der sich ständig von Gefahren umgeben weiß, und sein wettergebräuntes Gesicht bekundete, daß er mit Sturm und Wetter vertraut war. Sein Name war Otto von Warneck. Ehemals ein reich begüterter Edelmann, hatte er durch die Spanier um seines Glaubens willen fast alle seine Besitzungen eingebüßt und bei dem Prinzen, der ihn als seinen vertrautesten Bediensteten betrachtete, die Stelle eines Geheimsekretärs übernommen. Zugleich bewirtschaftete er ein kleines Landgut, das er sich vor etlichen Jahren in der Nähe von Delft erworben hatte.

Nachdem er den langen Korridor des Schlosses durchschritten hatte, trat er in das Kabinett des Prinzen. Dieser war bereits bei der Arbeit; er prüfte den Inhalt mehrerer Briefe und Depeschen, die während der Nacht gekommen waren. Von Warneck grüßte und nahm dann ebenfalls an der langen Tafel Platz.

„Gut, daß Ihr da seid, mein Freund. Einiges hier ist fast nicht zu entziffern, von ungeübter Hand geschrieben, und mehrere Briefe in mir nicht geläufiger Sprache. Schaut Euch alles in Ruhe an, Ihr seid ja Meister in diesen Dingen."

Der Sekretär nahm die Schriftstücke in Empfang und vertiefte sich in deren Inhalt, während der Prinz die übrigen Briefe, die über den Tisch zerstreut vor ihm lagen, zu lesen begann. Eine Zeitlang herrschte Schweigen; plötzlich aber schaute Warneck auf.

„Was ist?" fragte der Prinz.

„Verzeihung, Exzellenz, der Inhalt dieses Schriftstückes betrifft meine persönlichen Angelegenheiten, und ich möchte es zunächst beiseite legen, um es später in Ruhe noch einmal zu lesen."

Eine gute Stunde lang beschäftigte Warneck sich mit der eingegangenen Post, dann gab er dem Prinzen einen kleinen Bericht. Als er im Anschluß daran noch einmal wegen des beiseite gelegten Schriftstücks angesprochen wurde, erklärte er:

„Vielleicht erinnern sich Exzellenz, daß ich in einem Kloster zu Brüssel eine kleine Nichte habe. Mein vor drei Jahren verstorbener Bruder Moritz war mit einer Spanierin, der Erbin der Palmedas, verheiratet, welche die Güter des in Namur um seines Glaubens willen verfolgten Grafen Robert D'Anvelais in ihren Besitz gebracht hatten. Welch eine Frau war sie! Sie machte meinen Bruder so völlig zu ihrem Sklaven, daß er ihr alle seine Pflichten, sein Vaterland, seinen Glauben zum Opfer brachte. Nun, sie liegen beide im Grab; und ich darf zu meiner Beruhigung sagen, daß mein verirrter Bruder zu seinem Gott zurückgefunden hat und in Frieden entschlafen ist. Sein einziges Kind, meine junge Nichte Else, lebt noch und wird in einem Kloster in Brüssel erzogen. Und jetzt lese ich in dieser Depesche, daß der alte D'Avila – der größte Schurke in der ganzen spanischen Armee! – vom König die Erlaubnis erhalten hat, dem kaum siebzehnjährigen Mädchen einen Heiratsantrag zu machen, um in der Lage zu sein, mit den reichen Besitzungen Robert D'Anvelais' seine Schulden decken zu können. Ich möchte das Kind lieber im Grab als in den Händen dieses Mannes wissen!"

„Aber bester Freund, ich sehe keine Möglichkeit, dies zu verhindern", wandte der Prinz ein.

„Ich habe darüber nachgedacht, vielleicht besteht doch eine Möglichkeit – vorausgesetzt, Exzellenz bewilligen mir einen zweiwöchigen Urlaub. Ich möchte gern selbst nach Brüssel reisen und mich persönlich über alles informieren."

„Den Urlaub bewillige ich natürlich gern", antwortete der Prinz. „Aber seid vorsichtig. Ihr begebt Euch in die Höhle des Löwen."

„Dessen bin ich mir bewußt. Aber ich vertraue der Führung Gottes. Was soll ich bangen und sorgen? Ich danke Ihm jeden Tag, daß Er mir, der ich durch die Spanier mein gesamtes Vermögen verlor, kräftige Arme gegeben hat, mein Brot selbst zu verdienen. Ich habe meinen Hof, mein Vieh, ein wenig Land – genug, um für mich und die Meinen aufkommen zu können. Und was meinen Sohn Adrian betrifft, nun, er hat mit Freuden Euer Angebot angenommen und ist in die neueingerichtete Hochschule zu Leyden eingetreten. Was soll ich sorgen?“

„Ihr seid ein braver Mann!“ sagte der Prinz leise. „Neben Eurer harten Arbeit auf dem Feld opfert Ihr mir die wenige freie Zeit, obwohl ich Euch – wie all meinen anderen Freunden – kein anderes Entgelt bieten kann als Not und die Gefahr, lebenslänglich in ein flämisches Gefängnis geworfen oder gar getötet zu werden!“

Bei diesen Worten wurden des Prinzen Augen feucht.

„Es ist wahr, edler Herr, Ihr gebt uns keine Belohnungen gleich denen, welche die Spanier ihren Günstlingen gewähren. Ihr verteilt keine Güter und Schlösser ermordeter Männer und kein Gold und keine Juwelen geschändeter Frauen! Aber Ihr verhalfet uns zur Glaubensfreiheit, zu einem eigenen Heim und eigener Scholle – wofür Euch Gott ewig segnen möge.“

„Nun, ich bewillige Euch gern den gewünschten Urlaub, bester Freund“, sagte der Prinz noch einmal. „Aber nochmals bitte ich Euch - seid vorsichtig! Ist es nicht töricht, ein solches Abenteuer zu wagen?“

„Edler Herr“, erwiderte der Sekretär, „wenn die Tochter Eures so ruhmvoll gefallenen Bruders, des Grafen Ludwig, in Gefahr wäre, so würdet Ihr dem armen Kind Eure Hilfe sicher nicht versagen. Moritz war mein einziger Bruder; und auf dem Sterbebett befahl er sein Töchterchen meiner Obhut. Sollte er sich in mir getäuscht haben? Wohl sehe auch ich die Gefahr, aber ich vertraue der bewahrenden Gnade Gottes und Seiner Führung.“

„Da habt Ihr Euch den besten Führer gewählt, und ich halte Euch nicht länger zurück“, entschied der

Prinz. Doch sein Blick war sehr ernst, ja traurig. „Wie oft war es auch schon mein Wunsch, mich selbst in Feindesland zu begeben und meinen Sohn, meinen armen Philipp, nach hier zu holen! Daß man ihn zum Spanier machte, ist sehr, sehr bitter für mich..."

Eine ganze Weile schaute der so schwer geprüfte Mann in ernstes Nachsinnen versunken auf die vielen Schriftstücke auf dem Tisch. Dann erhob er sich plötzlich mit den Worten:

„Nun reist mit Gott, mein Freund! Aber seid auf der Hut, um Eurer Familie willen – und meinetwegen." –

Otto von Warneck schritt kurz nach dieser Unterredung über den Schloßhof und betrat die zum Tor führende Straße der alten niederländischen Stadt, in welcher Prinz Wilhelm von Oranien als Statthalter von Holland ohne Prunk und Aufwand eine Zeitlang seine Residenz eingerichtet hatte. Sein Haus unterschied sich von den übrigen Gebäuden in der nächsten Umgebung nur durch das über dem Haupttor angebrachte oranische Wappen mit der Inschrift 'Je maintiendrai!', zu deutsch: „Ich werde festhalten!" An diese Straße schloß sich eine Lindenallee an, die im ersten Grün stand. Entlang dieser Allee verlief der Kanal, der den Hauptverkehrsweg der Stadt bildete. Was in anderen Städten landeinwärts das Werk von Karren und rasselnden Räderfuhrwerken war, wurde hier durch kleine Barken und Boote besorgt, die keinen Lärm verursachten, so daß man nur die vielfältigen Stimmen von Menschen hörte und dazwischen das Gurren und Locken und Schreien der vielen Wasservögel. – Warneck schritt, hier und da alte Bekannte grüßend, seinen Weg weiter, bis er das gewölbte Stadttor erreichte. Die Wache ließ ihn passieren, und dann sah er das weite, offene Land vor sich liegen,

Äcker und grünes Weideland, von unzähligen Dämmen und Kanälen durchschnitten. Auf diesen Wasserwegen verkehrten allerlei Boote mit gelben oder braunen Segeln, und im ersten frischen Gras weideten eine große Anzahl Kühe, Ziegen und Schafe. Noch vor knapp drei Jahren war das ganze Land ein riesiger See gewesen, aus dem nur hier und da ein größeres Haus oder eine Windmühle herausragte. Die Holländer hatten ihre Jahresernte zum Opfer gebracht, als sie selbst die Deiche durchstachen, um das Herannahen der Spanier zu verhindern. –

Eine halbe Stunde später erreichte Otto von Warneck sein Landhaus. Das Anwesen lag hinter einem hohen Deich, der es gegen die Westwinde schützte. Auf den drei anderen Seiten bildeten, in einigem Abstand vom Haus, tiefe Gräben die Grenze. Über die Gräben führten Brücken. In einer freien Hofecke war ein großer Heuschober aufgeschichtet. Das Haus hatte ein mächtiges Dach aus roten Ziegeln, und mehrere der freundlich gestrichenen Fenster gewährten den Blick zur Stadt und ließen sogar deren dünne Kirchturmspitze erkennen. Auf der Frontseite lag ein wohlgepflegter Blumengarten, der Lieblingsplatz von Käthe, der einzigen Tochter Warnecks, und im Hofraum suchten eine Anzahl Hühner, Gänse und Enten eifrig nach Futter. Ab und zu wagte sich auch eine der vielen Tauben unter das Hühnervolk, um ein Körnlein zu picken. Wer würde gedacht haben, daß dieses friedliche Anwesen das Heim eines Mannes war, der von den Zufällen jahrelangen unerbittlichen Krieges ganz und gar abhängig zu sein schien?

Warneck überschritt die über den Graben führende kleine Brücke und ging auf das Haus zu. Sein Gesicht verriet, daß ihn sehr ernste Gedanken beschäftigten.

Zu anderen Zeiten wäre der rüstige Landwirt zunächst zu den Stallungen oder zu den angrenzenden Äckern und Wiesen gegangen, um sich bei den Knechten und Mägden nach dem Stand der Arbeit zu erkundigen.

Aber diesmal nahm die Reise nach Brüssel, zu der er sich entschlossen hatte, so sehr sein ganzes Sinnen und Trachten in Anspruch, daß ihm weder Lust noch Zeit übrigblieb, sich um andere Dinge zu kümmern. Selbst das Blumengärtchen zog ihn nicht an; und er wäre vorübergegangen, ohne das kleine Paradies seines Töchterchens auch nur eines Blickes zu würdigen, wenn nicht die helle Stimme der kleinen Gärtnerin ihn hätte aufmerken lassen. Bei ihrer Arbeit sang sie fröhlich ein Lied zum Lobe Gottes. Als sie den Vater gewahrte, lief sie ihm entgegen, um ihn freudig zu umarmen.

Vierzehn Jahre war Käthe alt, ein wenig zu schnell gewachsen, auffallend blaß und schmal, aber die hellen Augen strahlten allezeit, als habe das Mädchen stets nur Grund zum Loben und Danken.

Ach, die Eltern machten sich ihretwegen viele Sorgen. Die Kriegsfurie, die schon lange das Land heimgesucht und auch die Familie Warneck zu heimatlosen Flüchtlingen gemacht hatte, hatte bei dem ohnehin zarten Kind ungute Spuren hinterlassen. Und wenn auch in den letzten Jahren das ruhige und geregelte Leben auf der 'Deichfarm', und vor allem die vielerlei Beschäftigungen im Freien nicht ohne erfreuliche Wirkung geblieben waren, so hatte sich der bedenkliche Schwächezustand doch nicht grundsätzlich gebessert. Zwar glänzten Käthes Augen, wenn sie sich leichtfüßig mit der Hacke oder der Gießkanne zwischen den Beeten ihres Blumengärtchens bewegte und der Wind das unter dem weißen Häubchen hervordringende lockige Flachshaar flattern ließ. Aber die Eltern täuschten sich nicht. Daß ihr Kind gleich einer zarten Blume im Sturm frühzeitig geknickt werden konnte, wußten sie, wie sehr sie sich auch gegen diesen Gedanken sträuben mochten. Und oft beugte das Ehepaar, um Ergebung flehend, die Knie vor Dem, der Leben und Tod in Seiner mächtigen Hand hat. Es war für die elterlichen Herzen ein Trost und eine Ursache des Lobes, daß sich sowohl Käthe als auch der vier Jahre ältere Bruder Adrian zum Herrn Jesus bekehrt hatten und das Wort Gottes in ihren Herzen einen festen Platz besaß. Ja, beide hatten schon frühzeitig auf die Worte des Heils gelauscht und ihre jungen Herzen dem himmlischen Kinderfreund geöffnet; oft hatten Psalmen und geistliche Lieder die Räume des friedlichen Hauses erfüllt und alle Wehen des Krieges vergessen lassen. Freilich war seit der Abreise Adrians, der in Leyden sein Studium begonnen hatte, eine fühlbare Lücke in dem kleinen Haushalt entstanden; doch Adrian kam manchmal zu Besuch nach Hause, und darüber freuten sich dann alle sehr.

Wohl nie zuvor hatte Otto von Warneck sein Heim so anziehend und sein Kind so glücklich und heiter gefunden wie in diesem Augenblick, wo er im Begriff stand, die Farm auf unbestimmte Zeit zu verlassen und vielleicht der Gefangenschaft oder gar dem Tod entgegenzugehen. War sein Entschluß übereilt gefaßt, nicht reiflich genug erwogen? Wagte er nicht sein Leben für eine Sache, die aussichtslos war? Brachte er nicht seine eigene Familie mit in Gefahr? Alle diese Gedanken bedrängten ihn mit Macht, als Käthe vor ihm stand und er sie liebevoll an sich zog. Doch zugleich erinnerte er sich der letzten Worte seines sterbenden Bruders: „Otto – rette mein Kind!“ – Einen Kuß auf die

Wange seines Töchterchens drückend, sagte er zärtlich:

„Geh, mein Käthchen, zur Mutter und sage ihr, daß ich euch beide in einer sehr wichtigen Angelegenheit sprechen möchte. Ich muß dringend verreisen . . . “

Wenig später waren Vater, Mutter und Tochter in der Familienstube versammelt. Der Hausherr sah zu seiner Gattin hin. Aus ihren Zügen sprach Herzensgüte; aber zugleich verrieten Blick und Haltung jenen Mut, der die Frucht eines lebendigen, auf Gott rechnenden Glaubens ist und der, durch die steten Erfahrungen der Güte und Treue Gottes gestützt, selbst in größter Trübsal nicht ermattet. Sie war stets ihrem Gatten eine kräftige Stütze und ihren beiden Kindern eine sorgsame, gottesfürchtige Mutter gewesen.

Die 'Deichfarm' war das einzige Besitztum, das Otto von Warneck übriggeblieben und das nicht im geringsten zu vergleichen war mit den ausgedehnten Gütern, die er nach dem Tode seines Vaters besessen hatte. Ein großer Teil des Vermögens war durch ihn selbst, den damals noch jungen Edelmann, in jenen Tagen gedankenlos verschwendet worden, als er die ganze Welt noch als einen Spielplatz und das Vergnügen als den Hauptzweck des Lebens betrachtet hatte. Erst als die ernste Frage „Was ist Wahrheit?“ von Ohr zu Ohr drang und die Herzen durchfuhr, wachte auch er, in seinem Gewissen getroffen, zu ernstem Nachsinnen auf und horchte auf die Worte der neuen Prediger, der Verkünder der sogenannten „neuen Lehre“. Er wurde ein wahrer, wirklicher Christ und schloß sich aus Überzeugung dem Prinzen Wilhelm von Oranien an. Dieser letzte Schritt war für seine Feinde ein willkommener Anlaß gewesen, seine ansehnlichen Besitzungen in der Provinz Namur als Staatseigentum einzuziehen und spanische Günstlinge damit zu beschenken, während er den noch übrigen Teil seines Vermögens für den Sold fremder Truppen opferte, die der Prinz zur Befreiung der Niederlande mit äußerster Schwierigkeit auf die Beine gebracht hatte. Es war ihm daher nur soviel übriggeblieben, die kleine 'Deichfarm' kaufen zu können. Hier lebte er nun mit seiner kleinen Familie und unterschied sich durch nichts von seinen Nachbarn, es sei denn durch seine höhere Bildung und durch seine Vertrauensstellung, die er als Geheimsekretär bei dem Prinzen einnahm und die ihm in seiner Umgebung Achtung und Ansehen verschaffte.

Der Raum, in welchem sich jetzt die kleine Familie eingefunden hatte, war das geräumigste Zimmer im ganzen Hause und diente teils zur Wohnung, teils zum Schlafgemach, obwohl die in die Wände eingebauten und des Tags hinter hölzernen Klappen verborgenen Bettstellen nicht zu sehen waren. In der Mitte dieses Zimmers stand ein runder Tisch, auf dem die große Familienbibel und einige grob eingebundene Bücher lagen. Warneck teilte nun den Seinen mit, daß er in der folgenden Nacht nach Brüssel abzureisen gedenke.

„Wie? – nach Brüssel? – in dieser gefährlichen Zeit?“ fragte Frau Martha betroffen und sah ihn erstaunt an.

„Ja, es tut mir leid, euch dies sagen zu müssen. Es gilt dort eine kritische Angelegenheit zu ordnen, und die Reise ist unaufschiebbar. Ich möchte mich nach der kleinen Else umsehen, dem Kind meines verstorbenen Bruders Moritz. Ich habe schlechte Nachrichten über sie bekommen.“

Er teilte dann nähere Einzelheiten seines Planes mit und ließ Frau und Tochter auch wissen, wie er den alten D'Anvila, den er in früheren Tagen recht gut gekannt, als zukünftigen Ehegemahl von Else einschätzte. Zuletzt wies er darauf hin, daß D'Anvila schon mehrere Frauen gehabt habe, die sämtlich eines unnatürlichen Todes gestorben seien.

„Du siehst also, Martha, daß ich unbedingt aufbrechen muß. Und wenn es mir durch Gottes Hilfe gelingen sollte, das Kind zu befreien und mit nach hier zu bringen, dann bin ich gewiß, daß du es wie dein zweites Töchterlein unter deine 'Flügel' nehmen und es in der Zucht und Ermahnung des Herrn erziehen wirst."

Der Gedanke an die Gefahr, der er ohne Zweifel entgegenging, dämpfte zunächst das Mitgefühl, das Frau Martha für die junge Waise empfand. Ähnlich erging es auch Käthe. Sie hatte aufmerksam zugehört, was der Vater ihnen da eröffnete, und hatte geschwiegen. Doch nun vermochte sie nicht mehr an sich zu halten und rief:

„O Vater, es wird sicher wunderschön, wenn du Else aus den Händen der bösen Menschen befreist und hier zu uns bringst! Dann kann ich mit ihr zusammen in meinem Gärtchen arbeiten und die Enten und Hühner und Tauben füttern! Dann bin ich auch nicht immer so viel allein, und Else kann sicher auch viel besser der Mutter helfen bei ihrer vielen Arbeit, ich bin ja manchmal so müde... O, es wird schön, wenn Else zu uns kommt! Ich will sie liebhaben wie eine Schwester. Aber – ", unterbrach sie dann ängstlich ihre Rede – „wenn ich daran denke, daß du dich in Gefahr begibst, gar dein Leben..." Sie brach erschrocken ab, den Vater voller Angst anschauend.

„Nun, mein Kind", erwiderte darauf Herr von Warneck, „in Kriegszeiten ist man oft in besonderen Gefahren, aber es ist nutzlos, sich ihre Schrecken im voraus auszumalen und das Herz mit Sorgen zu beschweren. Setzen wir bei unserem Tun unser Vertrauen auf Ihn, der uns zuruft: 'Sorget um nichts, sondern lasset eure Bitten mit Gebet und Flehen und Danksagung vor Gott kundwerden.' Das ist die Weise, in der wir in unseren Tagen zu handeln haben. Wir sollten nicht vergessen, daß wir in den Händen dessen sind, der Seines eigenen Sohnes nicht geschont, sondern Ihn für uns hingegeben hat, und der sicher mit Ihm uns alles schenkt. Mein Leben ist in Seiner Hand; und ohne Seinen Willen fällt kein Sperling vom Dach. Im Vertrauen auf Ihn laßt es uns wagen ..." Fest nahm er seine Frau in die Arme. Es war dann noch manches zu besprechen. Nachher begab sich der Hausherr ins Gesindehaus, um den Knechten für die Tage seiner Abwesenheit die nötigen Anweisungen zu erteilen. Mit Anbruch der Nacht trat er dann seine Reise an. Mit klopfendem Herzen schauten ihm die Seinen nach, bis er im Dunkel der Nacht verschwand. –

Nur mit äußerster Vorsicht gelang es Otto von Warneck, der Aufmerksamkeit der Grenzwächter zu entgehen, die auf der spanischen Seite der Maas postiert waren; und nach drei Tagen erreichte er Brüssel. In der Stadt angekommen, wurde ihm erneut deutlich bewußt, auf welch gefährliches Abenteuer er sich eingelassen hatte.

Bald fand er heraus, daß Else sich im Kloster der 'Heiligen Lucie' befand, in einer von Nonnen geführten Schule, in welche die höheren Stände von Brüssel ihre Töchter zur Ausbildung schickten. Warneck überlegte eine ganze Weile, wie er sein Ziel erreichen könnte. Gut, daß er fließend spanisch sprechen konnte! In früheren Jahren bereits hatte er die spanische Sprache mit großer Geläufigkeit zu sprechen und zu schreiben gelernt; und obwohl seitdem längere Zeit vergangen war, glitten die südländischen Worte noch immer so fließend über seine Lippen wie einem gebürtigen Spanier. Seine Tätigkeit in der Kanzlei des Prinzen von Oranien trug sicher dazu bei, daß er darin in Übung blieb.

Mit allem Freimut gedachte er sich nun als Onkel des Kindes vorzustellen und darum zu bitten, ihm zu gestatten, einmal mit seiner Nichte die Stadt zu besehen und ein wenig näher mit dem Kind bekannt zu werden. Diesem Wunsch konnte doch eigentlich nichts entgegenstehen, denn Else war ja noch ein Kind und hatte noch kein Gelübde abgelegt, das ihr das Verlassen der Klostermauern verbieten würde ...

Als er an die Klosterpforte pochte, wurde ihm ohne Verzug geöffnet. Dies ließ ihn sogleich vermuten, daß die Ordensregeln hier nicht besonders streng gehandhabt wurden. Dann sah er sich in ein geschmackvoll eingerichtetes Empfangszimmer geführt, in welchem ihn nur ein zierlicher, hinter einem rotsamtenen Vorhang halb verborgener Betschemel daran erinnerte, daß er sich in einem Kloster befand. Kurz darauf trat mit gemessenen Schritten die Oberin ins Zimmer, eine reich gekleidete Dame, deren Gewand nur noch von fern an die vorgeschriebene Klosterkleidung erinnerte. Aufmerksam musterte sie den Besucher und fragte höflich nach seinem Begehr. In fließendem Spanisch trug dieser seinen Wunsch vor, seine Nichte, die junge Senorita von Warneck, zu sehen. Einen Augenblick lang zögerte die Nonne und schien zu überlegen. Doch dann nickte sie kurz, und gleich darauf stand Else von Warneck vor dem Besucher. Sie hatte tiefschwarze, kluge Augen und bräunliche Haut, die auf den ersten Blick die spanische Abkunft verriet.

Gekleidet wie eine Nonne, sah sie älter aus, als sie war; vor allem das weiße Häubchen, das sie trug, stand ihr durchaus nicht zu Gesicht. Ihre schmalen Wangen zeugten von mangelndem Aufenthalt in Sonne und frischer Luft.

„Der Herr ist dein Onkel, Kind", erklärte die Oberin, im guten Glauben, es handle sich um den Senor de Palmeda; und das Mädchen erhob ihre Augen auf zu dem Fremden, senkte sie aber ebenso schnell wieder schüchtern zu Boden.

„Du wußtest wohl gar nicht, daß du noch einen Onkel hast, Else?" sprach Warneck das Kind freundlich an.

„Mama hat mir erzählt, Onkel Fadrique sei getötet worden."

Warneck erkannte sofort, daß sie von einem anderen Onkel redete, einem Bruder ihrer Mutter. Er fürchtete, bei einem weiteren Gespräch über verwandtschaftliche Beziehungen seinen Plan in Gefahr zu bringen, ging deshalb nicht weiter auf die Worte des Kindes ein, reichte ihm vielmehr freundlich die Hand und sprach:

„Mein liebes Nichtchen, liebe Else, wie lange habe ich nach dir ausgeschaut, nach dir gesucht, bis ich dich heute endlich fand! Es ist mein größter Wunsch, dich einmal von hier zu entführen, um dich ganz für mich zu haben, dir die Stadt zu zeigen und mit dir zu plaudern. Unsere verehrte Frau Oberin wird sicher ihre Zustimmung geben..."

Das war nun zunächst durchaus nicht nach den Gedanken der Frau Oberin. Unwillig schüttelte sie den Kopf. Doch da zog der Besucher einen wertvollen Diamantring vom Finger und überreichte das Schmuckstück der Nonne mit den Worten:

„Erlaubt mir, ehrwürdige Mutter, diesen Schmuck als ein Zeichen meiner Dankbarkeit für die meiner kleinen Nichte erwiesene Liebe bei Ihnen zurückzulassen. Wenn die Regeln Ihres Hauses es Ihnen nicht gestatten, den Ring zu eigenem Gebrauch zu verwenden, so wird der Etat Ihres Hauses durch seinen Wert gewiß nicht unwesentlich verbessert..."

Die Miene der Oberin hellte sich auf, noch ehe Warneck den Satz zu Ende gesprochen hatte. Der goldene Schlüssel hatte das Herz der frommen Dame erschlossen. Noch einmal zögerte sie, doch dann gab sie das Versprechen, daß Senorita von Warneck am folgenden Morgen für ein paar Stunden zur Begleitung ihres Onkels bereit sein werde; und Else, im Kloster erzogen, war über die Aussicht, einen Tag im Freien, außerhalb des Klosterbereichs zubringen zu dürfen, so sehr überrascht, daß sie mit einer Mischung von Furcht und Hoffnung dem kommenden Tag entgegensah. Obwohl sie von ihren Mitschülerinnen oft gehört hatte, daß, sobald man den sicheren Hafen des Klosters verlasse, man in den Strudel der gottlosen Welt gerate, so freute sie sich doch auf den nächsten Morgen. –

Zufrieden über den Erfolg seiner Bemühungen, wenn auch nicht ganz zufrieden über die Mittel, deren er sich bedient hatte, kehrte Warneck in sein Quartier zurück, um für den folgenden Tag die nötigen Vorbereitungen zu treffen.

Am nächsten Morgen ging er zur festgesetzten Stunde erneut zum Kloster, wo eine ältere Nonne mit Else an der Pforte stand und bereits auf ihn wartete. Er begrüßte beide höflich, nahm Else bei der Hand und führte sie durch eine Anzahl Straßen und Gäßchen, zeigte und erklärte ihr vielerlei und verschaffte sich zugleich selbst einen Überblick über die wichtigsten Straßen und Gebäude der Stadt. Else war bald müde; das lange Laufen war sie nicht gewohnt. Sie sprach schon davon, wieder zurückzukehren ins Kloster zu Mutter Ursula, als sie Warnecks Herberge erreichten. Else schaute ihren Onkel erstaunt an und zögerte, als dieser in das fremde Haus eintreten wollte, ließ sich aber freundlich überreden und ging mit ihm. Im kleinen Gaststübchen angekommen, sah sie den Onkel erneut ängstlich an, als erwarte sie eine Erklärung.

„Mein liebes Kind" , begann dieser daraufhin, „ich habe dich um deiner eigenen Zukunft willen täuschen müssen. Ich bin tatsächlich dein Onkel – allerdings nicht dein Onkel Fadrique, wie du denkst; denn der ist wirklich schon lange tot. Ich bin dein Onkel Otto, Otto von Warneck, deines Vaters Bruder."

„Der ist ja ein Ketzer!" rief das Kind aufs höchste erschrocken.

„Darüber wollen wir jetzt nicht sprechen", entgegnete der Onkel sanft. „Ich bitte dich nun ganz herzlich, hab keine Angst, weine nicht und mach auch keinen Lärm. Und schau mir einmal ins Gesicht, mein Kind – glaubst du wirklich, ich möchte dein Unglück? O, Else, wir haben dich sehr gern, wir alle, Tante Martha, die kleine Käthe und auch unser Adrian. Glaubst du wirklich, ich hätte irgend etwas Böses mit dir im Sinn?"

Das Mädchen hielt seine Tränen zurück, blickte in die offenen gütigen Augen des Onkels und schüttelte nach einigem Zögern den Kopf: „Nein, Onkel."

„Und du wirst dich nicht getäuscht haben", fuhr dieser fort. „Ich möchte dich nach Holland bringen, zu deiner Tante und zu deiner Kusine, die sich sehr auf dein Kommen freuen und dir sehr zugetan sein werden. Du mußt unbedingt so schnell wie möglich von hier fort, denn es gibt gewisse Menschen, die sehr böse Absichten haben mit dir."

„O, Mutter Ursula wird mich schützen, laß mich bitte zu ihr zurückkehren", bat das Kind, und erneut kamen ihm die Tränen. „Gerade das würde der Weg zu deinem Unglück sein", versicherte der Onkel. „Höre, was man mit dir vorhat. Du sollst demnächst in ein spanisches Kloster gebracht werden, unter völlig fremde Menschen; und dann will man dich zwingen, einen gottlosen Mann zu heiraten, der es lediglich auf dein Erbe, dein Vermögen, deine Güter abgesehen hat. Ich habe es mit eigenen Augen in einem Brief des Königs von Spanien gelesen."

„Nein, das glaube ich nicht, das ist nicht wahr!" antwortete Else aufgeregt. „Das kann nicht sein, du willst mir nur Angst machen! Du hast mich und Mutter Ursula bereits hintergangen, wie kann ich dir glauben! – Laß mich zurück zu Mutter Ursula!"

Und schon wollte sie zur Tür, doch Warneck, zutiefst betroffen über den Vorwurf seiner Nichte, hielt sie am Arm zurück und bat noch einmal sehr herzlich: „Else, mein Kind, hab keine Angst vor mir und höre auf meine Warnung, laß dich retten! Denk auch an mich, auch ich bin in größter Gefahr, entdeckt zu werden. Wenn man erfährt, daß ich hier in der Stadt bin, wird man alles aufbieten, mich zu finden und an den Galgen zu hängen. Ich habe mein Leben für das deine gewagt, und nun ist es in deiner Hand, was mit uns beiden weiter geschieht!"

Ernst, ja traurig klang Warnecks Stimme. Und noch einmal warnte er:

„Ja, es liegt in deiner Hand. Ich will dich nicht wider deinen eigenen Willen mitnehmen, und ich überlasse es dir, mich zu verraten – kannst du eine solche

Schuld auf dich nehmen? Denk an meine Familie, an Tante Martha und Käthe..."

Else starrte ihn an. Sollte sie seinen Worten glauben? Konnte sie ihm vertrauen? Oder wurde sie wieder getäuscht?

Fast beschwörend bat er noch einmal: „O, Else, Kind, glaube mir, laß dich doch warnen! Komm mit nach Holland! Laß uns zur 'Deichfarm' fliehen, zu Tante und Kusine, sie warten auf dich, sie freuen sich auf dein Kommen, sie sehnen sich nach dir! Dort bist du in Sicherheit, dort hat der König von Spanien keine Macht!"

„Mutter Ursula wird auf mich warten..."

„Ich werde ihr ein paar Zeilen schreiben."

„Sie kann sehr böse werden, wenn man nicht folgt – und sie hat doch auch immer so gut für mich gesorgt. Und ich habe auch nicht mein Sonntagsmieder an, und ich habe auch mein goldenes Knöpfchen vom Rosenkranz vergessen mitzunehmen, und ich habe auch mein silbernes Reliquienkästchen nicht dabei mit dem Haar der heiligen Elisabeth, und sicher ist sie über meine Nachlässigkeit sehr ungehalten."

„Wer? - Mutter Ursula?" fragte der Onkel.

„Nein, die Heilige. – O bitte, laß mich zuerst das Kästchen holen!"

„Unmöglich, Kind. Gehst du nach dort zurück, ist's um mich geschehen. Wir müssen so bald wie möglich hier fort. Wir essen jetzt schnell etwas und besteigen dann sofort die Pferde, die schon bereitstehen. Noch einmal bitte ich dich, Else, hab Vertrauen zu mir. Verhalte dich ruhig und folge meinen Anweisungen. Entdeckt man mich hier in der Stadt, gerätst auch du in die Hände roher Söldner – die nicht die Gewohnheit haben, mit jungen Mädchen säuberlich umzugehen ...“

Das wirkte. Vor Söldnern hatte Else eine panische Angst. Grausige Geschichten von der Barbarei spanischer Soldaten waren selbst bis ins Innerste der Klosterschule gedrungen. Der Gedanke an diese Untaten ließ Else heftig erschrecken. Sie widersetzte sich nicht mehr.

Nachdem beide ein wenig Speise zu sich genommen hatten, brachen sie auf. In einem kleinen Hinterhof in der Nähe der Herberge ließ Else sich folgsam auf den Rücken eines großen flämischen Pferdes heben, der Onkel bestieg ein zweites, und wenig später lag die Stadt hinter ihnen. Nicht vergeblich hatte Otto von Warneck diese Flucht sorgfältig vorbereitet.

Sie waren jedoch noch nicht sehr weit geritten, als Else zu klagen begann: „Onkel – ich kann nicht mehr! Mein Rücken – !“ Warneck hatte nicht bedacht, daß das Klosterkind solch scharfen Ritt nicht gewohnt war, deshalb hielt er kurz an, nahm das Kind vor sich in den Sattel seines eigenen Pferdes, und erneut trieb er sein Tier zu scharfem Galopp an. Als die Sonne unterging, war Else vor übergroßer Müdigkeit, den Kopf gegen das büffellederne Koller des Onkels lehnend, fest eingeschlafen. Warneck merkte, daß auch des Pferdes Kräfte nachließen, und er beschloß, eine kurze Rast einzulegen. Als sie dann erneut aufbrachen, war er voll Zuversicht, daß sie ans Ziel kommen würden. Gegen Mittag des folgenden Tages kamen sie ans Ufer der Maas. Der Fährmann musterte sie mißtrauisch, doch ein gutes Trinkgeld ließ ihn schnell zum Ruder greifen. Nach dem Übersetzen wagte Warneck noch immer nicht, den schnellen Lauf seines Pferdes zu zügeln, denn die Grenze, obwohl schon nahe, war noch nicht überschritten. Endlich erreichten sie ein befestigtes und verschanztes Städtchen, auf dessen Türmen das oranische Banner wehte. Sofort nach ihrer Ankunft trug Warneck das todmüde Kind in ein Gasthaus und sandte einen Boten nach der etwa sechs Stunden entfernt gelegenen 'Deichfarm', um seine baldige Heimkehr zu melden. – Am Abend des nächsten Tages zeigte sich in den sonst so stillen Räumen der 'Deichfarm' ungewöhnliche Betriebsamkeit. Die Flüchtlinge waren heil angekommen und mit Jubel empfangen worden.

Am folgenden Morgen war die Sonne schon längst aufgegangen, als Else noch immer fest schlief. Käthe saß an ihrem Bett und betrachtete ihre Kusine voll Neugier, wobei sie fast nicht zu atmen wagte, um die Schläferin nicht zu wecken. Die Musterung schien zu ihrer Zufriedenheit auszufallen, obwohl die ein wenig ins Bräunliche spielende Gesichtsfarbe befremdend wirkte. Als Else schließlich ihre schwarzen Augen öffnete, auffuhr und erschrocken um sich schaute, lachte Käthe unbekümmert und reichte Else die Hand. Doch Else kamen die Tränen. „Wo bin ich?" fragte sie ängstlich, „und wo ist Schwester Agathe – und Mutter Ursula?"

„Du bist nicht mehr im Kloster, Else, du bist doch jetzt auf der 'Deichfarm' – hier bei uns, bei Onkel und Tante und bei deinem Käthchen – freust du dich nicht?"

Sich darüber freuen ...? Nein, das konnte Else nicht. Ihre religiösen Gefühle hatten einen recht empfindlichen Stoß bekommen, war sie doch gewohnt, in ihrer kleinen Klosterzelle aufzuwachen, zuallererst ihren religiösen Pflichten zu genügen und nach Vorschrift vor dem Altar der heiligen Elisabeth ihren Rosenkranz zu beten. Zudem erinnerte sie sich erneut mit Schrekken, daß sie unter dem Dach eines Ketzers wohnte, bei Leuten, die keine Gottesfurcht kannten und der Kirche und dem rechten Glauben den Rücken gekehrt hatten. Und wie sie sich plötzlich aus dem Gespräch vom Abend vorher erinnerte, hatte dieser Oranier, den die Spanier als einen mit dem Teufel im Bunde stehenden Menschen betrachteten, in der nahen Stadt Delft seine persönliche Residenz aufgeschlagen!

Noch immer starrten sich die beiden Mädchen an. Käthe konnte sich nicht erklären, warum ihre Kusine so enttäuscht, so abweisend war. Sie faßte Elses Hand und sagte freundlich:

„Es tut mir leid, daß du so traurig bist. Sicher hast du Heimweh. Aber das wird sich legen. Wir können so viel Freude zusammen haben! Wir können spazierengehen, mit den Kätzchen spielen, im Garten bei den Blumen sein ... Du wirst schon noch sehen, wie schön es hier ist! Und du wirst bestimmt auch mich ein wenig liebhaben, auch wenn ich manchmal ein bißchen langsam bin, nicht gar so schnell laufen kann und nicht lang und emsig arbeiten ..."

„Bist du denn krank?"

„Nicht eigentlich krank, denke ich; aber manchmal spüre ich so Stiche in der Brust und in der Seite hier", und dabei deutete sie ein wenig verlegen auf die betreffende Stelle ihres schmalen Körpers. „Aber darüber sollst du nicht sprechen, ich tu das sonst auch nicht, denn Vater und Mutter machen sich dann immer gleich wieder Sorgen. Der Arzt, der mich untersuchte, machte ein recht bedenkliches Gesicht. Und Adrian sagte neulich auch, ich sehe jetzt immer so blaß aus."

„Wer ist Adrian?"

„Er ist der Sohn der verstorbenen Schwester meiner Mutter", erklärte Käthe. „Mein Vater hat, noch ehe ich geboren wurde, Adrian als Sohn hier aufgenommen. Mein Vater hätte es gern gesehen, wenn Adrian Interesse gehabt hätte an der Landwirtschaft; aber ihm ist mehr gelegen an Büchern und am Studieren, und deshalb hat Vater ihn auf die neue Schule geschickt nach Leyden. Dort studiert er fleißig; aber in den Ferien ist er hier, dann hilft er auch hier mit in Hof und Feld. Ich freue mich, daß er uns bald wieder besuchen kommt, und bestimmt magst auch du ihn bald. Er ist immer fröhlich, und am schönsten ist es, wenn er mit mir redet und lacht und allerlei aus der Stadt erzählt. Dann vergesse ich ganz, daß ich nicht richtig gesund bin."

„Arme Käthe! Ich wollte, du wärest wieder völlig gesund und hättest keine Schmerzen mehr", sagte Else teilnahmsvoll.

„Ja, das habe ich mir auch oft gewünscht, aber, weißt du, eigentlich unglücklich fühle ich mich trotzdem nicht, denn ich habe einen treuen Freund, der mich immer wieder tröstet und erquickt und der nie mehr von mir fortgeht, ja, der mich bald von allen Leiden befreien wird."

„Einen Freund hast du – der stets bei dir ist?" fragte Else überrascht. „Ich sehe ihn ja gar nicht, wo ist er denn?"

„Auch ich sehe ihn nicht mit meinen Augen", erklärte Käthe. „Denn er ist im Himmel. Aber wenn ich bete oder in der Bibel lese, dann sagt mir mein Herz, daß er mir nahe ist und mit mir redet. Du weißt doch sicher auch, daß er – der Herr Jesus – einst auf dieser Erde war und dann am Kreuz für uns starb, um uns die Pforte des Himmels zu öffnen. Wenn ich daran denke, dann freue ich mich darauf, Ihn zu sehen, der mich so geliebt hat. Er ist und bleibt mein bester Freund, und Er wird mich auch bald zu sich nehmen in den Himmel."

„Wieviel Ave-Marias und Paternosters betest du jeden Tag?" wollte Else wissen.

Doch bevor Käthe antworten konnte, öffnete sich die Tür, und Frau Martha trat ins Zimmer, auf dem Arm etliche Kleider, um die kleine Nonne in ein Landmädchen zu verwandeln. Hatte schon das kurze Gespräch mit ihrer Kusine Else ein wenig Zutrauen fassen lassen, so war es nun Tante Martha, die ihr half, ein wenig heimisch zu werden. Ihr mütterlicher Blick, ihr offensichtliches Wohlwollen und die freundlichen Worte beim Ankleiden taten der kleinen Fremden so gut, daß sie es sich gern gefallen ließ, daß Tante Martha sie einmal herzlich in die Arme nahm und drückte. Sicher hatte das Kind bei aller sorgfältigen Pflege bei den Nonnen im Kloster keine so innige Zuwendung erfahren wie hier in den Armen der Tante.

Bald war sie fertig angekleidet und sah neugierig an sich hinunter. Zwar war sie noch ein wenig matt von dem stundenlangen mühsamen Ritt tags zuvor, doch willigte sie sofort ein, als Käthe sie nach dem Frühstück aufforderte, mit ihr hinaus in den Garten und auf den Hof zu gehen. Alles war ihr neu. Anstatt in einem dumpfen Schulzimmer zu sitzen, sah sie sich jetzt im Freien, umgeben von Kühen und Pferden, gackernden Hühnern und schnatternden Gänsen, und eifrig fütterte auch sie die weißen Tauben, die ihr ohne Angst auf die Hände flogen. Wie wohl tat das junge, frische Grün der umliegenden Weiden! Sie atmete tief ein und freute sich an ihrer neuen Umgebung.

Wie schnell verging die Zeit! Schon nach wenigen Tagen fühlte Else sich auf der 'Deichfarm' so heimisch, als sei sie schon jahrelang hier gewesen. Kaum mehr dachte sie ans Kloster zurück. Nur wenn sie wegen eines Sturmes, der nachts an den Fensterläden riß, einmal nicht schlafen konnte, dann war es ihr, als höre sie die zurechtweisende Stimme der Mutter Ursula; und bitter bereute sie dann, ihr Reliquienkästchen mit dem Haar der heiligen Elisabeth im Kloster zurückgelassen zu haben. In solchen Stunden tauchten allerlei Schreckensbilder vor ihr auf. Zwar mußte sie sich gestehen, daß der Onkel, die Tante und auch die Kusine – obgleich sie Ketzer waren – viel Güte und Liebe an ihr erwiesen. Aber der Gedanke an den Prinzen von Oranien, der es wagte, die Madonna und die Heiligen zu lästern, machte sie schaudern. Vergeblich betete sie dann ihren Rosenkranz; vergeblich tat sie das Gelübde, ihrem Glauben treu zu bleiben und sich nicht verführen zu lassen – erst gegen Morgen verflüchtigte sich ihre Angst.

Eines Morgens sprach sie den Hausherrn an:

„Onkel, willst du mir erlauben, an Mutter Ursula einen kleinen Brief zu schreiben? Ich möchte sie gern wissen lassen, daß ich hier gesund und wohlbehalten angekommen bin."

„Gewiß, mein Kind", antwortete Onkel Otto freundlich. „Teile ihr alles mit, was du auf dem Herzen hast; ich werde den Brief durch den Postboten des Prinzen besorgen lassen."

Else kehrte in ihr Zimmer zurück. Es war ihr freilich keineswegs lieb, daß sie einem Bediensteten des Mannes, der unter dem Bann der Kirche stand, ihren Brief anvertrauen sollte; aber es gab in dieser unruhigen Kriegszeit für sie wohl keine andere Möglichkeit, ihre Post sicher befördern zu lassen. Sie begann zu schreiben:

„Ehrwürdige Mutter!

Ich mache hierdurch die Mitteilung, daß ich hier in der Nähe von Delft im Hause meines Onkels wohne. Er reiste wider meinen Willen mit mir von Brüssel ab. Dagegen konnte ich nichts tun. Onkel und Tante sind sehr freundlich und gütig zu mir; und Kusine Käthe ist meine beste Freundin. Leider sind sie alle Ketzer; und nirgends finde ich im Hause ein Kruzifix oder ein Bild der heiligen Jungfrau. Käthe liest mir zuweilen einige Stellen aus einem großen Buch vor, sie versichert, daß es Gottes Wort sei; und was sie liest, das klingt oft so wunderschön, daß ich ganz gerührt werde darüber. Aber ich werde meinem Glauben treu bleiben, das habe ich der heiligen Jungfrau und der heiligen Elisabeth feierlich gelobt. Hätte ich doch mein silbernes Reliquienkästchen hier! Hoffentlich wird Schwester Agathe es mir sorgfältig aufbewahren. Ach! oft denke ich an Euch alle und bete jeden Tag ein Ave-Maria und ein Paternoster, wenn die andern es nicht sehen. Lebt wohl und seid gegrüßt von Eurer

Else."

Sie gab den Brief ihrem Onkel, um das Schreiben in einen Umschlag zu stecken, es zu adressieren, zu versiegeln und zu seiner Post zu geben. Er warf in ihrem Beisein einen kurzen Blick auf ihre Zeilen, und es entging ihr nicht, daß sich ein tiefer Ernst auf sein Gesicht legte. Doch erst als Else das Zimmer verlassen hatte, wandte Warneck sich an seine Gattin:

„Ich glaube, es ist unsere Pflicht vor Gott und es ist

auch an der Zeit, daß wir das Kind in den Wahrheiten des Evangeliums unterweisen lassen. Vielleicht sprechen wir einmal mit Prediger Brandt; er wird die Mühe nicht scheuen, dieserhalb täglich einmal zu uns auf die 'Deichfarm' zu kommen."

„Ich denke, daß auch die Freundschaft unserer Mädchen zum Nutzen ist. Käthe ist ein bißchen aufgelebt, munterer geworden, sie wird öfter durch ihre neue Freundin von ihrem vielen Grübeln abgelenkt und kann ihrerseits Else einen guten Dienst tun, indem sie das Kind mit dem Evangelium bekannt macht und von ihrem Heiland erzählt und Seiner Liebe. Welch ein Mangel, in einem christlichen Land aufzuwachsen, ohne vom Herrn Jesus zu hören, von Seiner wunderbaren Person und Seinem herrlichen Werk auf Golgatha! Vielleicht soll Käthe Else ein Wegweiser sein, und Gott – läßt uns unser Kind..."

Herr von Warneck sah seine Gattin nachdenklich an. Auch ihm war es schon mehrmals in den Sinn gekommen, daß sich durch die Anwesenheit des fremden Mädchens bei Käthe eine Wendung zu Gutem zeigen könnte. Doch dann glaubte er warnen zu müssen:

„Vielleicht klammern wir uns wie Ertrinkende an einen Strohhalm. Laß uns nicht vergessen, Martha, wen der Herr liebt, den züchtigt Er. Das gilt auch für uns. Und wir wollen uns beugen unter Seine mächtige Hand – Er ist unser Vater; und ein Vater meint es immer gut mit seinen Kindern. Mag sein, daß Gott sich unsere Käthe wirklich zu Seinem Werkzeug ausersehen hat, Else hinzuführen zu den Füßen des Heilandes; doch meine ich, daß es gut ist, wenn sie eine regelmäßige Unterweisung empfängt durch einen bewährten Diener des Wortes Gottes. Noch heute Nachmittag spreche ich mit Herrn Brandt." Dann verabschiedete Warneck sich von seiner Gattin und begab sich auf den Weg in die Stadt zum Prinzen.

Am Nachmittag kehrte er zurück, und er brachte Prediger Brandt mit. Nach allseitiger Begrüßung wurde Else herbeigerufen, und sie trat schüchtern vor den fremden Mann hin. Sie fürchtete sich ein wenig, denn Käthe hatte ihr mittags schon von Herrn Brandt erzählt. Als sie jetzt merkte, daß der Besuch des Predigers ihr galt, wich ihre Schüchternheit, und trotzig warf sie den Kopf zurück. Der Gedanke, man wolle eine Ketzerin aus ihr machen, ließ ihr Gesicht erröten, und sie verfiel in starres Schweigen. Allerdings murmelte sie mehrmals ein deutliches ‚Ave-Maria'. Alle Bemühungen des fremden Mannes, sie zum Reden zu bringen, blieben erfolglos. Auch die Worte des Onkels und der Tante vermochten nichts auszurichten; sie schwieg und schaute trotzig zu Boden. Da verlor Warneck die Geduld. Er gebot ihr, in ihre Kammer zu gehen und dort so lange zu bleiben, bis sie bereit sei, sich wegen ihres unhöflichen Verhaltens zu entschuldigen.

Mit hocherhobenem Kopf ging Else aus der Stube. In ihrer Kammer setzte sie sich ans Fenster – sehr zufrieden, standhaft geblieben zu sein und den Ketzern kein Gehör geschenkt zu haben. „Nun werden sie mich in Ruhe lassen mit ihrem Überreden", sagte sie halblaut vor sich hin. „Mutter Ursula hätte große Freude an mir und würde mir mein Davonlaufen sicher gern verzeihen. Gewiß hat die heilige Jungfrau mich bewahrt, daß ich standhaft blieb – gerade in den Augenblicken, wo Tante Martha so freundlich mit mir redete und Käthe mich so traurig ansah. Nun, auf keinen Fall möchte ich eine Ketzerin werden, nein – nein – nie!"

Aber je länger sie über die Ereignisse der letzten Tage nachdachte, desto unsicherer wurde sie. Zwar fühlte sie sich verfolgt, wie eine Gefangene gehalten – man wollte sie wohl zwingen, ihrem Glauben abzuschwören und eine Ketzerin zu werden. Doch deutlich empfand sie, daß sie sich durch ihr trotziges Schweigen gegenüber der Liebe, die ihr die Bewohner der 'Deichfarm' entgegenbrachten, als sehr undankbar erwies. Wie unfreundlich hatte sie sich der liebenswerten kleinen Kusine gegenüber verhalten!

Sie schaute zum Fenster hinaus. Die scheidende Sonne ergoß ihre goldene Fülle über das frische Grün der Weiden. Schon wurde das Vieh heimgetrieben, um gemolken zu werden. Überall herrschte Ruhe und Frieden. Heftig sehnte sich Else plötzlich nach Luft und Sonnenschein und vor allem nach der Gesellschaft ihrer liebenswerten Kusine! –

Noch eine ganze Weile saß sie am Fenster. Da hörte sie die Huftritte eines Pferdes. Im nächsten Augenblick sprengte ein Reiter auf das Haus zu, begleitet von einem prächtigen Hund, der sich offensichtlich über den Ausritt seines Herrn freute. Else spähte neugierig in den Hof hinab. Jetzt glitt der Fremde aus dem Sattel und klopfte mit dem Stiel seiner Reitpeitsche an die Haustür. Da rief unten in der Wohnstube jemand froh:

„Papa – der Prinz! – der Prinz!“

Käthe hatte den Besucher also auch schon gesehen.

Sollte es wirklich Prinz Wilhelm von Oranien sein? Der Mann, den sie jetzt in allernächster Nähe sah – dieser Oranier? So weit sie zurückzudenken vermochte, war ihr dieser Mann als größter Feind ihres Glaubens, ihrer Heimat, ihrer Landsleute geschildert worden, als schlimmster Ketzer . . . Else war ganz aufgeregt. Sie wandte sich unwillkürlich vom Fenster weg, doch die Neugierde ließ sie erneut nach draußen blikken. Nun musterte sie ihn von oben bis unten. Nein, etwas besonders Auffälliges, gar etwas Erschreckendes war nicht auszumachen. Er sah aus wie viele andere Männer aus höherem Stand auch. In diesem Augenblick trat Onkel Otto aus der Haustür, und schon sprach ihn der Besucher an:

„Ich will nicht verweilen hier, ich bin nur hergekommen, um Euch diese vor wenigen Minuten eingetroffenen Briefe zu übergeben und Euch um schnelle Bearbeitung zu ersuchen." Damit übergab er dem Hausherrn mehrere Schreiben und wollte wieder sein Pferd besteigen, als er sich noch einmal umwandte:

„Übrigens, wo ist denn die junge Dame, wegen der Ihr um Urlaub batet und Euch in Gefahr begabt?"

„Um Exzellenz die Wahrheit zu sagen – sie ist im Augenblick unfreiwillig auf ihrem Zimmer, sie ist – in Ungnade gefallen bei mir", antwortete Warneck und erklärte ein wenig schmunzelnd: „Sie hat ein hartes Köpfchen, und sie weigert sich, unserem lieben Brandt auch nur ein einziges Wörtchen zu antworten, ist keiner Unterweisung zugänglich – ich habe sie schließlich in ihr Zimmer geschickt, und da soll sie bleiben, bis ich sie rufe! "

„Aber, mein Lieber, ist das die rechte Weise, jemanden für das Evangelium zu gewinnen? Bedenkt, was die Kleine hinter sich hat. Ihr wollt doch wohl hier draußen auf der friedlichen 'Deichfarm' keine häuslich-private Inquisition einführen? Das", und dabei schüttelte der Oranier nun nicht ganz so ernst den Kopf, „ist nicht nach meinen Grundsätzen – und sicher auch nicht im Sinn wahren Christentums. Ich schlage vor, dem kleinen Fräulein wieder die Freiheit zu schenken."

„Ich glaube mich mit den christlichen Grundsätzen Ew. Exzellenz in völliger Übereinstimmung zu befinden und würde um keinen Preis Zwangsmaßregeln anwenden, um jemanden zur Annahme unseres Glaubensbekenntnisses zu bewegen", erwiderte von Warneck. „Ich habe diese Strafe nur gewählt, um ein wenig dem ausgeprägten Eigenwillen des Mädchens zu begegnen, war doch schon sein Vater das Opfer seines Eigensinns geworden. Doch werde ich den mir gegebenen Rat befolgen."

Der Prinz reichte seinem treuen Diener lachend die Hand und sagte:

„Es sei so. Ich halte dafür, daß man keinen Menschen durch Strenge und Gewalt zur Annahme des evangelischen Glaubens zwingen kann, obgleich ich weiß, daß viele unserer Freunde mich dieser Meinung wegen für halbherzig und unentschieden halten. Aber jetzt ist es für mich Zeit, weiterzueilen. Lebt wohl, bester Freund!"

Mit diesen Worten wandte er das Pferd und galoppierte davon. Else sah ihm nach, bis er hinter einem Erdwall ihren Blicken entschwand. Lange starrte sie über die grünen Wiesen hin, wie in einen Traum versunken. Ihr Herz klopfte heftig. Feierlich hallten die Worte des Prinzen in ihr nach. Hatte sie soeben noch gefürchtet, dieser als ein Despot verschrieene Mann werde sie aus den Händen ihres Onkels fordern und in einen Kerker werfen, so sah sie sich jetzt, nachdem er für ihre Befreiung ein gütiges Wort eingelegt hatte, in einer Weise getäuscht, die allen Verstand überstieg. War das alles Blendwerk? Vielleicht. Oder hatten Mutter Ursula und die anderen Nonnen ihr nicht die Wahrheit gesagt? War das möglich? Ein Gewirr von Gedanken ließ sie den Kopf schütteln. Da ward die Tür hastig geöffnet, und Käthe, Freudentränen in den Augen, stürzte ins Zimmer, umarmte die kleine Kusine und rief:

„Arme Else! Wie traurig bin ich um dich gewesen! Auch Papa und Mama waren sehr betrübt. Aber jetzt darfst du wieder hier herauskommen; denn weißt du – der gute Prinz hat Fürbitte für dich eingelegt. Ach, du hättest ihn sehen sollen! Wie freundlich klingen stets seine Worte! Wo Not ist, da streckt er immer seinen Arm aus, um zu helfen. Ich mag ihn sehr, sehr, und oft bete ich für ihn; er ist manchmal in großer Gefahr... Aber nun komm zum Abendessen; Papa und Mama warten auf uns. Schade, daß der Prinz nicht bleiben konnte; dann hättest du ihn gesehen und ihn bestimmt sogleich sympatisch gefunden – wie jeder, der ihn kennenlernt."

„Ich habe ihn gesehen und auch seine Worte gehört", sagte Else leise. „Von meinem Glauben werde ich nimmer abfallen; aber ich sehe ein, daß ich nicht trotzig hätte sein sollen. Onkel hatte recht, mir zu zürnen. Ob er mir verzeiht, wenn ich ihn darum bitte?"

Käthe drückte sie fest an sich, gab ihr einen Kuß und versicherte:

„O, er wird dir alles vergeben und vergessen; du ahnst nicht, wie sehr dich Papa und Mama lieb haben. Aber weißt du, wenn man irgendein Unrecht getan hat und gern wieder glücklich sein möchte, dann muß man es auch Gott bekennen, unserem guten Vater im Himmel; und ich bin gewiß, daß du das tust und dann wieder froh und glücklich wirst."

„Ich bete zur heiligen Jungfrau; sie wird bei ihrem Sohn Fürbitte für mich einlegen", entgegnete Else ein wenig zurückhaltend.

Ein Schatten flog über Käthes Gesicht; aber da man

das Kämmerlein verlassen hatte und ins Familienzimmer eintrat, gab es keine Zeit mehr zu einer Antwort. –

Der zweite Sonntag war angebrochen, seit Else in der 'Deichfarm' ihr neues Heim gefunden hatte. Den ersten hatte sie, ermüdet von der Reise, im Bett zugebracht und hatte daher keine Vorstellung davon, in welcher Weise in dem protestantischen Holland dieser Tag gefeiert wurde. Aber der Morgen dieses zweiten Sonntags dämmerte klar und warm in der Frische des Lenzes; die in dünne Nebel gehüllten Weiden schienen ihr Festgewand angelegt zu haben und den Bachufern entlang durch niedriges Buschwerk wie mit einem dunklen Rahmen eingefaßt zu sein. Überall hörte man helles Vogelzwitschern. Käthe war schon aufgestanden, noch bevor Else die Augen geöffnet hatte. Sie stand am offenen Fenster und schaute ins Freie. Auf ihrem zarten Gesicht lag der Ausdruck eines stillen Friedens. Doch schaute sie auch in froher Erwartung auf eine bestimmte Stelle dort draußen, und sie lauschte auf ein bestimmtes Geräusch, als warte sie auf etwas Frohes. Plötzlich reckte sie sich ein wenig, schaute noch einmal aufmerksam hinaus und sagte dann halblaut wie zu sich selbst:

„Da ist er. Ich wußte, daß er heute kommt, wo er doch am vorigen Sonntag ausblieb!“

„Wer kommt?“ fragte Else, indem sie sich in ihrem Bett aufrichtete und die Augen rieb.

„Adrian, mein Bruder – oder vielmehr mein Vetter“, antwortete Käthe und lief zur Tür, ihn zu begrüßen.

Auch Else schlüpfte nun aus dem Bett, kleidete sich an – ein neues Sonntagskleid, das ihr einige Mühe bereitete, weil sie an solche Kleidung nicht gewöhnt war. Als sie damit fertig war und auch ihr Haar gekämmt hatte, warf sie einen Blick nach draußen und sah den jungen Mann, der sich soeben aus dem Sattel geschwungen, unter fröhlichem Geplauder mit Käthe Arm in Arm den kleinen Garten durchschreiten. Auch sie verließ jetzt das Zimmer, um die Frische des Morgens zu genießen, blieb aber schüchtern in der Haustür stehen, bis Käthe und ihr Vetter auf sie zukamen.

„Sieh, Adrian, hier ist meine Kusine Else, von welcher ich dir soeben erzählt habe“, sagte sie zu Adrian gewandt.

Das Mädchen hob schüchtern die Augen und errötete tief, als es bemerkte, wie der junge Mann sie mit einem prüfenden Blick betrachtete und dann lachend sagte:

„Ich hoffe nicht, daß sie eine Spanierin aus dir macht, Käthe.“

„Sie ist keine Spanierin“, entgegnete Käthe. „Sie heißt Else von Warneck; und wenn das kein holländischer Name ist, dann kenne ich keinen.“

Else, die nur gewohnt war, mit Frauen oder Mädchen umzugehen, fühlte sich höchst unbehaglich in der Gesellschaft des jugendlichen Fremden. Dieser sah ihre Verlegenheit und sagte höflich:

„Ich bitte um Verzeihung, kleines Fräulein. Ich wollte dir durch meinen Scherz nicht weh tun. Überdies wußte ich schon, daß du keine Spanierin bist.“

„Meine Mutter war eine Spanierin; ich schäme mich dessen nicht“, erwiderte Else mit einem Anflug von Stolz.

Adrian fühlte wohl, daß er in ihrer Lage ebenso denken würde; aber er war Student der neuen Universität in Leyden; und es zeigte sich vornehmlich in dieser Stadt der Widerwille, ja Haß der Holländer gegen die Spanier in besonderem Maße. Zu lebhaft erinnerten sich die Bewohner der Schrecken der Belagerung vor zwei Jahren; und Adrian war nicht sehr glücklich gewesen, als man ihm mitteilte, eine spanische Papistin sei in der Familie seines Onkels freundlich aufgenommen worden. Freilich mußte er sich in diesem Augenblick gestehen, daß das sanfte Wesen der kleinen Else ihn nicht bestärken konnte in seinem Vorurteil gegen alles Spanische.

Die Stimme des Onkels aus dem Wohnzimmerfenster rief die jungen Leute zum Frühstück; und in seiner herzlichen Begrüßung des Neffen erkannte man das vertrauliche Verhältnis, das zwischen beiden bestand. Sie verstanden sich gut in politischen wie auch religiösen Dingen. Es war daher kein Wunder, daß auch während des Frühstücks die Tagesereignisse den Hauptgegenstand der Unterhaltung bildeten.

„Wie siehst du die augenblickliche Situation, wie stehen die Aussichten für uns, Onkel?" fragte Adrian nach einer kleinen Pause.

„Nicht mehr ganz so hoffnungslos wie vor einigen Wochen", meinte der Onkel. „Da hatte sogar der Prinz selbst den Mut verloren. Weißt du, was er im Februar zu tun beabsichtigte? Es ist jetzt kein Geheimnis mehr unter seinen Freunden..."

„Nun?"

„Er gedachte so viele Schiffe als nur eben möglich aufzutreiben, jede lebende Seele in Holland und Seeland an Bord zu nehmen und Proviant für eine lange Reise darin aufzuspeichern. Dann wollte er die Windmühlen in Brand stecken, die Schleusen öffnen, die Deiche durchbrechen und das Meer über das ganze Land fluten lassen, während wir unter seiner Führung unter Segel gehen und ein neues Land aufsuchen sollten, um dort, fern von den Spaniern und den Ketzergerichten, ein neues Vaterland zu gründen. Wie hättest du über ein solches Projekt gedacht, Adrian?"

In den Augen des Jünglings blitzte es auf:

„Ich wäre sofort dabei gewesen!" antwortete er, ohne zu zögern. „Denk doch, Onkel, ein neues Land, eine neue Heimat – vielleicht viel, viel freundlicheres Klima, Bodenschätze, reiche Städte und Dörfer – und Abenteuer zu Wasser und zu Land! Welch herrliches Leben – o, Onkel, warum hast du dem Prinzen nicht zugeredet, ihn überzeugt, bestätigt in seinen Plänen?"

„Deine Phantasie in Ehren, mein Sohn, aber du malst dir alles zu rosig aus. Es wäre ein sehr riskantes Abenteuer gewesen mit sehr zweifelhaftem Ausgang. Das war dem Prinzen bestimmt voll bewußt; und seit der Tod des Statthalters Requesens uns ein wenig zu Atem kommen läßt, wundere ich mich nicht, den Prinzen wieder voll Mut und Vertrauen zu sehen. Wenn nur England uns zur Hilfe käme – sowohl in seinem eigenen, als auch in unserem Interesse, so wäre sicher bald der Sieg auf unserer Seite."

„Ich halte es für besser, nicht auf fremde Hilfe zu rechnen. Wenn wir uns mit eigener Hand behaupten, dann brauchen wir später unseren Ruhm auch nicht mit anderen zu teilen."

„Der Prinz trachtet nicht nach Ehre und Ruhm", wandte der Onkel ein. „Er läßt sich durch höhere Beweggründe leiten und kümmert sich wenig um das Urteil der Welt – obwohl es eine wirkliche Schande wäre, wenn künftige Generationen ihn nicht als einen edlen, selbstlosen, kühnen Mann bezeichnen würden..."

Mit tiefer Rührung sprach der Herr von der 'Deichfarm' diese Worte, und man spürte in solchen Augenblicken, wie sehr er den Edelmut des Prinzen von Oranien schätzte.

„Oft begreife ich kaum“, hob Adrian nach einer Weile wieder an, „wie es uns möglich ist, der Zukunft so sorglos ins Auge zu sehen. Was dich betrifft, Onkel, liegt es doch nicht außer dem Bereich des Möglichen, daß eines Tages, vielleicht schon in der kommenden Woche, dein Haus über deinem Kopf in Flammen aufgeht, daß du selbst gefangengenommen und der Inquisition überliefert wirst, und daß die Tante und Käthe in die Hände grausamer, erbarmungsloser Söldner fallen.“

„O Adrian, sprich doch nicht von solch schrecklichen Dingen!“ rief die Tante erschauernd.

Käthe schaute ernst von einem zum andern, Else aber konnte ihre Angst kaum bezwingen. Voller Schrecken richtete sie ihre großen Augen auf den Onkel.

„Es ist leider nur zu wahr“, sagte der Onkel, „daß die Spanier keine zwanzig Stunden von uns entfernt sind und daß Delft einmal das Schicksal der Städte Haarlem und Leyden treffen könnte. Übrigens, Adrian, kann ich mir nicht vorstellen, daß wir etwas preisgeben müssen, das uns durch schweren Kampf und hohen Einsatz mit Gottes Hilfe zu eigen wurde. Der Prinz meint, obgleich kein König seine helfende Hand uns entgegenstreckt und alle um uns her in Sicherheit wohnenden Völker sich fern von uns halten, dürften wir nicht vergessen, daß der König der Könige auf unserer Seite ist. Und was mich betrifft, so ist es für mich ein großer Trost, in Delft die Kirche jeden Sonntag besuchen und meine Gebete für unseren Glaubenskampf mit denen des treuen Predigers Brandt vereinigen zu dürfen.“

„Schaut, wie blaß und erschrocken Else aussieht!“

Käthe streichelte die Wange ihrer Kusine. „Du hast sie durch dein düsteres Zukunftsbild ängstlich gemacht, Adrian. Sei nicht bange, Else, und denke nicht eher an die Schrecken, als bis sie da sind. Das ist das beste, was wir tun können."

„Nein, Käthe", entgegnete der Vater, „es ist immer besser, den kommenden Ereignissen ins Auge zu sehen und vertrauensvoll von dem Herrn zu erwarten, dieselben entweder fernzuhalten oder uns Mut zu geben, sie zu ertragen. Übrigens wird es für uns Zeit zum Kirchgang. Ich denke, Adrian, du wirst unterwegs unserer Else berichten, was vor zwei Jahren mit der Stadt Leyden geschehen ist."

Nach einem kurzen Gebet, in welchem Herr von Warneck für sich und die Seinen um göttlichen Segen an diesem Tag flehte, erhoben sich alle. Zwar sträubten sich Elses Gefühle bei dem Gedanken, dem Gottesdienst der Ketzer beizuwohnen; aber nach dem vorausgegangenen ernsten Gespräch wagte sie keinen Widerspruch zu erheben. Einige Minuten später bewegte sich die kleine Gruppe der Stadt Delft zu, und Adrian, an jeder Seite eines der beiden Mädchen, mußte, von Käthe dazu aufgefordert, seinen Bericht beginnen.

„Ich hatte", begann er ernst, „vor jenen Tagen, deren Schrecken ich nimmer vergessen werde, einen Besuch gemacht bei einem Schulfreund, Dirk Jonas, der in der Nähe von Leyden wohnte; und da der Onkel für den Prinzen eine Reise unternommen hatte und die Tante krank war, hatte mich die Mutter meines Freundes eingeladen, so lange in ihrem Hause zu bleiben, bis die durch die Spanier geschlossene Schule in Rotterdam wieder geöffnet werden konnte. Um diese Zeit trafen die Spanier große Vorkehrungen, um Leyden zu belagern, zogen aber für eine kurze Zeit wieder ab – die wir hätten nutzen sollen, um uns für eine spätere Belagerung mit Proviant zu versorgen."

„Das wurde euch aber erst später klar", erinnerte Käthe.

„Ja, gewiß; aber es war sehr töricht von uns, es zu unterlassen", fuhr Adrian fort. „Als der Feind erneut anrückte, mußten wir nachts in übergroßer Eile nach Leyden flüchten; die Spanier waren uns auf den Fersen, ehe wir es ahnten. Die arme Frau Jonas mußte ihre Wertsachen, ihren gesamten Schmuck, in den Händen der Spanier zurücklassen; und der Gedanke, daß sich vielleicht eine spanische Soldatenfrau damit schmücke, ärgerte sie sehr. Das schlimmste aber war, daß wir keinen Speisevorrat mit uns nehmen konnten."

„Für den Anfang wart ihr doch genügend versorgt", warf Käthe ein.

„Ja, für den Anfang hatten wir genug; aber wir dachten gar nicht daran, was aus uns werden sollte, wenn unser Vorrat erschöpft sei. Wir waren überzeugt, daß der Prinz für alles sorgen oder sogar selbst kommen werde. Hatte er uns doch in einem Brief mitgeteilt, er habe Befehl gegeben, die Deiche zu durchstechen; und das Wasser begann bereits über die Felder zu fluten, so daß wir es von der Spitze des 'Alten Turmes' aus in der Sonne glitzern sehen konnten . Wir lachten und freuten uns und spotteten, denn wir wußten, daß die Spanier gegen das Wasser machtlos waren – anders als im Kampf gegen unsere Truppen, die in Mookerheide restlos vernichtet wurden. Sorglos feierten wir ein großes Fest in der Stadt – wenn ich's so nennen kann, denn es gab fast nur Maiskuchen. Mit großer Musik marschierten wir durch die Straßen, und einige von uns jüngeren Leuten hatten sich verkleidet und gaben ein Schauspiel, in welchem die Stadt Leyden, der König von Spanien, der Prinz von Oranien und sogar der Teufel dargestellt wurden. Was haben die Leute gelacht und geklatscht! Aber es war auch die letzte frohe Stunde, die wir in der belagerten Stadt verlebten!"

„Und was folgte dann weiter?" fragte Käthe gespannt.

„Wir verzehrten unsere letzten Maiskuchen", berichtete Adrian weiter; „und womit wir nachher unseren Hunger zu stillen versuchten, kann ich kaum schildern. Frau Jonas war eine perfekte Köchin und wußte aus einem alten Knochen oder wohl auch aus einem Stück von einer Kuhhaut eine Suppe zu bereiten. Meist aber mußten wir, vom Hunger gequält, abends ohne einen einzigen Bissen ins Bett. Und wenn solch kräftige Buben wie Dirk und ich so schwach und mager wurden, daß wir uns kaum mehr auf den Beinen zu halten vermochten, dann, dann könnt ihr euch einen schwachen Begriff machen, wie sehr ältere Leute und Frauen und Kinder unter dieser unsäglichen Not litten. Der Hunger verursachte schlimmes Fieber, und oft sah man Menschen mitten auf der Straße niedersinken. Einmal sah ich ein kleines Mädchen vor einer Haustür sitzen – ihr Anblick erbarmte mich so, daß ich zu Frau Jonas lief, die, wie ich wußte, noch ein Restchen Suppe aufbewahrte; sie gab mir ein Schälchen davon, ich eilte zu dem todkranken Kind, hielt ihm das Schälchen an die Lippen, es schaute mich noch einmal mit seinen großen Augen an, war nicht mehr imstande, die wenigen Tropfen hinunterzuschlucken ... es neigte den Kopf zur Seite und starb. – O, diese Spanier, ich hasse sie, ich hasse sie – !"

„Es ist nicht meine Schuld, daß ich eine Spanierin bin“, warf Else ein, als Adrian sich ein wenig gefaßt hatte.

„Erzähl weiter“, forderte Käthe den jungen Mann auf, „erzähl uns, wie sie den Bürgermeister van der Werf zwingen wollten, die Stadt zu übergeben.“

„Es waren nur wenige von den Bürgern, die diese Forderung erhoben“, fuhr Adrian fort; „der größte Teil der Bürger wollte lieber sterben als in eine Übergabe einwilligen. Wir wußten, daß wir, wenn auch nicht für uns selbst, so doch für die Sache Hollands insgesamt noch weiter ausharren mußten. Jeder Tag bedeutete Zeitgewinn. Die wenigen aber, die für eine Übergabe waren, setzten dem Bürgermeister sehr heftig zu; sie beschuldigten ihn, Menschen sinnlos zu opfern, ohne Grund in den Tod zu schicken und so ein vielfacher Mörder zu sein. Mehrere Tage hindurch stand alles auf Messers Schneide. Plötzlich sahen Dirk und ich eine Anzahl dieser Rebellen sich im Torweg zusammenrotten; wir traten hinzu und folgten ihnen, um zu sehen, was sie im Schilde führten. Sie zogen vor das Haus des Bürgermeisters. Als Herr van der Werf aus dem Hause trat, schrien sie ihn an: ‚Wie lange sollen wir noch hier aushalten, noch hungern und dürsten, Bürgermeister? Habt Ihr kein Mitleid mit uns und unseren Frauen und Kindern?’ Andere drohten: ’Wenn Ihr nicht bald aufgebt, geht's Euch an den Kragen, verlaßt Euch drauf!’ – Ich muß gestehen, wir, Dirk und ich, schämten uns, inmitten dieser Aufrührer zu sein; aber die Angst und auch die Neugierde trieben uns zu bleiben, wir wollten sehen, was der Bürgermeister machen würde.“

„Und was tat er?“ forschten die beiden Mädchen.

„Zuerst ging er schweigend einfach weiter, dann auf dem Marktplatz blieb er unter einer der großen Linden stehen, schaute sich nach allen Seiten um und sagte laut und bestimmt: 'Hört, Leute, ich habe mein Wort gegeben, die Stadt zu halten, und werde mein Wort einlösen – mit Gottes Hilfe. Ihr könnt mich töten, wenn ihr wollt. Hier ist mein Schwert und hier meine Brust. So lange ich lebe, wird die Stadt nicht freiwillig übergeben.'"

„Und was machten darauf die Aufrührer?" fragte Else klopfenden Herzens.

„Etliche schlichen davon, sichtlich beschämt; die übrigen brachten ein Hoch aus auf ihren Bürgermeister, und von da an war von einer Kapitulation keine Rede mehr. Ohne besondere Aufforderung zogen die Männer auf den Wall und nahmen ihre Posten wieder ein."

„Aber warum eilte der Prinz nicht zu Hilfe und vertrieb die Spanier?"

„Weil das Wasser nicht genug stieg und die Flotte strandete", erklärte Adrian. „Der Wind stand im Osten und trieb die Flut seewärts. Tag für Tag stieg man auf den ‚Alten Turm', um zu sehen, ob der Wind sich drehe und das Wasser steige, aber nichts änderte sich. Der Prinz konnte bei bestem Willen nichts unternehmen – zudem lag er auch einige Tage krank in Rotterdam. – Endlich, nach langem bangem Warten, änderte der Wind seine Richtung und blies aus Westen, so daß wir schon am folgenden Morgen mehrere Schiffe erblickten, die nun im Rücken der beiden Belagerungsschanzen der Spanier sofort den Feind angriffen. Bereits einen Tag später war die erste der beiden Schanzen genommen; und dann kam die zweite an die Reihe. Doch diese war äußerst stark und hoch gebaut, so daß der Befehlshaber der kleinen Flotte, Admiral Boisot, fürchtete, ihrer nicht Herr zu werden. Er sandte eine Brieftaube in die Stadt mit der Anfrage, ob wir ihm beim Sturm auf die Schanze Hilfe leisten könnten. Der Bürgermeister stieg mit mehreren Bürgern auf die Spitze des 'Alten Turmes', und da wir, Dirk und ich, bereits droben waren, hörten wir jedes Wort, das die Männer wechselten. Nach kurzer Beratung waren alle entschlossen, von der Stadt aus einen Ausfall zu wagen und die Schanze zu stürmen. Kaum war dies beschlossen, eilten Dirk und ich nach Hause, um von Vater Jonas die Erlaubnis zu erhalten, an diesem Sturm teilnehmen zu dürfen. Unser Wunsch wurde erfüllt, und wir verbrachten noch in der Nacht vorher die meiste Zeit damit, unsere Waffen zu reinigen und instand zu setzen; an Schlaf dachte ohnehin niemand. Frau Jonas hatte ihre große Bibel herbeigeholt und las uns laut aus dem Propheten Hesekiel die Geschichte der Befreiung Jerusalems."

„Ach, die möchte ich auch gern einmal hören!" bat Else. „Jetzt nicht", wehrte sie jedoch ab, als Adrian davon näher zu erzählen begann; „jetzt nicht!" Sie war zu neugierig auf die Ereignisse um die Belagerung Leydens, von denen Adrian nun weiter berichtete.

„Es war eine stockfinstere Nacht. Unser Fenster, das uns gute Aussicht bot über die Stadtmauer hinaus bis zu der feindlichen Schanze, stand offen, denn es war warm; doch ließ sich kein einziger Stern blicken. Als Mutter Jonas fertig war mit dem Vorlesen, forderte sie uns auf niederzuknien und sprach dann ein einfaches, aber sehr herzliches Gebet, worin sie uns und die ganze Stadt der Obhut Gottes befahl. Als wir uns wieder erhoben, fragte sie uns, ob wir nichts gehört hätten, und sie schaute gespannt zum Fenster. Sie meinte, sie habe eine Glocke läuten hören. Doch wir hatten nichts Außergewöhnliches gehört, reichten ihr noch die Hand und verabschiedeten uns. Sie umarmte Dirk, und es schien, als wollte sie ihn nicht loslassen; sie machte sich offensichtlich viele Sorgen um ihn. Schließlich verließen beide das Zimmer. Ich blieb allein zurück, nahm erneut meine Waffen hervor und polierte sie auf Hochglanz. Nachdem ich diese Arbeit vollendet hatte, stellte ich mich ein wenig ans Fenster und schaute ins nächtliche Dunkel hinaus. Da leuchtete in der Ferne ein Licht auf, bewegte sich eine kleine Strecke nach links und verschwand wieder. Und gleich danach wiederholte sich dieser Vorgang. Und als ich genauer hinschaute, meinte ich jeweils eine kleine Gruppe menschlicher Gestalten zu erkennen, die, von einem Lichtträger angeführt, alle an einer bestimmten Stelle ein wenig abseits der Schanze verschwanden. Die Spanier ziehen ab! war mein erster Gedanke. Sicherlich hatten sie erkannt, daß gegen Admiral Boisot keine Chance bestand. Oder war das Gegenteil der Fall? Planten sie einen nächtlichen Sturm auf unser Stadttor? Meine Aufregung stieg von Minute zu Minute, und schließlich wollte ich der Sache auf den Grund gehen. Ich schlich mich unten ins Haus; und da ich die Haustür verschlossen fand, öffnete ich ein Seitenfenster und gelangte ins Freie. Kaum aber hatte ich einen Fuß auf die Straße gesetzt, als ein gewaltiger Donner den Boden erzittern ließ. Ich dachte, die Spanier hätten einen Teil der Stadt in die Luft gesprengt und so eine Bresche in die Befestigungen gebrochen. Aber es blieb alles still danach.

Ich wartete eine ganze Zeitlang und wußte nicht recht, was ich nun machen sollte. Doch der Gedanke an meine Beobachtungen ließen mich schließlich den Weg zum Bürgermeister einschlagen. Ich wagte nicht, ihn aus dem Schlaf zu wecken, und trieb mich eine Zeitlang im Freien umher. Der Hunger quälte mich ständig. Schließlich pochte ich doch an die Haustür des Stadtoberhauptes. Herr van der Werf öffnete ein Fenster und fragte nach meinem Begehr. Ich sah nur den Zipfel seiner Nachtmütze, rief ihm aber leise zu: 'Ich bin sicher, die Spanier haben ihre Stellungen aufgegeben und sind abgezogen!'

Sofort nahm der alte Herr den Haustürschlüssel und ließ mich eintreten. Er reichte mir ein Stück Maiskuchen; und dankbar kauend berichtete ich ihm von den Lichtern und den nächtlichen Gestalten. Er schien meinen Worten zunächst keine besondere Bedeutung beizulegen. Ich bat ihn deshalb, mich aus der Festung hinauszulassen, um weiter nachzuforschen. Zunächst meinte er, das könne er nicht verantworten und es habe auch wohl wenig Sinn; doch schließlich händigte er mir einen Paß aus und ließ mich hinaus. Ohne mich aufzuhalten, eilte ich jetzt dem großen Tore zu – ich wäre hier auch ohne Paß durchgekommen, denn der eine große Wachtturm war zum großen Teil eingestürzt und hatte ein breites Loch. Im Nu war ich hindurch, watete wenige Augenblicke später durch das Deichwasser, das mir bis zu den Knien reichte, und gelangte schließlich an die Schanzung der Spanier. Noch war es dunkel. Ein paarmal blieb ich stehen und lauschte, aber kein Laut war zu hören, und es ließ sich auch keine Schildwache blicken. Nun kletterte ich den Wall hinauf und sah mich um und horchte. Alles war totenstill! Die Geschütze, deren gräßliche Mündungen der Stadt zugekehrt waren, hatten die Spanier vernagelt. Immer höher erstieg ich den Wall, bis ich endlich die Spitze des befestigten Lagers erreichte. Hier angekommen, schwang ich vor Freude meine Mütze in die Luft und brüllte ein lautes Hurra! Wenig später kam Leben in den Gräben und Wällen auf. Man hatte allgemein entdeckt, daß die Spanier abgezogen waren, und ergriff nun Besitz von ihren Festungswerken. Ich schaute ihnen eine Weile zu und kehrte dann voll Jubel in die Stadt zurück.

Wenig später standen wir zu Hunderten auf den Wällen, da die Flotte des Admirals heransegelte und uns die heiß ersehnten Lebensmittel brachte. Doch bevor man zulangte, gebot der Bürgermeister, die große Kirche am Marktplatz aufzusuchen und Gott für die Rettung und die Hilfe aus der Not zu danken. Ein langer Menschenstrom bewegte sich zu dem Platze hin, wo Herr van der Werf noch vor wenigen Tagen mit mutigen Worten eine Kapitulation der Stadt abgelehnt hatte. Niemals zuvor sah ich so viele Menschen friedlich beisammen. Selbst die wilden Seeländer im Gefolge des Admirals, die sich rühmten, weder Gott noch den Teufel zu fürchten, fanden sich ein. Sie alle mochten empfinden, daß es nur die Macht Gottes hatte zuwege bringen können, daß die Stadt von der Grausamkeit der Spanier verschont blieb. Und bis heute weiß niemand, warum die Spanier gerade in jener Nacht abzogen! –

Nun, wir traten in die Kirche. Wohl selten ist ein so inbrünstiges Gebet über die Lippen eines Predigers gegangen wie in dieser Stunde; und wohl nie haben Kirchenbesucher so andächtig gesungen, wie in diesem Augenblick, wo wir das Lied Luthers anstimmten: ‚Ein' feste Burg ist unser Gott'.

Viele Menschen weinten; alle waren zutiefst gerührt."

„Wir hörten davon noch am selben Tag", unterbrach Käthchen. „Auch wir waren zur Kirche gegangen; und während der Predigt wurde dem Prinzen ein Brief überreicht. Er öffnete das Schreiben, las den Inhalt und bedeckte eine Zeitlang mit beiden Händen sein Gesicht. Wir sahen, daß, als er wieder aufblickte, seine Augen voll Tränen standen. Er ließ das Schreiben dem Prediger überreichen; und dieser las es am Schluß des Gottesdienstes vor, so daß alle Anwesenden mit der glücklichen Wendung der Dinge bekannt wurden. Das war ein Jubel auf dem Heimweg! Ich werde es nie vergessen!"

Adrian fuhr fort: „Und dann trug der Prinz Sorge, daß der Stadt Leyden für die ausgestandenen Drangsale eine Entschädigung zuteil wurde. Er ließ den Bürgern unter zwei Anerbieten die Wahl: Wollten sie eine Ermäßigung der zu zahlenden Steuer, oder zogen sie die Gründung einer Universität in der Stadt vor? – Sie wählten das letztere."

„Und der Herr Bürgermeister, der sich deines frühmorgendlichen Besuchs erinnerte, wünschte, daß du als einer der ersten Schüler eintreten möchtest", fiel Käthe lächelnd ein. „O, wie oft habe ich gewünscht, damals in der Kirche zu Leyden dabeigewesen zu sein! Es gibt doch nichts Herrlicheres, als glückliche Menschen zu sehen, die unter Lob und Dank dem Herrn die Ehre geben!" –

Man hatte das Stadttor durchschritten. Feierlich schlug die Turmglocke und mahnte die Kirchgänger zur Eile. Herr von Warneck ging mit seiner Gattin dicht hinter den jungen Leuten und hatte die letzten Worte seiner Tochter vernommen. Er sagte lächelnd:

„Nun, Käthchen, ich hoffe, daß du den Worten des Predigers, wenn er um die Rettung unseres Landes von der Zwingherrschaft Spaniens zu Gott fleht, mit Andacht folgen wirst. Wir stehen noch immer in großer

Gefahr – wenn auch nicht gerade so sehr wie damals die Bewohner von Leyden; und wir bedürfen jetzt ebensosehr der Fürsorge Gottes wie sie in jenen Tagen. Doch seht, da kommt der Prinz! Kommt ein wenig auf die Seite, damit er und sein Gefolge an uns vorüber können!"

„Aber warum läßt er seinen Hund nicht zu Hause?" fragte Else.

„Das edle Tier rettete sein Leben, als er während einer Nacht von den Spaniern überfallen wurde", erklärte Käthe. „Er geht auf dringenden Rat seiner Freunde nie ohne diesen treuen Wächter aus. Der Hund legt sich vor die Kirchentür, bis sein Herr zurückkommt, und er soll sogar neben dem Bett des Prinzen sein Lager haben."

„Die Spanier halten den Prinzen für einen Zauberer und seinen Hund für einen Kobold", bemerkte Adrian lachend.

Grüßend schritt der Prinz mit seinen Begleitern an der kleinen Gruppe vorüber. Sehr aufmerksam betrachtete Else den Prinzen; durch die Erzählung Adrians fühlte sie sich in eine völlig neue Welt versetzt, die sie zwang, Personen und Ereignisse mit ganz anderen Augen zu betrachten. –

In den nächsten vierzehn Tagen hatten auf der 'Deichfarm' alle viel zu tun. In Delft wurde eine große Versammlung der 'Staaten' abgehalten; und viele Abgeordnete waren gezwungen, die Gastfreundschaft des Herrn von Warneck in Anspruch zu nehmen, so daß seine Gattin sich mit ihrer weiblichen Dienerschaft fast ausschließlich der Küche widmen mußte. Auch Käthe, soweit ihr zarter Körper es zuließ, half, und Else, wiewohl wenig an solche Arbeiten gewöhnt, folgte dem Beispiel ihrer Kusine.

Eines Morgens erschien Herr von Warneck in der Küche, in der seine Gattin mit der alten Magd Barbara und den beiden Mädchen beschäftigt war. Das Besuchszimmer war mit Gästen angefüllt und auch das ganze übrige Haus, so daß der Hausherr, wenn er mit seiner Familie allein sein und etwas besprechen wollte, die Küche aufsuchen mußte. Käthe war damit beschäftigt, eine Schweinekeule mit Salz zu bestreuen; und Else, deren Wangen vom Feuer gerötet waren, zerschnitt Äpfel in Stücke, um einen großen Pudding zuzurichten.

„Was möchtest du denn?" fragte die Hausfrau. „Wir sind hier wie die Bienen beschäftigt, und für Männer ist hier weder Zeit noch Raum", fügte sie lächelnd hinzu.

„Es tut mir leid, dich für einige Augenblicke stören zu müssen", entgegnete der Hausherr. „Aber da ist etwas sehr Wichtiges zu entscheiden, und ich möchte deine Meinung hören ..."

„Aber ich kann weder die Mädchen fortschicken noch meine Arbeit im Stich lassen", erwiderte Frau Martha, die sich bei ihrer Küchenarbeit nur ungern stören ließ.

„Nun, so höre", begann er, „man hat beschlossen, zur Wiederherstellung der Dämme im Lande eine Geldsammlung zu veranstalten; was denkst du – könnten wir den bereits für den Wiederaufbau im Lande bestimmten hundert Gulden noch eine gewisse Summe beifügen? Läßt sich irgendwie noch etwas dazu aufbringen? Könnten wir nicht das eine oder andere noch entbehren?"

„Ich wüßte nicht – ", entgegnete sie nach einigem Überlegen. „Unsere Kasse ist fast leer; unsere Familie ist größer geworden, und der Zeitpunkt, zu dem Adrians Schulgeld fällig wird, rückt schnell näher."

„Könnten wir nicht unsere rote Kuh verkaufen?" fragte Käthe dazwischen.

„Wie, die gute Rote, die du für dich selbst großgezogen hast?"fragte die Mutter verwundert.

Es war, als ob Käthe über ihre eigenen Worte erschrocken wäre. Kaum vermochte sie die Tränen zurückzuhalten. Fast bereute sie es, ein so großes Opfer angeboten zu haben. Der Vater hatte ihr das Tier geschenkt, als es noch ein Kalb gewesen war. Sie hatte es gefüttert und gepflegt; es folgte ihrer Stimme und war jetzt, was Milch und Butter betraf, die beste Kuh auf der 'Deichfarm'. Und von diesem ihrem Liebling wollte sie sich nun für immer trennen? Doch tapfer sagte sie zu ihrem Vater:

„Ja, Vater, du magst sie nehmen, wenn es für unser Land gut ist. Aber vorher muß ich noch von meinem Liebling Abschied nehmen."

„Mein gutes Käthchen!" antwortete der Vater gerührt. „Ich will dir bis heute nachmittag Bedenkzeit geben; und wenn du dann noch bei deinem Entschluß bleibst, will ich deine Gabe annehmen. Unser Nachbar Bender hat schon immer ein Interesse an der Kuh gehabt und hätte sie gern gekauft; doch ich wies ihn stets ab – wegen dir. Wir wissen das Tier bei ihm in guten Händen. Und die ‚Staaten' werden dir für dein Opfer sehr dankbar sein; wir wissen wirklich nicht, womit wir die Erneuerung der Dämme bezahlen sollen. Wenn wir sie in ihrem jetzigen Zustand lassen, droht im kommenden Herbst für ganz Holland Gefahr."

„Nun, dann will ich auch nicht hinter Käthe zurückstehen", meinte darauf die Mutter. „Oben im Schlafzimmer steht mein goldenes Schmuckkästchen. Du kannst es nehmen, Vater, und es zu Geld machen. Uns soll nichts abhalten, in dieser Notzeit so viel wie möglich beizusteuern, daß Schlimmeres verhütet werden kann."

„Dachte ich's doch gleich, daß du mithilfst", sagte der Hausherr froh. „Unser Prinz ist uns allen ein Vorbild. Er verlor für Glauben und Freiheit nicht nur sein ganzes Vermögen, sondern sogar drei seiner Brüder. – Jetzt will ich euch nicht länger von eurer Arbeit abhalten. Lebt wohl, Kinder!"

Else hatte inzwischen den Äpfelvorrat zerstückt und bereits damit begonnen, den Teig zum Pudding zu kneten; aber mit Erstaunen hatte sie dabei jedes Wort mitbekommen.

„Ist der Prinz nicht sehr reich?" fragte sie, nachdem der Onkel gegangen war.

„Jetzt nicht mehr; er hat alles verloren und sich sogar in tiefe Schulden gestürzt", erklärte die Tante. „In früheren Tagen war einmal dein Onkel auf einem Bankett bei ihm zu Tafel, wo das Tischtuch aus Silberfäden gewirkt war. Freilich war damals der Prinz noch ein sehr temperamentvoller junger Edelmann, der es trieb wie andere junge Leute auch. Erst nach der Jagd mit dem König von Frankreich, aus dessen Mund er das große Geheimnis erfuhr, nahmen die Dinge eine andere Wendung."

„Was war das für ein Geheimnis?" fragte Else gespannt.

„Nun, Kind, das kannst du wohl auch nicht wissen. So höre: In jener Zeit gehörte der Prinz noch der römischen Kirche an; und der König von Frankreich, den er eines Tages auf der Jagd begleitete, war der Meinung, daß der Oranier mit König Philipp und Herzog Alba auf gutem Fuße stehe und deren Pläne hinsichtlich der Niederlande kenne. Ohne Rückhalt sprach der König mit dem Prinzen darüber. Wie aber erschrak Prinz Wilhelm, als er vernahm, daß Spanien sich mit Frankreich zur Ausrottung des Protestantismus verbündet habe! Bis dahin hatte er noch kein Wort darüber gehört. Er behielt seine Gedanken für sich, schwieg zu alledem in Gegenwart des Königs und kehrte sehr nachdenklich mit diesem nach Fontainebleau zurück. Doch wie sah es in seinem Herzen aus! Als er abends allein war, richtete er ab sofort sein ganzes Sinnen und Trachten darauf, seine Erblande zu retten. Nach kurzer Zeit kehrte er nach Holland zurück und strengte alle seine Kräfte an, um das drohende Unheil so lange wie möglich zurückzuhalten. Als man aber den Grafen von Egmont zur Richtstätte führte, da verließ Prinz Wilhelm unser Land, verkaufte und verpfändete alles, was er besaß, sammelte ein Heer und rückte gegen Alba vor. Aber er hatte keinen Erfolg. Seine Söldner hielten nicht stand, weil sie schlecht besoldet wurden und nicht plündern durften. Er kehrte nach Nassau zurück. Niemand dachte, daß er je wieder imstande sein könnte, etwas gegen die spanische Übermacht zu unternehmen. Und doch geschah dies!"

„O bitte, Mutter, erzähl weiter!" bat Käthe, als Frau Martha schwieg.

„Wenn ihr eure Arbeit nicht vernachlässigt", mahnte sie; ihre Hände hatten während des Erzählens nicht einen Augenblick geruht. „So hört denn weiter. Es war um die Zeit, als wir unsere Güter verlassen mußten und in die 'Deichfarm' übersiedelten; im Falle der Gefahr waren wir in Stadtnähe. Der Prinz hatte uns mit nach Dillenburg genommen. Dort konnten wir aber nicht lange bleiben. Seine Gattin sprach gern dem Wein zu, wollte sich nicht in die notwendigen Entbehrungen einfügen, wehrte sich gegen jegliche Einschränkung, fand schließlich keinerlei Gefallen mehr am Leben auf dem Schloß und trennte sich dann völlig von ihrem Gemahl. – Aber, ihr Mädchen, ich glaube, ihr vergeßt eure Arbeit und legt die Hände in den Schoß, während ich erzähle ..."

„Der arme Prinz!" seufzte Else. „O bitte, Tante, erzähl weiter. Wir lassen unsere Hände nicht ruhen."

„Nun, es gelang ihm endlich, erneut ein Heer auf die Beine zu bringen. Der Kampf begann von neuem; aber mit dem gleichen Mißerfolg wie früher. Wahrhaftig, dem Prinzen ist fast nie ein Sieg vergönnt gewesen! Aber dennoch – ich weiß es nicht zu erklären – ,nie waren die geführten Kriege ganz ohne Nutzen. Prediger Brandt sagt, daß Gott uns dahin bringen wolle, Ihm allein und nicht uns die Ehre zu geben; und Vater sagt: 'Wir ziehen Nutzen aus unseren Niederlagen, und darum schaden sie uns nicht.' – Ja, Gott allein gebührt der Ruhm; aber" – fügte sie mit fester Stimme hinzu – „auch wir werden lieber sterben, als uns den Spaniern zu unterwerfen und unserem Glauben abzuschwören."

„Else sah nachdenklich aus dem Fenster.

Schließlich meinte sie: „Wie schön wäre es, in einem Lande zu wohnen, wo keine Kriege toben und die Menschen friedlich ihrer Beschäftigung nachgehen – ohne sich vor anderen fürchten zu müssen!"

„Ein solches Land gibt es auf dieser Erde leider nicht – noch nicht", entgegnete die Tante. „Nur droben im Himmel herrscht ewiger Friede; dort wird nicht gekämpft und gestritten. Dort ist jeder Seufzer verstummt und jede Wunde geheilt. Aber es ist wahr: der Krieg ist ein schreckliches Übel. Wie grämt sich unser Herz, wenn wir unsere Männer scheiden sehen und nicht wissen, ob sie je wieder zurückkehren. Welch schlimme Tage habe ich erlebt! Welche Angst habe ich ausgestanden, wenn irgend ein Häscher uns ausspionierte, um zu forschen, aus welchem Grunde ich nicht zur Messe gekommen sei! Wie habe ich gezittert, wenn ich mit einigen andern in einem Keller oder in einer Höhle zusammenhockte und uns durch irgendeinen mutigen Gottesmann Worte der Schrift verkündigt wurden! Und schrecklich war es, wenn uns Bekannte auf der Straße begegneten und uns zuflüsterten, der 'Blutrat' habe den Bruder, die Schwester, den Onkel, den Vater eingekerkert. – Ja, Kinder, solche Prüfungen zu durchstehen und zu bestehen, das ist nur möglich mit des Herrn Hilfe. Er allein vermag die nötige Kraft, das Ausharren und das Vertrauen zu schenken und hindurchzuretten. Doch jetzt muß ich Schluß machen mit dem Erzählen; ich sehe, ihr vergeßt eure Arbeit. Das geht aber nicht. Die Herren, die drüben im Zimmer über das Wohl unseres Landes beraten, sollen nicht warten müssen auf ein gutes Mahl. Drum, Käthe – Else – hurtig ans Werk!"

Kurz nach Mittag zogen die Gäste wieder ab, und die gewohnte ländliche Ruhe kehrte auf der 'Deichfarm' wieder ein. Niemand bedurfte aber dieser Ruhe mehr als Käthe; denn jede ungewohnte Anstrengung wirkte sich auf sie sehr nachteilig aus. Sie klagte zwar nicht, aber ihr blasses Gesicht verriet Müdigkeit und Abspannung, so daß sie endlich dem Drängen der besorgten Mutter nachgab und frühzeitig zu Bett ging. Längst schlief sie, als Else geräuschlos die Schlafkammer betrat, die beide gemeinsam benutzten. Sie trat vor Käthes Bett und horchte auf deren Atemzüge. In Elses Gesicht erschien ein Ausdruck von Mitleid und Teilnahme. Überhaupt hatten in den letzten Tagen seltsame, nie gekannte Gefühle ihr junges Herz in Bewegung gebracht. Wie kurz die Zeit auch erst sein mochte, so war es doch, als sei in Elses Seele, die nie zuvor die Freuden eines glücklichen Familienlebens kennengelernt hatte, die Morgenröte einer herrlichen Zukunft angebrochen; und mit jedem neuen Tag hatte sie ihre Verwandten und besonders die Kusine immer mehr kennen und schätzen gelernt.

Auch in ihren religiösen Anschauungen bahnte sich ein Wechsel an. Im Kloster hatte man ihr eingeschärft, daß die Ketzer samt und sonders gottlose Menschen seien, deren Höllenstrafen schrecklich sein würden, weil sie sich weigerten, die Heiligen anzubeten, und darum auf deren Hilfe keinen Anspruch hätten. Über die wahren Grundlagen des Glaubens und der Anbetung dagegen hatte sie kaum etwas zu hören bekommen. Denn in dem Kloster, in welchem Else erzogen worden war und welches sich nach und nach in ein modernes Pensionat für junge Mädchen aus angesehenen Familien verwandelt hatte, herrschte, wie es damals nichts Ungewöhnliches war, eine große Gleichgültigkeit in Glaubensdingen; nur daß man alles verachtete, ja haßte, was die 'Neuerer' als wahres Christentum bezeichneten. Seit Else aber im Hause ihrer Verwandten wohnte, war in ihrem Herzen eine große Neugierde geweckt worden auf Dinge, die sie bisher nicht gewußt, oder die sie auf Geheiß der Mutter Ursula hatte hassen oder verachten müssen.

Lange sah sie in das sanfte Gesicht der Schlummernden, das Erschöpfung und Abspannung verriet, und eine bange Ahnung kam in ihr auf. Mehrmals schon hatte Käthe zu ihr gesagt: „Nicht sehr lange mehr werde ich auf der Erde sein; ich weiß, daß mich mein himmlischer Vater bald abrufen und in den Himmel nehmen wird."

„Sollte es wahr sein? Sollte Käthe so früh von uns

allen scheiden müssen? O, wie traurig würde das für mich sein!“ flüsterte Else vor sich hin. „Und sie ist dabei so ruhig, ja so glücklich, als sei das Sterben gar nichts Besonderes. Ja, sie scheint sich oft danach zu sehnen. Ich begreife das alles nicht! Wie kann sie ohne Furcht zu Jesus gehen, ohne daß die heilige Jungfrau für sie bittet und sie bei ihrem Sohne einführt? Sie verspottet mich zwar nicht, wenn ich mein Ave Maria bete; aber ich lese stets in ihren Augen, daß sie traurig wird. Und wie strahlt dagegen ihr ganzes Gesicht, wenn sie mir von ihrem Heiland erzählt, wie er einst die Kinder segnete, Kranke heilte, Dämonen austrieb, Tote auferweckte und schließlich gar um unserer Sünden willen ans Kreuz ging! Und wie sonderbar wird es mir dabei zumute! Wenn ich dann nachher meinen Rosenkranz bete, dann plappern meine Lippen gedankenlos die Worte daher; aber mein Herz ist angefüllt von dem, was Käthe gesagt hat! O heilige Mutter! Gesegnete unter den Jungfrauen! bitte für mich und verzeihe es mir, daß ich auf die Worte einer Ketzerin gelauscht habe!“

Else trat ans Fenster, das ein wenig offenstand. In ihrem Herzen stürmte es – ganz im Gegensatz zu der friedlichen Abendstille. Ein linder Wind strich über die grünen Weiden, während der mit unzähligen Sternen besäte Himmel seinen hohen Bogen über Haus und Feld ausspannte. Aber dies alles machte jetzt keinen Eindruck auf das junge Mädchen. Sie fühlte sich niedergebeugt und doch wieder so feierlich gestimmt. Es war ihr, als sei das Kloster, ihre frühere Heimat, in eine weite, unabsehbare Ferne gerückt und ihr für immer entschwunden. Neue Personen und Ereignisse waren in den Kreis ihrer Gedanken getreten. Sie dachte an Käthe, an den Onkel und die Tante, an Adrian und – an den Prinzen; und als sie das Fenster schloß, murmelte sie vor sich hin: „Wenn alle Ketzer sind wie diese, dann hat Mutter Ursula sich gewaltig geirrt!" –

Und wieder loderte die Kriegsfackel in hellen Flammen auf. Es war in den ersten Tagen des Maimondes, als die Spanier nach Zierikzee zogen, einer auf der Grenze zwischen Holland und Zeeland gelegenen Hafenstadt. Prinz Wilhelm rüstete sich zur Gegenwehr. Auch in Delft rüsteten sich eine Anzahl junger Leute, um am folgenden Tag unter Anführung des Admirals Boisot, der vor wenigen Stunden zu einer Beratung mit dem Prinzen erschienen war, ihre Heimat zu verlassen. Auch Adrian war von Leyden herübergekommen, um von seinem Onkel Abschied zu nehmen. Gern hätte der Jüngling selbst an dem Kriegszug teilgenommen; aber sein Onkel wünschte, daß er seine Stellung, die er auf Empfehlung des Prinzen an der neugegründeten Universität erlangt hatte, vorderhand nicht aufgeben, sondern sein Studium vollenden sollte. Er gehorchte; aber eben war er im Begriff, mit Käthe in das angrenzende Gärtchen zu treten, als plötzlich der Admiral, der ehemalige Befreier Leydens, vor ihm stand und – da er in ihm den Knaben erkannte, der an jenem Tag unter Lebensgefahr die spanische Schanze erklommen hatte – die Frage an ihn richtete, warum er nicht mit ausziehe.

„Weil mich meine Bücher in Leyden festhalten", entgegnete Adrian scherzend. „Mein Onkel will mich noch zwei Jahre lang daran festnageln."

„Unsinn!" erklärte ihm der Admiral. „Ein so gesunder, kräftiger junger Mann sollte seine besten Jahre nicht hinter den Büchern vergeuden. Das Vaterland fordert deinen Arm und dein Herz!"

„Aber der Onkel – “

„Unsinn! Sage ihm, daß er ein Narr ist“, platzte der rauhe Kriegsmann heraus und fuhr dann, sich an Käthe wendend, barsch fort: „Hör, Mädel, wenn ich an deiner Stelle wäre, so würde ich ihn nicht eher in Ruhe lassen, als bis er wenigstens ein Dutzend Spanier zu Boden gestreckt hat!“

Mit diesen Worten schritt der Admiral ins Haus, und Adrian sah finster hinter ihm her. Else, die in der Nähe Blumen pflückte, wollte ihn trösten: „Mach dir keine Sorgen, Adrian. Du wirst auch eines Tages noch an die Reihe kommen.“

„Eines Tages, eines Tages...! Heute will ich mit!“

„Du bist schon einmal an der Reihe gewesen – als du die Spitze der spanischen Schanze erklettertest“, erwiderte Else, ihren Strauß betrachtend.

„Um so schlimmer ist es für mich, daß ich jetzt daheim bleiben muß!“ gab er unwillig zurück. „Aber das kannst du wohl nicht so recht begreifen – als halbe Spanierin.“

Das klang hart. Else, die ihn hatte trösten wollen, wandte sich von ihm ab und sagte leise:

„Du sollst mich nicht eine Spanierin heißen. Mein Vater war ein ehrsamer holländischer Edelmann; und auch ich beginne dieses Land als mein Vaterland zu betrachten, dem ich zu dienen wünsche, wenn ich älter geworden bin.“

Käthe warf ihrem Vetter einen verweisenden Blick zu. Adrian, von Natur gutherzig, bereute seine Bemerkung und sagte entschuldigend:

„Ich wollte dich nicht kränken, Else. Aber es ist doch klar, daß du, die du erst kurze Zeit bei uns bist, nicht begreifen kannst, wie schmerzlich es für uns ist, die Fußtritte der Spanier fühlen zu müssen, und wie nötig es ist, immer wieder zu den Waffen zu greifen."

„O doch, das begreife ich", erwiderte Else. „Aber die Leute können nicht alle mit der Faust für das Land kämpfen; etliche müssen doch auch mit dem Kopfe mithelfen. Sieh, der Prinz selbst ist doch nicht immer auf dem Schlachtfeld; aber in jedem Blick, in jeder Miene sieht man, daß er über Wege und Mittel sinnt, sein Land zu verteidigen. Und ebenso auch unser Onkel. Und bist du nicht auf der Hochschule, um fähig zu werden, den Menschen und dem Land hier mit deinem Verstand dienen zu können?"

„Ich sehe, du bist auf dem besten Weg, eine tüchtige Holländerin zu werden", lächelte Adrian.

„Nun, manchmal vergißt du, daß meine Mutter, obgleich sie von Geburt eine Spanierin war, doch von Herzen meinem Vater, einem Niederländer, die Hand zur Ehe reichte." -

Am folgenden Morgen marschierte der Admiral mit seiner angeworbenen Mannschaft ab. Ihr Abzug ließ in Delft Angst und Besorgnis zurück, zumal sich die Belagerung bis in den Sommer hinzog. Bald drangen dunkle Gerüchte über bedeutende Verluste der Niederländer in die Stadt, so daß selbst den Mutigsten Zweifel kamen am Erfolg ihrer Bemühungen. Auch auf die Bewohner der 'Deichfarm' wirkten diese Nachrichten recht bedrückend. Adrian war nach Leyden zurückgekehrt. Herr von Warneck befand sich mit dem Prinzen auf dem Kriegsschauplatz und kam nur ganz selten nach Hause; seine sonst so mutige Gattin mußte gar oft vor den wenigen Hausbewohnern ihre Tränen verbergen. Obwohl Käthe nach wie vor ihren kleinen Garten in Ordnung hielt und der Mutter in der Hauswirtschaft nach Kräften zur Seite stand, war es doch jedem, der sie genauer ansah, kein Geheimnis, daß ihre Kräfte abnahmen. Else jedoch hatte sich in den wenigen Monaten auf der ‚Deichfarm' sehr zu ihrem Vorteil verändert. Die klösterliche Blässe hatte einer gesunden Bräune Platz gemacht; ihr schwermütiger Blick war verschwunden. Sie war viel fröhlicher als früher und Tante Martha mußte sich eingestehen, daß sie mit jedem Tag mehr eine gute Stütze in ihrer Nichte fand. –

Es war Ende Juni, als die Trauerkunde nach Delft kam, daß Zierikzee in die Hände der Spanier gefallen sei. Alle Opfer, die man zur Befreiung der Stadt gebracht hatte, waren umsonst gewesen. Viele Menschenleben waren zu beklagen; Niedergeschlagenheit und Mutlosigkeit hatten in vielen Herzen Einzug gehalten, und mit schweren Seufzern schaute man der Zukunft entgegen. Ja, Zierikzee war gefallen, Admiral Boisot hatte sein Leben eingebüßt, und der Prinz hatte die Reste seines Heeres verlassen und kehrte mit Einbruch des Winters nach Delft zurück. –

Wieder einmal saß Herr von Warneck beim Prinzen im Arbeitszimmer an der langen Tafel und sah einen hohen Stapel von Schriftstücken durch, die sich während der Abwesenheit des Prinzen in seiner Wohnung angesammelt hatten. Der Prinz selbst saß, was nur ganz, ganz selten bei ihm zu sehen war, völlig müßig in seinem Lehnstuhl. Seine Augen starrten ins Leere, und auf seinem Gesicht lag ein Zug tiefer Traurigkeit.

„Ich fürchte, bald ist alles aus und vorbei", begann er endlich in bewegtem Ton. „Jetzt, nachdem Zierikzee in den Händen des Feindes ist, wird man beim nächsten Anlaß Holland und Zeeland auseinanderreißen; und dann wird es um uns geschehen sein, wenn es Gott nicht gefällt, ein Wunder zu tun."

„Ich kann nicht glauben", erwiderte der Geheimsekretär, „daß Gott, nachdem Er uns bis hierher geführt hat, Seine Hand zurückziehen wird. Solange Ew. Exzellenz leben, ist noch nicht alles verloren."

„Mein Leben ist nicht von so großer Wichtigkeit, wie Ihr und viele unserer Freunde glauben", entgegnete der Prinz. „Freilich möchte ich noch nicht sterben, solange es hier noch Arbeit für mich gibt. Käme man uns von irgendeiner Seite zu Hilfe, so könnten wir noch vor dem Untergang gerettet werden; aber da wir eine Niederlage nach der andern zu beklagen haben, ist es kein Wunder, daß viele der Unsrigen den Mut verlieren. Und was mich empfindlich trifft, ist der Verlust unseres tapferen Boisot, dem wir so manchen Sieg zu verdanken haben. Wir haben für die wenigen echten Fortschritte in unserer Sache doch fast unerträgliche Opfer bringen müssen. Wo sind meine Brüder, wo die anderen tapferen Männer, die uns einst zur Seite standen? Des Feindes Schwert hat sie hinweggerafft."

Der Prinz bedeckte mit beiden Händen sein Gesicht. Nie hatte er, der sonst in den verzweifeltsten Situationen andere aufzurichten wußte, sich so entmutigt gefühlt wie in diesen Augenblicken. Auch Herr von Warneck war tief erschüttert, jedoch sagte er:

„Solange wir leben, ist Hoffnung vorhanden. Die Männer und Jünglinge unseres Volkes hassen die Zwingherrschaft der Spanier, und der Kampf hat ihre Kräfte und ihren Mut noch nicht aufgerieben. Und dann, mein Prinz, vergessen wir nicht, daß wir schon in schlimmerer Lage gewesen sind als heute. Wie stand es denn damals um uns, als Ew. Exzellenz sich mitten durch die feindlichen Linien schleichen mußte, um, als Bauer verkleidet, nach Dillenburg zu fliehen?"

„Ihr habt recht, mein Freund," rief der Prinz sich

aufrichtend. „Es ist jetzt nicht Zeit zu klagen. Ich habe so oft die mächtige Hilfe Gottes erfahren; und es ist eine Verunehrung Seines Namens, nicht auch fernerhin Seiner Durchhilfe zu vertrauen."

Ein leises Klopfen unterbrach die Unterredung. Ein Diener erschien und meldete die Ankunft eines Fremden, der den Prinzen in einer dringlichen Angelegenheit zu sprechen begehre. Der Prinz gebot, ihn vorzulassen; und wenige Augenblicke später trat ein bestaubter Kriegsmann ins Zimmer. Eine kaum verheilte Wunde an seiner Stirn zeigte an, daß er an den jüngsten Kämpfen teilgenommen hatte. Er überreichte dem Prinzen einen Brief, welcher - wie dieser aus den Schriftzügen ersah – von einem seiner Freunde geschrieben war. Beim Lesen erhellten sich die Blicke des Statthalters immer mehr. Er trat ein wenig näher auf seinen Sekretär zu und las ihm halblaut folgende Zeilen vor:

> „Mein Prinz! Weder England noch andere Staaten zeigen sich geneigt, uns zu Hilfe zu kommen. Aber der allmächtige Gott hat der schlimmen Sache eine unerwartete Wendung gegeben. In Zierikzee sowie auf der ganzen Insel Schouven ist unter den spanischen Söldnern eine Meuterei ausgebrochen, weil man ihnen nicht den vereinbarten Sold auszahlen wollte. Überall herrscht ein vollständiges Durcheinander, so daß sie uns zunächst keinen Schaden mehr tun können."

„Ein willkommener kleiner Aufschub", unterbrach sich der Vorleser, „und es wird gut sein, wenn wir diese kurze Zeit nutzen. Vielleicht gelingt es uns, bevor der Kampf von neuem beginnt, England oder Frankreich zu einem Bündnis zu bewegen. Wirklich, dieser Brief kommt gerade zu rechter Zeit, um meine Sorgen ein wenig zu mindern. Doch nun der Schluß des Briefes!"

„Der Überbringer dieser Zeilen ist Klaus Hasselaer, der Bruder jener Kenau Hasselaer, die während der Belagerung Haarlems den Männern an Mut und Tatkraft nicht nachstand und allgemein große Anerkennung fand. Klaus Hasselaer ist verwundet worden und hat, da alle seine Verwandten in Haarlem ums Leben kamen, weder ein Heim, noch ist er imstande, sich auf eigene Kosten zu verpflegen. Er ist daher gezwungen, sich an die Gastfreundschaft Ew. Exzellenz zu wenden. Könnte er vielleicht auf der stillen ‚Deichfarm' für einige Zeit Aufnahme und Pflege finden?"

Der Prinz brach ab. Er schaute voll Teilnahme und Mitgefühl auf die kräftige Gestalt des jungen Mannes. Dann aber richtete er fragend den Blick auf seinen Sekretär.

„Wenn Ew. Exzellenz es wünschen, werde ich ihn mit in mein Haus nehmen", sagte Herr von Warneck. „Meine Frau und meine Kinder werden sich freuen, einen Haarlemer Hasselaer beherbergen zu können."

Der Prinz lächelte zustimmend, ließ den ermüdeten Krieger durch den Diener in die Küche führen, damit er sich stärkte, und überließ ihn dann dem gastfreundlichen Besitzer der ‚Deichfarm'. Dieser schritt kurz nachher an der Seite des breitschultrigen, sonnengebräunten Kriegsmannes, der in den dreißiger Jahren zu sein schien, seinem neuen Zuhause zu. Die kräftigen Züge und die großen grauen Augen zeigten einen ernsten Ausdruck; und alles deutete darauf hin, daß er an Pulverdampf und Nachtwachen gewöhnt war. Im

Augenblick aber fühlte sich der neue Gast offenbar recht schwach, denn er nahm einen derben Krückstock zur Hand, um den Weg zur ‚Deichfarm' zu bewältigen; der Marsch von Middelburg bis nach Delft hatte seine Kräfte schon fast völlig aufgezehrt.

Bald waren die beiden Männer am Ziel.

„Hier bringe ich dir einen neuen Gast, Martha", sagte Herr von Warneck. „Er heißt Klaus Hasselaer und war früher Haarlemer Bürger. Sein Name wird dir nicht unbekannt sein. Er braucht ein kräftig Mahl, um wieder auf die Beine zu kommen, und dann mag er ruhen. Er hat schlimme Tage hinter sich."

Klaus Hasselaer war in der Tür zur Küche stehengeblieben. Die hochlodernden Flammen des Herdfeuers, die sich in den glänzenden Ziegeln der Einfassung widerspiegelten, bildeten einen passenden Hintergrund für die vielbeschäftigte Hausfrau sowie für die beiden Mädchen, die, ihren Anweisungen gehorchend, leichte Arbeiten verrichteten. Der fremde Kriegsmann konnte seine Blicke nicht von dem Bild abwenden, denn er wußte schon lange nicht mehr, was eine Heimat war.

Es bedurfte jetzt keiner weiteren Empfehlung, auch der Hausfrau war er ein willkommener Gast. Mit mütterlicher Teilnahme erkundigte sie sich nach seinem Befinden; und nach wenigen Minuten bereits saß er behaglich auf einem gepolsterten Lehnstuhl. Käthe und Else wurden angewiesen, das Schlafgemach für den Gast fertigzustellen, und sie gingen eifrig an die Arbeit.

„Ich habe von diesem Mann schon früher gehört", flüsterte Käthe ihrer Kusine zu, während sie das Bett bezogen. „Papa hat mir einmal seine Geschichte erzählt. Du mußt nämlich wissen, daß unser Gast die

Belagerung von Haarlem mit durchgemacht hat und daß seine Schwester Kenau eine ganze Schar Frauen kommandierte, die am Kampf auf den Wällen teilnahmen. Als die Spanier Haarlem endlich eingenommen hatten, suchten sie einen Hasselaer, einen Peter Hasselaer, einen Vetter von unserem Gast, der ihnen viel Schaden zugefügt hatte. Sie nahmen statt seiner den Klaus gefangen, in der Meinung, den richtigen gefunden zu haben. Klaus schwieg zu alledem, denn er dachte, daß im Fall seines Todes der Vetter Gelegenheit habe, sich in Sicherheit zu bringen. Aber es kam alles anders. Als man dabei war, den Klaus auf die Richtstätte zu führen und zu hängen, drängt sich atemlos der Vetter durch die Zuschauer vor das Richtkommando und stellt sich selbst dem Gericht. ‚Ich bin der Gesuchte!' rief er laut in die Runde. Da wurde Klaus freigelassen und statt seiner der Peter erhängt."

Else starrte ihre Kusine mit großen Augen an und brachte kein Wort heraus.

„Er wird uns vielleicht an den langen Abenden noch manch Interessantes erzählen", fügte Käthe hinzu.

„Wenn ihm seine Verletzungen nicht zu sehr zu schaffen machen", meinte Else. „Wie blaß und müde er aussieht! Jedenfalls wird er heute abend beizeiten zur Ruhe gehen."

Ja, Klaus Hasselaer sehnte sich, nachdem er zu Abend gegessen hatte, nach Ruhe und wurde auch bald in sein Schlafzimmer geführt, wo er dann seine müden Glieder auf weichem Lager ausstrecken konnte. Er, der Sohn des früheren Bürgermeisters von Haarlem, hatte schon früh den Vater verloren. Die Mutter war während der Belagerung halb verhungert und an Entkräftung gestorben und seine einzige Schwester auf den Wällen durch eine Kugel getötet worden.

Daraufhin hatte sich Klaus ganz dem Kriegsdienst verschrieben. In seiner Art ein wenig rauh, hatte er doch ein zartes Gewissen und zeigte sich meist bescheiden und zurückhaltend. Er kannte sein Heimatland bis in den letzten Winkel, sprach ebenso geläufig spanisch wie holländisch, hatte manches Abenteuer erlebt und einige recht ungewöhnliche Erfahrungen hinter sich gebracht. Doch wenn er davon erzählte, stellte er sich nie in den Vordergrund, um einen Helden aus sich zu machen, sondern blieb bei allem Erzählen und Berichten bescheiden und auch immer bei der Wahrheit.

Da war es gut zu verstehen, daß er bereits nach wenigen Tagen von allen Hausbewohnern gut gelitten war. Und weil er auch recht interessant zu erzählen pflegte, freuten sich alle, besonders die beiden Kusinen, auf die schönen Abendstunden in der großen Küche, um irgendetwas von Klaus erzählt zu bekommen. Da war es denn nicht verwunderlich, daß auch er sich bald recht wohl fühlte im Kreis der ‚Deichfarm'-Bewohner. Und nachdem er dank der geschickten Hand von Frau Martha langsam wieder genas, suchte er sich allmählich hier und da in Haus und Garten ein wenig nützlich zu machen. Sein Verhältnis zu den beiden Kusinen war herzlich und ungezwungen, ohne daß es die drei am nötigen Respekt in ihrem Verhältnis zueinander hätten fehlen lassen.

Eines Abends sprach Käthe ihn auf die Belagerung von Haarlem an. „Wie kommt es, daß du uns darüber noch nie etwas erzählt hast?"

Klaus sah das Mädchen eine ganze Weile ernst und nachdenklich an und erwiderte dann: „Ach, Käthe, wenn du diese Belagerung kenntest, das heißt, die einzelnen Geschehnisse und Ereignisse,die sich während dieser Tage dort zugetragen haben, dann würdest du dich nicht wundern, daß ich bisher darüber schwieg. Aber wenn ihr gern Näheres darüber erfahren möchtet, dann will ich euch einiges berichten. Ach, es sind Dinge passiert, die man fast nicht wiedergeben kann! Wohin kann der Mensch kommen, wenn er sich gehen läßt und seinem Zorn, seinem Rachedurst Raum läßt! Wie ich es sehe, konnte Gott dieser Stadt nicht barmherzig sein - wie später der Stadt Leyden gegenüber -, ihre Bewohner hatten keine Barmherzigkeit verdient!"

„Wovon sprichst du jetzt, Klaus? Wir wissen nicht, was du meinst."

„Die Sache mit der Frau und der Tochter des Bürgermeisters – wißt ihr nichts davon?"

„Nein. Erzähle uns bitte davon!"

„In den Tagen, da die Spanier noch die Herren der Stadt waren und wir uns noch nicht erhoben und sie ausgetrieben hatten, bekleidete ein gewisser Enkhuys das Amt des Bürgermeisters. Die Bürger, mit dessen Amtsführung sehr unzufrieden, empörten sich und warfen ihn ins Gefängnis. Dort befand er sich noch, als unsere Freunde vor der Stadt erschienen, um uns zu Hilfe zu eilen und die Stadt von den Spaniern zu befreien. Doch das mißlang, und es kam auf beiden Seiten zu unbeschreiblichen Ausschreitungen. So wurde auch Enkhuys, der als Katholik im Verdacht stand, mit den Feinden zu sympathisieren, kurzerhand zum Tod am Galgen verurteilt. Doch das ist noch nicht das Schrecklichste. Viel schlimmer war, was man seiner Frau und seiner Tochter zufügte – einer römisch gesinnten Nonne und Pflegerin vieler Kranker und Verwundeter. Am Tag der Hinrichtung des Bürgermeisters begleiteten die beiden Frauen ihn und beteten für ihn und sprachen ihm Trost zu. Ich war zutiefst erschüttert, denn die Frauen zeigten Frömmigkeit und Gottesfurcht, und ich vermochte nicht länger dem wüsten Zug zum Galgen zu folgen und wandte mich ab.

Später hörte ich dann, man habe die beiden Frauen ergriffen und sie im Stadtgraben ertränkt. Ach! Auch Haarlem hat sich schwer versündigt. Kein Wunder, daß es so schlimm gezüchtigt wurde!"

„Die Spanier haben es aber noch schlimmer getrieben, wie man hört."

„Das mag sein. Aber geben wir Protestanten nicht immer wieder vor, nach biblischen Grundsätzen handeln zu wollen? Sind uns die Gedanken Gottes nicht besser bekannt aufgrund Seines Wortes? Ich frage mich oft in letzter Zeit, ob es überhaupt zu rechtfertigen ist, wegen Glaubensfragen zum Schwert zu greifen. Wir sagen zwar immer wieder, wir kämpften um eine gute Sache – wie hätte man so etwas diesen beiden Frauen antun dürfen! Sie, die es wagten, ihren Gatten und Vater zu begleiten, verdienten geachtet und geschont zu werden! – Da will ich euch auch noch von meinem Freund Kurcy erzählen. Er war ein prima Bursche. Er wünschte in seiner Jugend Prediger zu werden. Aber als der Krieg begann, meinte er, es sei seine Pflicht, nach der Waffe zu greifen. Obwohl allein schon der Gedanke an Blutvergießen ihn schaudern machte, zog er mit ins Getümmel. War er dann wieder heil heimgekommen, schloß er sich in sein Zimmer ein und war zutiefst unglücklich und krank an Leib und Seele wegen der Gewalttaten, die er selbst begangen und erlebt hatte. Eine feindliche Kugel machte schließlich seinem Leben ein Ende."

Der Erzähler hatte plötzlich Tränen in den Augen.

„Welch einen Sinn hat dies alles - Mord, Totschlag, Raub, Plünderung, Tränen und Leid? O, dieser Krieg! Ob dies alles nach den Gedanken Gottes ist? - ich denke nicht! - Doch wo ist ein Ausweg?"

Eine ganze Weile starrten die jungen Leute nachdenklich vor sich hin. Dann berichtete Klaus über die weitere Belagerung Haarlems. Er schilderte, wie sie sich in ihrer Not schließlich entschlossen, die Stadt anzuzünden, wie während der schrecklichen Feuersbrunst die Frauen und Kinder beschlossen, einen Ausfall zu machen und kämpfend zu sterben, wie endlich aber auf das trügerische Versprechen der Spanier hin die Stadt kapitulierte und ein entsetzliches Blutbad folgte.

„Ist es wahr, daß man dich gefangen hatte und töten wollte, weil man dich mit deinem Vetter verwechselte?" fragte Käthe gespannt.

„Das war so, ja - aber damals hat irgend ein Quasseler nicht dicht gehalten. Wäre es meinem Vetter nicht erzählt worden, daß man mich statt seiner an den Galgen bringen wolle, hätte er sich nicht freiwillig gemeldet, sondern hätte der Stadt noch sehr zum Nutzen sein können. Ach ja, der Peter!" –

Etwa vierzehn Tage später sprengten zwei noch jugendliche Reiter in den Hofraum der ‚Deichfarm'. Eilig schwang sich einer der beiden aus dem Sattel, warf dem andern die Zügel seines Pferdes zu und trat ins Haus, in welchem er mit großem Jubel begrüßt wurde.

„Adrian! Adrian!" rief es von allen Seiten.

„Aber was führt dich um diese Zeit hierher, mein Sohn?" fragte Herr von Warneck, der sich bei dem überraschenden Besuch des Jünglings einer Ahnung nicht erwehren konnte, daß etwas Unangenehmes passiert sei.

„Ich bringe euch einen Gast, Onkel", erklärte Adrian. „Es ist mein Freund Dirk Jonas, in dessen Hause ich mich während der Belagerung von Leyden aufhielt und der durch schlimme Ereignisse in Antwerpen mit seiner Kraft am Ende ist. Und da dachte ich, hier bei uns auf der ‚Deichfarm' könnte er am besten wieder zu Kräften kommen."

„Was sagst du da von Antwerpen?" unterbrach ihn der Hausherr ungeduldig.

„Du hast noch nichts davon gehört, Onkel?" wunderte sich Adrian.

„Ich hörte nur von einem kleinen Aufruhr... Der Prinz reiste am Montag nach Middelburg, und seitdem habe ich nichts weiter gehört."

„Der arme Dirk konnte nur durch schleunige Flucht aus Antwerpen das nackte Leben retten", fuhr Adrian fort. „Sein Vater wurde ermordet; denn die spanischen Unholde gelangten in den Besitz der Stadt und ließen fast niemanden am Leben. Dirk macht mir Sorge; er ist oft wie von Sinnen, so sehr haben ihm die Ereignisse in Antwerpen zugesetzt. Man kann ihn fast nicht aus den Augen lassen. Ihr wißt, was seine Mutter damals in Leyden alles für mich getan hat, und da wird es wohl nicht nötig sein, euch allen hier meinen unglücklichen Freund zu empfehlen."

„Gewiß, unser Haus steht ihm offen", versicherte Herr von Warneck. „Aber was war in Antwerpen, Junge? Erzähle mir davon."

„Ich habe das alles nicht von Dirk, sondern von Heinrich Oster, dem Gesellschafter seines Vaters, der ihm auch zur Flucht verhalf."

Und nun schilderte Adrian mit kurzen Worten, wie

schrecklich die Spanier, nachdem sie zuerst die Zitadelle und dann die Stadt eingenommen, gehaust hatten. Drei Tage lang hatten sie ununterbrochen geplündert und gemordet, so daß Tausende von unbestatteten Leichen auf den Straßen umherlagen oder in den Fluten der Schelde neben den Barken flußabwärts trieben. Die herrlichen Häuser und Paläste im Zentrum der Stadt sanken in Schutt und Asche.

„Man kann es nicht fassen, sie wüteten wie die Teufel – nein, das waren keine Menschen mehr, die da über die Stadt herfielen", berichtete Adrian voller Entrüstung.

Dirk saß draußen noch immer auf seinem Pferd. Er machte einen sehr müden, abgespannten Eindruck. Sein Gesicht war totenblaß, und er starrte leer und ausdruckslos zu Boden. Doch als Herr von Warneck aus der Tür trat und auf ihn zukam, richtete er sich auf.

„Dirk Jonas, mein armer Freund!" sprach Herr von Warneck ihn freundlich an und reichte ihm die Hand, „ich freue mich, daß Adrian dich zu uns gebracht hat. Wir werden dich schon wieder mit Gottes Hilfe auf die Beine bringen. Vergiß, was deine Augen sehen mußten, dann wird alles wieder gut."

„Antwerpen wird mir in Erinnerung bleiben, bis der Tod mich abruft. Es war zu gräßlich..."

Doch dann schwang er sich aus dem Sattel, und an der Hand Adrians folgte er dem Hausherrn ins Wohnzimmer, das durch ein hochloderndes Torffeuer angenehm warm war. Dort saß bereits Klaus Hasselaer, eifrig damit beschäftigt, sein Gewehr instand zu setzen. Nachdem der neue Gast die Familie begrüßt und Platz genommen hatte, teilte Adrian in schlichten Worten seine Erlebnisse mit. Der alte Jonas, Dirks Vater, der vor einem Jahr von Leyden nach Antwerpen übergesiedelt war und hier ein Tuchgeschäft gegründet hatte, war eines Abends mit der Nachricht nach Hause gekommen, die Spanier rückten in hellen Haufen in die Stadt. Daraufhin hatte sich Heinrich Oster, Jonas' Teilhaber, nach kurzer Beratung mit der Familie Jonas entschlossen, mit Dirk noch in derselben Nacht heimlich die Stadtmauer zu übersteigen und sich in Sicherheit zu bringen. Unter vielen Tränen hatte man sich verabschiedet, zugleich aber verabredet, daß Vater Jonas, so lange er unversehrt sei, in das nach den nordwärts gelegenen Feldern weisende Dachfenster ein Licht stellen sollte. Die Flucht war dann auch geglückt; draußen hatten die beiden Flüchtlinge, in Mäntel gehüllt, in einem Graben ein Versteck gefunden und von da aus zwei Nächte hindurch das Licht gesehen. In der dritten Nacht war das Dachfenster dunkel geblieben; und ein anderer Flüchtling hatte ihnen die Kunde gebracht, er habe mit eigenen Augen die Leiche Jonas' unter mehreren Toten auf der Straße liegen sehen. Daraufhin hatte Heinrich Oster den jungen Dirk Jonas mit nach Leyden genommen und ihn der Obhut von Freunden übergeben.

Dabei starrte Dirk unentwegt in die offene Herdflamme. Man sah ihm an, daß er zutiefst erschüttert war.

Voller Teilnahme schaute Else zu ihm hin, und in Käthes Augen erschienen dicke Tränen.

Klaus aber ballte seine Fäuste und preßte die Lippen zusammen. Schließlich erhob er sich, ging ins Wohnzimmer und setzte sich dort in einen Lehnstuhl, als wünsche er mit seinen Gedanken allein zu sein. Er war sehr aufgeregt. Zwölf Jahre lang hatte man in Holland nun schon um Glauben und Vaterland gekämpft, und solcher Untaten und Leiden war noch immer kein

Ende! Und er selbst? Vergeblich hatte er bisher auf eine baldige Genesung gehofft. Ein heftiger Fieberanfall vor knapp einer Woche hatte ihn gesundheitlich weit zurückgeworfen.

In diesem Augenblick öffnete sich die Tür, und Else trat ein, nach ihrem alten Freund zu sehen. Ihr war es nicht entgangen, daß im Herzen des Kriegers alte Wunden erneut zu bluten begannen, und sie versuchte ihn zu trösten und ihm Mut zu machen. Sie legte ihm die Hand auf die Schulter und sagte:

„Weißt du, Klaus, daß du von neuem krank wirst, wenn du die Gedanken an den Krieg und all das Unrecht nicht entschieden von dir weisest? Das alles bringt dir nichts ein. Freu dich der Pflege hier bei uns, schau nicht mit so viel Sorge in die Zukunft und hab weiter Geduld; Wunden wie die Deinen brauchen viel Zeit zum Heilen. Aber es wird geschehen, du wirst wieder zu Kräften kommen und stark und gesund werden."

„Ich wünschte, es wäre bald soweit."

„Du denkst doch nicht etwa daran, uns bald zu verlassen...?"

„O nein. Ich könnte ja doch keine Lanze mehr schwingen, mein Leben zu verteidigen", seufzte er und legte die Hand vor die Stirn.

„Hast du Angehörige in Antwerpen?" forschte Else weiter.

„Nein, das habe ich nicht. Aber ich komme nicht los von dem Geschehen dort. O diese Spanier! Diese Unholde! Sie stecken unsere Häuser in Brand, sie foltern unsere Bekannten und Freunde! Sie rauben uns aus und treiben uns paarweise in ihre Speere, um uns gefügig zu machen. So hat's der Dirk ja auch erfahren! Kein Wunder, daß er völlig entkräftet und ohne Mut und

Hoffnung ist!“

„Ach, was ist der Krieg ein böses Übel!“ seufzte Else. „Aber weißt du auch, warum sich die Menschen hassen und einander töten? Und auch wir sind Sünder; denn auch wir hassen die Menschen, die, wenn sie auch unsere Feinde sind, Gott geschaffen hat. Der Herr Jesus betete für Seine Feinde, als Er am Kreuze hing, und Er starb für die Gottlosen, damit jeder, der an Ihn glaubt, nicht verlorengehe, sondern ewiges Leben habe. Auch ich haßte früher die Niederländer, weil man mir gesagt hatte, sie seien alle gottlose Abtrünnige und Ketzer; und jetzt fühle ich oft einen Haß gegen die Spanier, obgleich meine Mutter eine Spanierin war. Aber Käthe hat mir gesagt, das eine sei so böse wie das andere. Und als sie dann niederkniete und auch für die Spanier betete, da fühlte ich, daß sie recht hatte. Nachher lernte ich den Spruch auswendig: ‚Liebet eure Feinde; segnet, die euch fluchen; tut wohl denen, die euch hassen; und bittet für die, so euch beleidigen’; und weißt du, seit auch ich angefangen habe, für meine Feinde zu beten, ist es mir leichter ums Herz geworden.“

Der Krieger hatte sehr aufmerksam zugehört. In ähnlicher Weise hatte auch Käthe schon mit ihm gesprochen; jedoch hatte es ihn nicht so nachdenklich gemacht wie jetzt in diesen Augenblicken. Zwar hatte er sich schon zu Lebzeiten seiner Eltern der sogenannten „neuen Lehre“ angeschlossen, aber niemals hatte er über die Wahrheiten des Heils nachgedacht, niemals selbst die Bibel zur Hand genommen, um über das, wofür er kämpfte und litt, Licht und Erkenntnis zu erlangen. Erinnerungen an seine fromme Mutter, die ehedem oft mit ihren Kindern in der Heiligen Schrift gelesen, tauchten in ihm auf. Es war ihm seltsam zumute.

Schließlich begann er zu reden: „Als ich vor Jahren, aller meiner Verwandten beraubt, meine Heimat verließ, da tat ich das Gelübde, nie das Schwert ruhen zu lassen, so lange noch ein spanischer Fuß den Boden der Niederlande betrete. Aber seit ich hier bin bei euch auf der ‚Deichfarm', da ist es mir, als sei mein Arm gelähmt. Wenn ich dich und deine Kusine über Dinge sprechen höre, die sonst nie mein Ohr berührten, und wenn ich sehe, wie Käthe trotz ihrer körperlichen Leiden stets glücklich und zufrieden ist, dann fühle ich, daß ihr hier etwas besitzt, was ich nicht habe. Wenn mich eine spanische Kugel tödlich verletzt hätte – wo wäre ich nun? Wenn ich jetzt an die Ewigkeit denke, befällt mich eine gewaltige Angst. O, mein Kind, ein Kriegsmann ist ein großer Sünder!"

„Der Räuber am Kreuz war auch ein großer Sünder", entgegnete Else; „und er bereute es, wandte sich an den Heiland und hörte die Worte: ‚Heute wirst du mit mir im Paradiese sein.' – Weißt du, gestern habe ich es noch gelesen, daß der Herr Jesus niemanden hinausstößt, der zu Ihm kommt, - nein - niemanden - niemanden. Du darfst auch kommen! Sieh, früher glaubte ich, Er sei ein harter Richter, und nur die heilige Jungfrau vermöge Ihn durch ihre Fürbitte, durch Worte und Tränen zu bewegen, uns armen Sündern zu helfen. Aber seit ich weiß, daß Er selbst gesagt hat: ‚Kommet her zu mir alle, die ihr mühselig und beladen seid, ich will euch erquicken' – gehe ich direkt zu Ihm, und Er hört gern, wenn ich zu Ihm bete. Nun bin ich glücklich und verstehe gut, daß auch Käthe heiter und zufrieden zu sein vermag. Nun habe auch ich keine Angst mehr vor der Ewigkeit und dem kommenden Gericht. Mein Heiland hat alle meine Sünden gesühnt – auch für mich hat Sein Blut Sühnung getan."

Sehr aufmerksam hatte Klaus Hasselaer seiner kleinen Freundin zugehört. Mit seiner breiten Hand fuhr er sich über das rauhe, vernarbte Gesicht, als wollte er seine Rührung verbergen. Dann sagte er:

„Wenn es nicht für unser armes, zertretenes Land wäre, so würde ich die Waffe ruhen lassen und hier bei euch an diesem friedlichen Ort wohnen bis an mein Lebensende. Aber das kann noch nicht sein. Und je länger ich hier bleibe, desto untüchtiger werde ich als Krieger, und noch werden solche gebraucht."

In diesem Augenblick trat die Hausfrau ins Zimmer und unterbrach die Unterhaltung:

„Da mein Mann soeben abgerufen worden ist zu einer Besprechung und auch Adrian nicht länger bleiben kann, bitte ich Euch, Klaus, Euch ein wenig zu unserem neuen Gast zu setzen; der junge Mann braucht Aufrichtung."

Hasselaer erhob sich sofort und ging hinüber. Kaum hob Dirk den Kopf, als Klaus eintrat.

„Armer Freund!" redete Hasselaer den jungen Fremden an. „Ich freue mich, dich hier an einem Ort und unter Menschen zu sehen, wo man nach harten Strapazen wieder ein wenig zu Kräften kommen kann. Ich habe dies erfahren, und auch du wirst wieder auf die Beine kommen."

Dirk schaute ihn nur schweigend an.

„Könntest mir ein bißchen von Antwerpen berichten", versuchte er den jungen Mann zum Sprechen zu bringen.

„Über Antwerpen – ?" Wie im Traum kamen diese Worte aus Dirks Mund. „Antwerpen - ? O, diese Spanier! Diese Mörder! Diese Teufel!"

„Ich kann deine Erbitterung verstehen", sagte Hasselaer ernst. „Ich verlor in wenigen Tagen meinen Vater, meine Mutter, meine beiden Schwestern und meinen besten Freund. Ich war reich, als der Krieg begann, und nun bin ich ein Bettler. Mir blieb nur das nackte Leben."

„Dann sind wir Leidensgefährten", sagte darauf der Jüngling und reichte dem Krieger die Hand. „Aber was habt Ihr gemacht, nachdem Ihr fliehen konntet?"

„Ich ließ mich hier gesund pflegen. Und wenn ich wieder bei Kräften bin, werde ich den Kampf fortsetzen; der Sieg m u ß unser werden!"

„Würdet Ihr mich mitnehmen?" fragte der junge Mann und richtete sich ein wenig auf.

„Wenn es dein Wunsch ist" , erwiderte Hasselaer. „Aber der Pulverdampf ist kein Wohlgeruch für empfindliche Nasen, mein Sohn. Weißt du, was das heißt, Soldat zu sein? Bist du bereit, dein Leben aufs Spiel zu setzen – auf dem Schlachtfeld, in brennender Festung, im jammererfüllten Hospital? Bist du bereit zu bedingungslosem Gehorsam - gar gegen jede Vernunft? - Junge, überleg dir's reiflich!"

„Ich bin willens und bereit", entgegnete Dirk mit klarer Stimme.

Hasselaer lächelte. Er freute sich, daß der junge Mann offensichtlich zu neuem Leben erwachte; sein Dahinbrüten schien ein Ende zu haben, und sein ganzes Wesen belebte sich zusehends.

Der Kampf gegen die Feinde seines Vaterlandes, gegen Feinde, die ihn als Sechzehnjährigen zum Waisen und Bettler gemacht hatten, sollte ab jetzt Dirks Lebenszweck sein, ihm wollte er seine ganze Kraft widmen. Am liebsten hätte er sofort die Kriegsfahrt begonnen.

Aber er mußte sich einige Wochen gedulden, denn

noch fühlte Hasselaer sich nicht genügend gekräftigt. Der Krieger hatte sich in dem gastlichen Hause inzwischen so gut eingelebt, daß er gar nicht daran denken mochte, bald Abschied nehmen zu müssen. Besonders die beiden Mädchen hatte er ins Herz geschlossen. Ihre Unterredungen waren bei ihm nicht vergessen. Von ihnen hatte er Worte gehört, die ihn nach und nach veränderten; seine Härte war gemildert, sein Benehmen feiner, und in seinem Herzen waren Fragen aufgekommen und Bedürfnisse geweckt worden, die es früher für ihn nie gegeben hatte. Er war anders geworden, wenn man auch nicht sagen konnte, daß seine Seele Frieden mit Gott gefunden habe.

Endlich schlug die Abschiedsstunde. Adrian war abends vorher von Leyden gekommen, um von seinem Freund Dirk Abschied zu nehmen, und freute sich, den Freund so lebhaft und kräftig zu sehen. Hasselaer, der bereits von Herrn von Warneck Abschied genommen hatte, wurde dann auffallend ruhig, als er auf die Frau des Hauses zutrat und ihr die Hand reichte. Er war sehr bewegt. Schließlich stammelte er: „Ich werde nie vergessen, teure Frau, was Sie an mir, einem verwundeten Fremdling, getan haben."

„Wir haben nichts getan, was wir nicht auch an jedem anderen Unglücklichen getan haben würden - selbst wenn dieser unser Feind gewesen wäre", antwortete die Hausfrau ruhig.

„Sie haben mich wie eine Mutter gepflegt; und ich kann nichts weiter tun, als Gott bitten, daß Er Sie und die Ihrigen doppelt segnen möge", fügte Dirk hinzu. „Und sollten Sie je eines Mannes bedürfen, dem es das höchste Glück ist, Ihnen einen Dienst zu erweisen, dann rufen Sie mich; und ich werde kommen, und koste es mein Leben. - Und ihr, Käthe, Else - ? Was soll ich sagen, was euch wünschen? O, auch euch gilt mein Dank! Vielleicht sehen wir uns nie mehr wieder. Und wenn ihr an mich denkt, dann betet auch für mich!"

In der Frühe des folgenden Morgens, noch ehe die Sonne den Nebel von den Weiden hob, traten Klaus Hasselaer und Dirk Jonas, von Adrian eine Strecke Weges begleitet, ihre Reise an, lange verfolgt von den Blicken der zurückbleibenden Bewohner der 'Deichfarm'.

Vier Jahre später.

In der stillen Wohnung des Herrn von Warneck sowie in der nächsten Umgebung der ‚Deichfarm' war alles unverändert geblieben. Die Sonne verbreitete noch immer ihre wärmenden Strahlen über die grüne Ebene und deren eingedämmte Gewässer, während die rastlos sich drehenden Windmühlen in den Sommertagen geringen Schatten spendeten. Befürchtungen und Hoffnungen, Niederlagen und glückliche Erfolge hatten während dieser Jahre abgewechselt. Eine Zeitlang hatte es geschienen, als ob alle Teile der Niederlande sich mit Holland und Zeeland zu einem Bunde hätten vereinigen wollen; aber leider zeigten sich unter ihnen so große Meinungsverschiedenheiten, daß dieser große Zusammenschluß nicht zustande kam; es vereinigten sich nur sieben im Norden gelegene Provinzen, während sich aus dem Süden nur einige einzelne Städte wie Brügge, Gent, Antwerpen mit ihrem Umland dem Bündnis anschlossen.

Man beabsichtigte, den Prinzen Wilhelm zum Oberhaupt zu wählen. Er jedoch wies dies zurück; er wollte nicht den Eindruck erwecken, es sei sein Begehren, sich die Krone König Philipps aufs Haupt zu setzen. Zudem erkannte er deutlich, daß es unmöglich war, die Existenz dieses neuen Reiches ohne fremde Hilfe behaupten zu können; und so bemühte er sich nach verschiedenen Richtungen hin um Unterstützung und entsprechende Zusagen. Aber meist blieben seine Bemühungen vergeblich. Schließlich wandte er sich erneut an Frankreich, wo man sich allmählich für die Einführung der Religionsfreiheit einzusetzen begann. Auf Vorschlag des Prinzen trugen die niederländischen Stände dem Herzog Franz von Anjou, dem Bruder König Heinrichs III. von Frankreich, das Protektorat der Niederlande an und kündigten zugleich dem König Philipp von Spanien den Gehorsam auf. Die Antwort König Philipps war eine offene Kriegserklärung gegen die Niederländer als Aufrührer und Empörer und die Sendung eines Heeres von zwanzigtausend Mann unter dem Kommando des Prinzen von Parma, Alexander Farnese. Einen talentvolleren, tatkräftigeren Feldherrn hätte Spanien nicht schicken können. In der Schlacht von Gleinblours schlug er die Niederländer vernichtend. Ein gewaltiger Schrecken fiel über das Land. Prinz Wilhelm erkannte, daß sein Plan, den Süden mit dem Norden zu vereinen, gänzlich gescheitert war. Aber er verlor den Mut nicht, sondern suchte durch die sogenannte „Utrechter Union" das Band der vereinigten Provinzen noch enger zu knüpfen, um dadurch den Eroberungen Alexander Farneses widerstehen zu können. König Philipp dürstete nach Rache. Immer stand ihm der verhaßte Prinz von Oranien im Wege; um jeden Preis mußte dieser aus dem Wege geschafft werden. Zu diesem Zwecke beschied er den Todfeind des Oraniers, den ränkevollen Kardinal Granvella, zu einer Beratung von Rom nach Madrid; und dieser riet, den Prinzen für vogelfrei zu erklären und den Preis von 25.000 Goldkronen auf den Kopf des Geächteten zu setzen. Da Philipp sofort diesen Rat guthieß, wurde nicht länger überlegt und nur noch Alexander Farnese, der Oberstatthalter und Heerführer, mit ins Vertrauen gezogen. –

So standen die Dinge, als Herr von Warneck an einem schönen Frühlingsnachmittag wie so oft mit dem Lesen verschiedener Briefe beschäftigt an seinem Schreibtisch saß. Erst tags zuvor war er von einer Reise zurückgekehrt. Denn da der Prinz, um mehr im Mittelpunkt seines Wirkungsbereiches zu sein, nicht mehr in Delft, sondern in Antwerpen seine Residenz aufgeschlagen hatte, war auch sein Sekretär von Warneck weit seltener im Kreise der Seinen als in früheren Tagen. Endlich schob er die Briefe zur Seite, und sich umschauend, las er aus den Augen seiner Familie, daß man diesen Augenblick schon längst herbeigesehnt hatte.

„So, jetzt wirst du wohl auch für uns ein wenig Zeit haben und uns berichten!" meinte die Hausfrau. „Wir leben hier so einsiedlerisch, daß wir kaum etwas von dem hören, was draußen in der Welt vorgeht. Besonders würden wir uns freuen, etwas über den Prinzen und sein Wohlergehen zu erfahren. Stimmt es, daß man eine große Summe auf seinen Kopf gesetzt hat, um ihn beiseite zu schaffen?"

Herr von Warneck seufzte, und erst nach längerem Schweigen antwortete er:

„Ich spreche höchst ungern darüber. Doch inzwischen hat sich diese traurige Sache längst überall herumgesprochen. Ich habe hier ein Schriftstück vor mir liegen, das den Text einer Achterklärung enthält und das nicht nur im Bereich der spanischen Herrschaft, sondern in allen Ländern Europas publiziert werden soll. Und diese Aufforderung zum Meuchelmord kommt von Menschen, die sich Christen nennen und den höchsten Ständen angehören!"

„O bitte, lies es uns vor!" baten die Hausfrau und die beiden jungen Damen zugleich.

Herr von Warneck nahm das Blatt in die Hand und las:

> „Der sogenannte Wilhelm Nassau ist als Verräter in die Acht erklärt. Wer ihn lebendig oder tot überliefert, erhält 25.000 Goldkronen und soll, hätte er auch früher die schwersten Verbrechen begangen, von jeder Strafe entbunden sein."

In heftigen Worten machten die drei Frauen ihrer Entrüstung Luft.

„Es ist das Werk Granvellas, der Philipp zu diesem Schritt überredete", meinte Herr von Warneck düster.

„Welchen Eindruck machte das Schreiben auf den Prinzen?" fragte seine Gattin.

„Er las es, ohne eine Miene zu verziehen. Dann saß er lange in Gedanken verloren. Endlich sagte er ruhig: ‚Mein Leben steht in Gottes Hand. So lange Er es für nötig erachtet, mich dem Vaterlande zu erhalten, wird niemand Hand an mich legen. Ich glaube nicht, daß dieser Bannstrahl die Gefahren vergrößert, denen ich so lange Jahre ausgesetzt war; und ich denke auch fernerhin mein Leben für das Wohl des Landes einzusetzen.' – Dann gingen wir auf seinen Wunsch hin an die Arbeit."

Herr von Warneck schwieg und versank in düsteres Grübeln. In Gegenwart des Prinzen hatte er seinen Gefühlen Zwang angetan. Nun kamen die Sorgen mit doppelter Gewalt über ihn. Fast aussichtslos blickte er in die Zukunft. Die Lüge schien zu triumphieren und die Wahrheit unterliegen zu sollen. Wenn es gelang, den Prinzen, in dessen Händen die Fäden der gesamten Freiheitsbewegung zusammenliefen, aus dem Wege zu räumen, wer sollte dann weiter die Führung übernehmen? Würde damit nicht das Werk zusammenbrechen? – Alle diese Fragen bedrängten ihn und ließen ihn keine Antwort finden. Da legte sich eine leichte Hand auf seine Schulter. Käthe hatte ihn ein Weilchen beobachtet und ahnte, wie sehr ihn die Sorgen um die Zukunft gefangenhielten. Sie schlang ihm die Arme um den Nacken und sagte:

„Papa! O, vergiß doch nicht deinen alten Wahlspruch: 'Wo Menschhilfe ist zu Ende, da sind mächtig Gottes Hände.' – Wir haben das ja oft erfahren. Der Herr Jesus selbst hat gesagt: 'Ich bin bei euch alle Tage, bis an der Welt Ende.' Sicher wird Er auch über das Leben des guten Prinzen wachen; und die bösen Menschen, die ihn ermorden wollen, werden ihm kein Haar krümmen können ohne Seinen Willen. Laß uns Ihm vertrauen!"

Herr von Warneck hob langsam den Kopf und sah seinem Kind in die Augen:

„Kind, mein Liebes, du hast recht! Ich bin ein ungläubiger Tor – ein schwacher Jünger Jesu. Aber ich will lernen, Ihm ganz zu vertrauen. Er wird sich unseres Prinzen erbarmen!" –

Im Oktober desselben Jahres kehrte Dirk Jonas zu einem vierwöchigen Erholungsurlaub auf die 'Deichfarm' zurück. Beim Umherschlendern in den Straßen von Delft begegnete er eines Tages einem fremden jungen Mann, der ihn wie zufällig in ein Gespräch verwickelte. Die gebildete Sprache sowie das vornehme

Auftreten des jungen Fremden machten auf Dirk einen guten Eindruck. Der Fremde nannte sich Montana und erzählte, er sei Spanier von Geburt, in Lüttich erzogen und dort nach seinem Übertritt zum protestantischen Glauben von der Inquisition verfolgt und ins Gefängnis geworfen worden. Es sei ihm jedoch gelungen zu fliehen, und jetzt wolle er versuchen, in Holland als Lehrer der spanischen Fechtkunst sein Brot zu verdienen und sich so vielleicht auch einen Namen zu machen. Mit höflichen, vertrauenerweckenden Worten versuchte er Dirk zu bewegen, an den Unterrichtsstunden, die er in Delft angekündigt habe, teilzunehmen. Dirk sagte zu und traf dann auch wenig später eine größere Anzahl junger Leute in den Fecht-Übungsstunden, bei welchen sich Montana unbestreitbar als ein Meister in seinem Fach bestätigte. Um so mehr schmeichelte es Dirk, als er sah, daß Montana ihn offensichtlich in verschiedener Weise vorzog und auszeichnete. Bald waren sie Freunde, die ihre freie Zeit gemeinsam verlebten und unzertrennlich schienen. So war es nur natürlich, daß Dirk seinem Freund auch von den Bewohnern der 'Deichfarm' erzählte; und da dieser sich mehr und mehr für die Familie des Herrn von Warneck und besonders auch für die dort aufgenommene „spanische Landsmännin“ interessierte, versprach Dirk ihm, ihn gelegentlich dort einzuführen und bekannt zu machen.

Bereits am folgenden Nachmittag löste er sein Wort ein. Else war gerade in dem kleinen Garten damit beschäftigt, die hochstehenden Herbstblumen an stützende Stäbe zu binden, als die jungen Leute eintrafen.

„Hier, Fräulein Else“, sprach Dirk sie an, „bringe ich Ihnen einen Landsmann. Es ist Herr Montana, bei dem ich Fechtunterricht erhalte. Auch er gehört zu den vielen, die um ihres Glaubens willen verfolgt werden. Vergönnen Sie ihm, hier ein paar Tage zu verweilen. Ich will ihn bei Ihrer Frau Tante anmelden und mich entschuldigen, daß ich ihn so unerwartet mit herbrachte." Damit ging er ins Haus.

Montana verbeugte sich tief. Einen Augenblick ruhten seine Augen mit einem seltsamen Blick auf der schmalen, anmutigen Gestalt der jungen Dame, dann schaute er wie schüchtern zu Boden und überließ es Else, die ihn ihrerseits ebenso höflich begrüßte, ihm in flämischer Sprache zu antworten.

„Ja, Dirk hat uns bereits von Ihnen erzählt. Sie sind noch nicht lange in Delft?"

„Erst seit vierzehn Tagen", antwortete er.

Er teilte jetzt in wenigen Worten mit, warum er hier sei, und dabei war deutlich zu hören, daß er mit dem Flämischen nicht ganz zurechtkam. Darüber wunderte sich Else ein wenig.

„Sie scheinen in Lüttich nicht sehr heimisch geworden zu sein", bemerkte sie. „Sprechen Sie vielleicht wallonisch?"

Doch bevor er darauf antworten konnte, kehrte Dirk zurück und rief lachend: „Ihr seid doch Landsleute! Warum sprecht ihr nicht spanisch? Wir Holländer hassen zwar alles, was aus Spanien kommt - "

„ - Aber ich hoffe, die Senorita verachtet niemanden, der, in Spanien geboren, ihr in seiner Muttersprache die tiefste Verehrung bezeugt", fiel Montana ihm ins Wort, indem er sich erneut verneigte.

„Sicher nicht - zumal wenn dieser jemand wie Sie um des Glaubens willen gelitten hat", erwiderte Else, sich jetzt ebenfalls der spanischen Sprache bedienend.

Montana sprach noch einige weitere Höflichkeiten aus. Schließlich machte Else der Unterhaltung ein Ende, indem sie sich leicht verneigte und sich zurückzog.

Montana schaute ihr nach, eine heimliche Befriedigung im Blick, und folgte dann Dirk nach ins Haus. –

Seit jenem Tage wurde Montana ein häufiger Gast auf der 'Deichfarm', und unverkennbar bemühte er sich um das Vertrauen der Damen des Hauses. Er ließ es an Höflichkeiten nicht fehlen, nahm regen Anteil an den Hausandachten und mischte sich mit Bedacht und viel Takt in die häuslichen Angelegenheiten, wenn Rat vonnöten war. Niemals versäumte er es, sich nach Käthes Befinden zu erkundigen. Der Hausfrau zollte er viel Respekt und Achtung, und einmal vertraute er ihr an, sie erinnere ihn so sehr an seine leider so früh verstorbene Mutter. Da wunderte es nicht, daß die Damen der ‚Deichfarm' ihn gern als Gast begrüßten. Doch bei aller Wertschätzung des jungen Mannes verspürte Frau von Warneck im Innersten ihres Herzens einen gewissen Argwohn, der sich nicht verscheuchen ließ.

Eines Abends, als sie einmal zufällig mit Dirk allein in der Stube war, sagte sie offen: „Dirk, irgend etwas hält mich ab, Herrn Montana mein ganzes Vertrauen zu schenken. Manchmal kommt es mir vor, als sei etwas mit ihm nicht in Ordnung – als mache er uns allen etwas vor. Sollte alles der Wahrheit entsprechen, was er uns von sich erzählt hat?"

„Das denke ich aber doch!" rief Dirk aus. „Ich bin völlig sicher, daß er offen und ehrlich und aufrichtig ist. Welchen Grund sollte er haben, uns anzuschwindeln?"

„Aber es befremdet mich, daß er uns kein Empfehlungsschreiben von dem evangelischen Prediger in

Lüttich vorgezeigt hat, der ein guter Bekannter von unserem Herrn Brandt ist, und daß er uns auch keinen einzigen Gläubigen in dieser Stadt zu nennen weiß, obwohl er sich dort länger aufgehalten haben will."

„Das ist leicht zu erklären", wandte Dirk ein. „Er war in den Krieg gezogen und ist erst dort mit der protestantischen Lehre bekannt geworden. Als er endlich in die Heimat zurückkehrte, hatte er kaum das Stadttor durchschritten, als er bereits der Inquisition verraten wurde. Und einem Manne, der gerade aus dem Gefängnis entflieht, ist es nicht zu verdenken, wenn er sich nicht erst lange mit der Einholung eines Empfehlungsbriefes aufhält. Im übrigen kenne ich ihn und seine Lebensweise sehr genau. Er vertritt äußerst genau solide Grundsätze, und unsere politischen Anschauungen sind die gleichen. Ich sehe keinen Grund, ihm nicht das höchste Vertrauen zu schenken."

Daraufhin schwanden Frau Marthas Zweifel. Sie beobachtete Montana zwar noch einige Zeit, doch sie fand keinen Grund, ihr Mißtrauen aufrecht zu erhalten. Montana war sehr taktvoll, seine Worte waren gewählt, er zeigte Verständnis für die Meinung anderer, und so fand Frau Martha sich bald bereit, ihn auch von sich aus des öfteren einzuladen. Bei seinen Besuchen auf der Deichfarm wandte Montana besonders seiner „spanischen Landsmännin" ein reichliches Interesse zu. Als dann einmal die Rede auch auf Schloß Anvelois bei Namur kam, auf dem Else ihre früheste Jugend und Kindheit verbracht hatte und auf das sie berechtigte Erbansprüche hatte, schilderte Montana das Schloß und seine Umgebung in den schillerndsten Farben. Er wußte auch, daß zur Zeit ein streng katholischer Herr von Palma im Besitz des Schlosses sei. Allerdings – es war Montana gar nicht bekannt, daß auch Fräulein Else Ansprüche habe! Nun kam er noch öfter als zuvor auf die Vorzüge von Anvelois zu reden, und Else hörte ihm recht gern zu. Doch nach einiger Zeit wurde sie hellhörig; sie konnte sich nicht erklären, warum Montana immer wieder die Rede auf jenes Schloß brachte. Sie hatte die ungetrübte, lautere Wesensart der Deichfarmbewohner bereits selbst so in sich aufgenommen, daß sie unwillkürlich empfand, wie in den Worten Montanas irgend etwas Fremdes, Unehrliches mitschwang. Ihre Freundin Käthe, mit der sie sich darüber aussprach, bestätigte ihr Gefühl, denn sie erklärte, daß auch bei ihr ein gewisser Argwohn gegenüber dem Spanier aufgekommen sei, für den sie aber keine bestimmte Erklärung anführen könne.

Da brachte ein unter besonderen Umständen stattfindendes Gespräch zwischen Else und Herrn Montana eine gewisse Wende in ihre Beziehungen.

Wieder einmal hatten die beiden Mädchen gemütlich zusammengesessen, bis die Dämmerung hereinbrach. Käthe zog sich an diesem Abend früh zurück, denn sie war sehr müde. Trübe Regenschauer lagen um das Haus. Aus der Küche klang das eintönige Surren des Spinnrads, an dem die alte Barbara saß. Da klopfte es an die Tür, und gleich darauf meldete die alte Magd, der junge Spanier, Herr Montana, stehe draußen. Er habe auf der Schnepfenjagd den Weg verloren, sei nach langem Umherirren auf die ‚Deichfarm' gelangt und bitte jetzt für eine kurze Zeit am Herdfeuer seine erstarrten Glieder wärmen zu dürfen.

Da es nicht möglich war, ihn unter diesen Umständen abzuweisen, ließ Else ihn in die Küche eintreten und wies ihm einen Stuhl in der Nähe des Feuers an. Montana dankte höflich, hütete sich aber wohlweislich zu verraten, daß er, von Dirk über die Abwesenheit der Hausfrau unterrichtet, die Schnepfenjagd nur zum Vorwand genommen hatte, um Else einmal ganz allein sprechen zu können. Während die alte Barbara auf Elses Weisung dem Gast heißen Tee aufgoß, knüpfte Montana in spanischer Sprache mit der jungen Dame eine Unterhaltung an, die er in geschickter Weise wieder auf das schöne Gut von Anvelois zu lenken verstand. „Nein, Senora", sagte er im Laufe des Gesprächs, „ich kann den Gedanken kaum ertragen, daß Sie durch den nichtswürdigen Palmeda Ihrer Rechte sollten beraubt sein. Lebten wir noch in den alten Tagen, wo eine edelmütige Ritterschaft es sich zur Ehre anrechnete, dem Beleidiger einer jungen Dame den Fehdehandschuh ins Gesicht zu schleudern, so würde ich der erste sein, der zur Verteidigung Ihrer Rechte die Hand an den Griff des Schwertes legte."

„Ich bewundere Ihren Edelmut, Senor Montana", erwiderte Else halb ernst, halb scherzend. „Aber um Ihnen die Wahrheit zu sagen, muß ich Ihnen gestehen, daß ich mich durchaus nicht nach dem Besitz meines Gutes sehne. Ich fühle mich hier im Kreis meiner lieben Verwandten so glücklich, daß ich ohne Neid daran denken kann, daß ein anderer mein elterliches Erbteil widerrechtlich an sich gerissen hat."

„Aber ich kann mir wirklich nicht denken, verehrte Senorita Else, daß Sie das Glück und die Ehre einer reichen Erbin nicht einem freudelosen Dasein in diesem kühlen, feuchten, nebligen Lande vorziehen sollten."

„Und ich kann Sie nicht begreifen", entgegnete Else erstaunt. „Sie haben doch um des Glaubens willen Familie und Vaterland verlassen! Erkennen Sie nicht, daß mir hier Segnungen zuteil geworden sind, auf die ich als die Erbin von Anvelois unter der Herrschaft des Königs Philipp hätte verzichten müssen? Hier im verborgenen Winkel der Erde habe ich den Herrn Jesus und in Ihm das Glück gefunden, welches die Menschen weder zu geben noch zu nehmen vermögen."

„Aber bedenken Sie doch", flüsterte Montana und faßte nach ihrer Hand, „daß Sie, die selbst am königlichen Hof eine der schönsten Frauen wären, hier Ihr junges Leben in einem Moorloch nutzlos vergraben, während Ihnen dort ein Leben voll des glänzendsten Glückes entgegenwinkt!"

Überrascht blickte das junge Mädchen zu ihm empor. Was sollte sie von ihm denken? Eine solche Sprache hatte er noch nie zu führen gewagt. Sie fühlte sich aufs peinlichste davon berührt. Käthes Worte fielen ihr wieder ein und manches andere, was ihr selbst an dem jungen Spanier aufgefallen war. Plötzlich graute es sie in seiner Gegenwart. Unwillkürlich wurden ihre Antworten so kurz und ihr Benehmen so kühl, daß Herr Montana wohl merken mußte, er sei zu weit gegangen. Zwar bemühte er sich, das Gespräch wieder ein wenig harmloser zu gestalten, aber eine unbefangene Stimmung kam nicht wieder zustande. So erhob er sich schließlich mit vielen Entschuldigungs- und Dankesworten und nahm Abschied. Else atmete erleichtert auf. –

Einige Monate später, im März des Jahres 1582, durchwogte eine festlich gestimmte Menschenmenge die bunt geschmückten Straßen von Antwerpen. Nach langen Verhandlungen war es gelungen, den Herzog Franz von Anjou zur Übernahme der Schutzherrschaft über das Land zu bewegen, da der Prinz von Oranien, um allen bösen Schein zu vermeiden, sich entschieden weigerte, die Würde eines Regenten anzunehmen. Dem neuen Schirmherrn des niederländischen Staates galt das Fest, welches eine große Schar Fremder in die Stadt gelockt hatte. Auf besonderen Wunsch des Herrn von Warneck war auch dessen Gemahlin mit Käthe, Else und Dirk Jonas nach Antwerpen gekommen. Herr Montana, der in letzter Zeit nur noch selten nach der ‚Deichfarm' herausgekommen war, hatte sich entschuldigt, da er seinen Fechtunterricht, auf dessen Ertrag er angewiesen sei, nicht aussetzen könne. Adrian jedoch war zum Fest eingetroffen; Klaus Hasselaer fand sich bereits am ersten Tag zur Begrüßung der Damen ein. Mit der Teilnahme an verschiedenen Veranstaltungen, durch welche die Stadt den Herzog von Anjou ehrte, und im geselligen Verkehr mit einer Reihe von bedeutenden Männern, die zu dem ausgedehnten Bekanntenkreis des Herrn von Warneck gehörten, ging eine Woche rasch dahin. Die Mädchen freuten sich auf den folgenden Tag, für den eine gemeinsame Wasserpartie geplant war.

Es war ein sonniger Morgen, als die Familie von Warneck mit ihren Gästen lachend und fröhlich das am Meeresstrand bereitliegende Vergnügungsboot bestieg, das dann sogleich vom Lande abstieß und sanft über das nur leicht kräuselnde Gewässer dahinglitt. Während Käthe, in eine wärmende Decke gehüllt, neben der Mutter ein bequemes Plätzchen gefunden hatte, ging ihre Kusine auf dem Deck auf und ab, strahlend vor Freude über die herrliche Fahrt im Freien unter dem blauen Sonnenhimmel.

Plötzlich blieb Else stehen und trat an die Reling, indem sie die Hand über die Augen hob. Angestrengt schaute sie hinüber zum Ufer. Dann wandte sie sich an Käthe:

„Wenn mich nicht alles täuscht, sah ich Herrn Montana dort drüben am Strand stehen!“

„Das kann nicht gut sein, gewiß hat er einen Doppelgänger. Denn er sprach doch davon, wegen seiner Fechtschule in Delft bleiben zu müssen“, antwortete Käthe nachdenklich.

Inzwischen waren auch die anderen aufmerksam geworden, die das kurze Gespräch zwischen den beiden Freundinnen mitbekommen hatten. Alle schauten zum Strand hin. Aber der Abstand war inzwischen größer geworden, so daß man unter den vielen Zuschauern am Ufer kaum noch Einzelpersonen ausmachen konnte.

„Dirk, du schmunzelst... weißt du etwas Näheres über unseren spanischen Freund?“ fragte Adrian, als er Dirk zufällig anschaute und ihn lächeln sah.

„Ja, er war's wohl, den Else sah. Ich traf ihn zufällig in der Stadt, und als ich ihm von unserer Wasserpartie erzählte, meinte er, vielleicht schaue er sich unsere Abfahrt an; ich solle aber niemandem etwas davon sagen; Frau von Warneck könne verärgert sein, denn eigentlich wolle er ja in Delft bleiben – seines Berufs wegen.“

„War er denn schon länger hier?“ wunderte sich Adrian.

„Bereits die ganze Zeit“, antwortete Dirk.

Weil nun das Boot inzwischen noch ein gutes Stück weiter vom Ufer entfernt war und andere Sehenswürdigkeiten wie fremde Schiffe, die Fahrtroute und die vielen Wasservögel die Aufmerksamkeit der Fahrtteilnehmer in Anspruch nahmen, war der kleine Vorfall bald vergessen. Die anwesenden Herren gesellten sich zu den Damen, ließen die leidige Politik einmal beiseite, und in fröhlichem Gespräch verfloß schnell die Zeit.

Auf einmal kühlte es sich merklich ab, und dicke Wolken schoben sich vor die Sonne. Vom Land her fuhr ein kräftiger Windstoß über das Wasser. Herr von Warneck gab dem Bootsführer Weisung, das Schiff zu wenden und zur Stadt zurückzukehren. Da der Wind von Minute zu Minute stärker wurde, mußten schließlich die Segel eingeholt und die Ruderbänke besetzt werden. Mehr und mehr war auf andere Boote zu achten, die nun alle in rascher Fahrt dem Hafen zustrebten und bald ein nicht geringes Gedränge verursachten.

Plötzlich tauchte rechts von ihnen ein größeres Boot auf, das schnell auf sie zukam.

„Was ist das für ein Boot? – mit so hoher Bordwand?“ fragte Herr von Warneck den Bootsführer, der in seiner Nähe stand und das Ruder führte. „Gehört es der Stadt?“

„Vor einem Monat noch hätte ich Ihnen jedes Schiff auf diesem Wasser mit Namen nennen können“, erklärte der Mann; „aber seit der Franzmann, dieser unser neuer verehrter Herr Herzog, seine Spürnase in alle unsere Angelegenheiten steckt, kenne ich mich hier nicht mehr aus. Vielleicht gehört der Kahn doch irgendeinem Holländer, denn er trägt die Farben des Prinzen.“

Erst jetzt entdeckte Herr von Warneck die zwei blau-orangefarbenen Wimpel, die von den Spitzen der Masten flatterten. Da straffte sich das Gesicht des Bootsmannes, und er ließ das fremde Boot nicht aus den Augen.

„Der will uns gar aufs Korn nehmen!“ schimpfte er los, denn der große Segler behielt stur seinen Kurs bei – mitten auf die Backbordseite des Vergnügungsbootes. Und schon krachte es. Splittern von Holz, lautes Aufschreien, Aufspritzen von Wasser, wirre Kommandos, gellende Hilferufe aus der auf- und niederschwappenden Flut...

Augenblicke später eilten von mehreren Seiten Beiboote zur Hilfe herbei. Beherzte Seeleute sprangen ins hier in Ufernähe nicht mehr allzu tiefe Wasser, und nach wenigen Minuten zeigte sich, daß von den Ausflüglern niemand fehlte – außer Fräulein Else! Sofort begann die Suche nach ihr. Mehrere fremde Boote mit erfahrenen Seeleuten suchten innerhalb und außerhalb des leckgeschlagenen Schiffes nach der Vermißten – vergebens. Man gab sich lange Zeit viel Mühe, tauchte auf den Boden, stakte mit Rudern und Stangen das Wasser ab, durchsuchte immer wieder die Schiffstrümmer – alles vergebens.

Und das fremde große Schiff? Das schien kaum beschädigt zu sein und entfernte sich auffallend schnell.

„Da, schaut euch das an!" murmelte Herr von Warneck, nachdem er mit den Seinen wieder festen Boden unter den Füßen hatte. Mit mehreren Beibooten hatte man die Ausflügler ans Land gebracht. „Schaut euch das an! Der Bursche sucht das offene Wasser! Da stimmt doch etwas nicht! Das muß Absicht gewesen sein!" Und plötzlich faßte er sich an den Kopf: „Else ist auf diesem Schiff – sie wird entführt!"

Triefend von Wasser und vor Kälte zitternd hatte sich Else halb bewußtlos den starken Armen eines Matrosen überlassen, der sie aus dem Wasser zog und auf den Boden eines kleinen Beibootes legte. Sie nahm noch wahr, daß man das Boot langsam aufs Deck eines großen Schiffes hievte, dann schwanden ihr die Sinne. Als sie wieder zu sich kam, lag sie in einer engen Kajüte, war in trockene Kleider gehüllt und mit einer dicken warmen Decke zugedeckt. Eine ältere, nicht gerade freundlich dreinschauende Frau sprach sie mit flämischen Worten an: „Endlich! Wurde auch Zeit! Sie sind nicht verletzt! Sie können von Glück reden!"

Im ersten Augenblick konnte sich Else nicht besinnen, wo sie sich befand und wie sie hierher gekommen war. Ängstlich streifte ihr Blick durch das kleine Gemach.

„Wie – es ist schon dunkel, und wir sind noch immer nicht in Antwerpen?"

„Antwerpen?" fragte die alte Frau mürrisch. „Sie meinen wohl Ostende!"

Else fuhr auf. Jäh erkannte sie, daß sie entführt wurde. Wohin? Wozu? Von wem? Schnell erhob sie sich. Panische Furcht wollte sie lähmen, doch dann kniete sie auf den Boden nieder und bat inbrünstig um Schutz und Bewahrung. Nach einer Weile erhob sie sich gestärkt und getröstet und sah sich nach der alten Frau um. Ohne Furcht sprach sie mit fester Stimme:

„Ich wünsche den Herrn dieses Schiffes zu sprechen."

Die Alte verließ schweigend die Kajüte. Nach wenigen Minuten erschien die schlanke Gestalt eines jungen Herrn in ritterlichem Gewand. Ein leichter Küraß umschloß seine Brust. An goldverbrämtem Gurt trug er ein Schwert mit silbernem Griff. Ein spanischer Mantel war lose über die Schulter geworfen. In der Hand trug er das mit einer Straußenfeder geschmückte Barett. Höflich verbeugte er sich. Else trat überrascht einen Schritt zurück. Es war Montana!

Mit aller Energie ihren Zorn beherrschend, begann die junge Dame mit fester Stimme: „Senor Montana! Ich darf Sie um eine Erklärung bitten über die recht eigenartigen Umstände, unter denen wir uns hier wiedersehen!"

Die stolze, feste Sprache sowie ihr Blick verwirrten den Spanier. Er errötete wider Willen. Rasch aber faßte er sich, zwang ein Lächeln auf sein Gesicht und entgegnete höflich: „Ich bitte sehr um Verzeihung, wenn es mir erst heute möglich ist, mit meinem wahren Namen vor die Senorita zu treten; geschah es doch nur aus dem Grunde, Ihnen, Fräulein Else, zu Ihrem rechtmäßigen Erbe zu verhelfen, mit dem sich der tölpische Alonzo Palmeda jetzt brüstet. Ich heiße Juigo Alvarez. In Namur wohnt meine Mutter, zu der ich Sie zunächst bringen werde und die sich bereits danach sehnt, Ihnen Unterkunft und mütterliche Fürsorge zu bieten. Inzwischen werde ich alles in Bewegung setzen, Ihnen Ihre Ansprüche auf Anvelois nachzuweisen, und sowie Sie erst wieder in den Schoß der heiligen Kirche zurückgekehrt sind..."

Else hatte ihm bis hierher schweigend zugehört. Ihre tiefe Verachtung für ihn vermochte sie mit Worten nicht zum Ausdruck zu bringen. Doch als er dann offen von einer Rückkehr zum Katholizismus zu sprechen begann, fiel sie ihm sogleich in die Rede und erklärte klar und bestimmt: „Das wird nimmer geschehen. Nie und nimmer werde ich wieder zur römischen Kirche zurückkehren!"

Mit mehrdeutigem Lächeln zog Juigo ein Brieflein aus der Tasche und sagte:

„Sehen Sie dies Schreiben? Erkennen Sie die Unterschrift der ehrwürdigen Nonne Ursula in Brüssel? In diesem Brief steht, daß Sie von Anfang an der

Kirche angehörten und erst später von Ihrem Onkel, der Sie auf ungesetzlichem Wege Ihren wirklichen Vormündern entzogen hat, zur Ketzerei verführt worden sind. Meinen Sie nicht selbst, daß man mir daraufhin von vielen Seiten Hilfe leisten wird, wenn ich es unternehme, Sie zu Ihrem ursprünglichen Glauben zurückzuführen?"

Else erschrak. Sie erkannte, daß sie sich weit mehr in der Macht dieses gefährlichen Mannes befand, als sie vorher geahnt hatte. Dennoch erwiderte sie tapfer:

„Mein ursprünglicher Glaube ist nicht mehr mein jetziger. Ich gründe mich allein auf Jesum Christum und Sein Evangelium. Im Glauben an Seinen Sühnungstod auf Golgatha habe ich Vergebung und Frieden gefunden. Und diesen Glauben werde ich mit Gottes Hilfe nimmer verleugnen."

Juigo zuckte die Achseln und antwortete:

„Wir wissen, welch geringen Wert solche Beteuerungen einer jungen Dame haben. Aber je mehr Sie in Ihrem Eigensinn das Ihnen angebotene Glück verachten, desto mehr halte ich es für meine Pflicht, Ihnen dieses Glück mit allen mir zu Gebote stehenden Mitteln aufzuzwingen. Das Schloß Anvelois mit seiner herrlichen Umgebung steht zu Ihrer Verfügung; jedoch ist Ihre Rückkehr in den Schoß der alleinseligmachenden Kirche die unabdingbare Voraussetzung dazu."

„Ich habe Ihnen schon ein paarmal gesagt", erklärte Else, „daß mich dieser Besitz gar nicht lockt. Zum allerwenigsten würde ich seinetwegen meinem Glauben abschwören. Wenn Sie mich wirklich nach Namur brächten, sähe ich mich gezwungen, meine Verwandten, die Palmedas, um Schutz anzurufen und zu ihren Gunsten auf alle meine Besitzungen ausdrücklich zu verzichten."

Juigo lachte laut und nicht ohne Hohn und entgegnete:

„Das würde ich an Ihrer Stelle lieber bleibenlassen. Palmeda prahlt oft und gern, ist aber so gescheit, abschätzen zu können, daß eine solche Verzichterklärung hinfällig wird, wenn Sie in den Ehestand treten und Ihr künftiger Gatte die alten Ansprüche wieder erneuert." Der Blick Juigos zeigte deutlich, daß er selbst dieser Gatte und damit der Schloßherr von Anvelois zu werden gedachte. Else erkannte es mit Abscheu. Sie brach die Unterredung ab und wandte ihm den Rücken. Da vermochte Juigo sich nicht mehr zu beherrschen. Wütend rief er: „Fräulein Else, noch gibt es ein Ketzergericht! Es wäre leicht möglich, daß Palmeda bei diesem seine letzte und sicherste Rettung sucht! Denn daß die Inquisition mit abtrünnigen und widerspenstigen Ketzern nicht zimperlich ist, wissen Sie selbst!"

Er verbeugte sich kurz und verließ die Kajüte. Sobald er fort war, vermochte Else sich nicht mehr zu beherrschen. Die Furcht vor dem Ketzergericht, dessen grausame Verfahren ihr nur allzu gut bekannt waren, das Gefühl ihrer Verlassenheit und Hilflosigkeit überkam sie so mächtig, daß sie in die Knie sank und weinte. Von Herzen rief sie zu Gott, daß Er sich ihrer erbarmen und ihr Seine Hilfe nicht versagen möge. Und ihr Flehen verhallte nicht ungehört. Neuer Trost zog in ihre Seele ein. Sie erhob sich und setzte sich auf den Rand ihrer Koje. Plötzlich wurde ihr bewußt, daß sie ganz allein war. Sie sah sich um und dachte angestrengt nach. Was konnte sie tun, um frei zu kommen? Ihr fiel das Büchlein ein, das Adrian ihr kurz vor der Abreise nach Delft geschenkt hatte. Es enthielt einen Teil der Psalmen in französischer Sprache. Sie nahm es aus ihrem Miedertäschchen und riß ein Blatt heraus. Aufgeregt schaute sie sich nach einem Schreibstift um, fand auf dem Boden mehrere Stückchen Holzkohle, suchte sich das passendste aus und kritzelte hastig und doch mit aller Sorgfalt in holländischer Sprache auf das Blatt: „Ich wohne bei Montanas Mutter, Donna Alvarez, in Namur. Else von Warneck."

Sie faltete eilig den Zettel zusammen, adressierte ihn an ihren Onkel in Antwerpen und legte ihn in das Buch, das sie wieder sorgfältig verbarg. Dann schloß sie die Augen und wartete.

Einige Tage später ritt Else in Begleitung einer älteren Dame durch das kleine Städtchen Oudenarde. Man mußte vor der Herberge halten, um die Pferde zu tränken. Die Ereignisse der letzten Woche erschienen ihr wie ein Traum. Man hatte sie in Ostende an Land gebracht. Juigo hatte ihr unter dem Namen Donna Isabella Alvarez in einem Nonnenkloster ein gastliches Unterkommen verschafft, während er selbst nach Namur vorauseilte. Dann war, von ihm gesandt, die alte Dame erschienen, in deren Obhut sie jetzt reiste. Man hatte Else überall freundlich und zuvorkommend behandelt. Aber sie war ständig unter Aufsicht gewesen. Alle, mit denen sie zusammentraf, waren natürlich Katholiken, denen sie ihren wahren Namen und ihre Erlebnisse nicht anvertrauen konnte. Um so mehr überraschte es sie jetzt, als der Hausknecht, der ihren Pferden den mit Wasser gefüllten Eimer vorhielt, bei seiner Arbeit ganz leise die Melodie eines Lutherliedes vor sich hin summte. Else warf einen flüchtigen Blick auf ihre Begleiterin.

Eine vorüberziehende Viehherde nahm deren ganze Aufmerksamkeit in Anspruch. Da riß Else hastig den Zettel hervor, zog zugleich einen Ring vom Finger und gab, indem sie sich leicht nach vorne beugte, beides dem Hausknecht mit der geflüsterten Bitte: „Wenn Ihr Gott als eine feste Burg kennt, dann bitte ich Euch flehentlich, diesen Zettel auf irgendeine Weise an seine Adresse in Antwerpen gelangen zu lassen. Der Ring gehört Euch als Belohnung für Eure Mühe."

Der Mann besaß Scharfsinn genug, sogleich die Lage der jungen Dame zu erahnen. Ohne eine Miene zu verziehen, streckte er seine Hand zur Mähne des Pferdes, als wolle er das Tier streicheln, und nahm Zettel und Ring in Empfang. Einen Augenblick nur streifte sein Blick Elses Gesicht; dann wandte er sich um und schritt langsam ins Haus zurück. Ob er ihren Auftrag ausführen würde? Sie konnte nur wieder und wieder ihre Lage der treuen Führung Gottes anbefehlen.

Als die stolze Festung Namur, von Wasser rings umschlossen, vor ihren Blicken auftauchte und Don Juigo sie vor den Toren der Stadt empfing, da schien ihr Los zunächst besiegelt. Ein Entkommen war angesichts der zahlreichen spanischen Söldner vor der Stadtmauer aussichtslos. Die von lärmendem Volk, von feilschenden Händlern und trunkenen Soldaten erfüllten engen Gassen bedrückten sie, und sie vermochte sich auch – von dem langen Ritt völlig ermattet – kaum mehr auf dem Rücken des Pferdes zu halten. Als sie endlich die Burg erreichte und Donna Ximena, die Mutter Juigos, sie küssend umarmte und sie mit süßen Worten willkommen hieß, da starrte sie wie betäubt um sich, unfähig, auch nur ein Wort über die Lippen zu bringen. Auf einmal drehte sich alles vor ihren Augen, sie sank ohnmächtig zu Boden und mußte in die Wohnung getragen werden.

Mehrere Tage war sie bewußtlos. Dann stellte sich

ein heftiges Fieber ein. In ihren wirren Träumen rief sie immer wieder die Namen derer, die ihr nahestanden und sie lieb hatten. Donna Ximena pflegte sie sorgfältig, und endlich trug die noch ungebrochene Jugendkraft den Sieg davon. Während sie langsam genesend auf ihrem Lager lag, hatte sie viel Zeit, über ihre Zukunft nachzudenken. Ihr war klar, daß Juigo recht hatte, wenn er einen Hilferuf an Palmeda für verhängnisvoll erklärte. Denn durch ein Verfahren vor dem Ketzergericht, das für sie mindestens mit lebenslänglichem Kerker oder gar mit dem Tod enden würde, wäre Palmeda aller Ansprüche ihrerseits für immer entledigt. Trotzdem sah sie in der Drohung eine Möglichkeit, sich Juigo vom Leibe zu halten. Denn dieser strebte, wie sie jetzt wußte, durch eine Heirat mit ihr nach den reichen Besitzungen von Anvelois. Ihr Verschwinden in einem Kloster oder ihr Tod würden auch seine Hoffnungen zunichte machen. Ihm mußte daher daran liegen, daß Palmeda vorläufig nichts von ihrem Aufenthalt in Namur und ihrer jetzigen Lage erfuhr.

Don Juigo selbst war gleich nach Elses Ankunft in Namur wieder zum Heere zurückgekehrt und hatte seiner Mutter vertrauensvoll die Pflege der Kranken wie auch deren Bekehrung überlassen. Verschiedene Male schon hatte Donna Ximena mit vorsichtig tastenden Worten vom Übertritt zur römischen Kirche zu sprechen begonnen, ohne jedoch von Else andere als ausweichende Antworten zu erhalten. Je mehr deren Genesung nun fortschritt, desto mehr hielt die würdige Donna den Zeitpunkt für gekommen, deutlicher zu werden.

„Liebe Else“, sagte sie eines Tages mit freundlicher Stimme, „ich hoffe, du wirst nunmehr stark genug sein, um öffentlich dein Glaubensbekenntnis abzulegen und dich als treue Tochter unserer heiligen römischen Kirche zu bekennen. Du weißt, daß dies unbedingt geschehen muß, bevor mein geliebter Juigo einen Schritt tun kann, um für dich das schöne Schloß Anvelois als dein rechtmäßiges Erbteil in Anspruch zu nehmen."

„Ich habe weder die Absicht, meinen Glauben zu verleugnen, noch den Wunsch, Anvelois als mein Besitztum zurückzufordern", erwiderte Else ruhig. „Don Juigo kennt meine Meinung über diesen Punkt ganz genau." Da jedoch die alte Dame nicht nachließ, sie zu mahnen und zu drängen, beschloß Else schließlich, ihr letztes Hilfsmittel zu benutzen. „Es ist mir unmöglich", erklärte sie sehr bestimmt, „einen Glauben zu bekennen, den ich verurteile. Ich bin nunmehr bereit, den Schutz meines Vetters Palmeda anzurufen und mich allen Folgen dieses Schrittes zu fügen. Doch was ich durch Gottes Gnade als die ewige Wahrheit erkannt habe, werde ich niemals verleugnen."

Diese Drohung wirkte tatsächlich. Es gelang Else, einen Aufschub von einem Jahr bewilligt zu erhalten. Während dieser Zeit sollte die Angelegenheit eines öffentlichen Übertritts zur katholischen Kirche mit keinem Wort berührt werden. Dafür versprach Else, nicht an Palmeda heranzutreten, sondern sich unter dem Namen Isabella Alvarez im Hause verborgen zu halten. Außerdem sollte sie hier durch einen Priester Unterricht empfangen, um nach Ablauf der Frist und nach eingehender Unterweisung sich über ihre Zukunft zu entscheiden. Es war nicht viel, was Else erreicht hatte, aber doch immerhin ein gewisser Aufschub.

Für sie begann jetzt eine stille und einförmige Zeit. Dreimal in der Woche erschien am Abend Pater Beltran, ein ehrwürdiger Priester, um ihr den vereinbarten Religionsunterricht zu erteilen. So seltsam es auch klingen mag, für die Gefangene wurden diese Besuche bald zu den schönsten Stunden der Woche. Der alte Priester war ein milder und hochherziger Lehrer, von jedem Fanatismus weit entfernt. Donna Ximena hatte gerade ihn gewählt, weil sie sich von seiner weisheitsvollen und aufrichtigen Art besonderen Erfolg bei der jungen Ketzerin versprach. Es kam aber ganz anders. Die Unterweisung wurde mehr und mehr zu wechselseitigem Gespräch, aus Lehrer und Schülerin wurden gute Freunde, und die Unterrichtsstunden, deren ursprünglicher Zweck eine Verteidigung des katholischen Glaubens hatte sein sollen, verwandelten sich allmählich in ein gemeinsames Erforschen der biblischen Wahrheiten und ein immer tieferes Eindringen in die biblische Lehre von dem alleinigen Heil in Christus Jesus. –

Unterdessen herrschte in der Familie des Herrn von Warneck in Antwerpen tiefe Trauer. Vergeblich zerbrach man sich den Kopf über das verhängnisvolle Schicksal der verschwundenen Nichte. Käthe hatte infolge des unfreiwilligen Wasserbades wochenlang das Bett hüten müssen, und noch jetzt traten ihr, so oft die Rede auf Else und ihr seltsames Verschwinden kam, Tränen in die Augen. Und auch Frau von Warneck konnte sich nicht damit abfinden und seufzte tief, wenn die Rede auf die Vermißte kam. Eines Abends, als gerade Dirk Jonas und Klaus Hasselaer auf der Deichfarm zu Besuch waren, meldete der Diener, ein alter Mann stehe an der Tür, welcher den Geheimsekretär des Prinzen persönlich zu sprechen begehre.

„Nun, so führe ihn herein“, gebot Herr von Warneck.

Der Diener ging und ließ nach wenigen Augenblikken einen Mann eintreten, der einen kleinen Zettel in der Hand hielt.

„Was bringt Ihr mir, lieber Freund?" fragte Herr von Warneck freundlich, aber doch auch ein wenig verwundert.

„Seid Ihr der Geheimsekretär des Prinzen? Ist Euer Name von Warneck?" forschte der Alte.

„Ja, das stimmt. Der bin ich. Aber was wünscht Ihr von mir?"

„Das wird Euch dieser Zettel sagen", war die Antwort. „Eine junge Dame, die vor einiger Zeit durch Oudenarde reiste, übergab ihn nebst einem goldenen Ring meinem Sohn, der ihr Pferd tränkte, mit der dringenden Bitte, Euch um Gottes Willen das Papier zu überbringen. Da mein Junge in Diensten ist und nicht abkommen kann, habe ich den Auftrag übernommen."

In atemloser Spannung hatten ihm alle zugehört. Herr von Warneck nahm das Papier und überflog es. Ein Freudenschein glitt über sein ernstes Gesicht. „Endlich ein Lebenszeichen von Else!" rief er und las die wenigen Zeilen laut vor: „Ich wohne bei Montanas Mutter, Donna Alvarez in Namur. Else von Warneck." Alle freuten sich.

„Der Herr sei gepriesen!" sagte Käthe glücklich.

„Amen", murmelte die alte Barbara.

„So war dieser Montana also doch ein Schurke und Betrüger!" rief Dirk empört, und Klaus Hasselaer riet ihm, in Zukunft nicht einem jeden gleich volles Vertrauen zu schenken, den er nicht zuvor besser kennengelernt habe. „Aber", sprach er dann weiter, „was nun?" Und sofort begann ein allgemeines Plänemachen.

Während Frau von Warneck den Überbringer der

wichtigen Botschaft in die Küche nötigte und ihn dort nach seiner beschwerlichen Reise mit Speise und Trank erquickte, berieten die andern darüber, was zu Elses Rettung geschehen könne. Die Schwierigkeiten erschienen nach näherer Überlegung riesengroß. Namur war eine befestigte Stadt und das Hauptquartier der Feinde. Hin und her ging die Rede, aber sie kamen zu keinem Ergebnis. Schon wollte sich ihrer eine mutlose Stimmung bemächtigen, da erhob sich Hasselaer, ging auf Käthe zu, die, etwas abseits in ihrem Rollstuhl sitzend, gespannt zugehört hatte, und sagte mit fester Stimme:

„Fräulein Käthe! Ihnen und Ihrer lieben Kusine verdanke ich, daß meine einst so ruhelose Seele wahren Frieden gefunden hat; und oft habe ich mir von Gott eine Gelegenheit erfleht, durch irgendeinen Dienst meinen Dank erweisen zu können. Hier bietet sich diese Gelegenheit! Ich bin entschlossen, mit Gottes Hilfe Fräulein Else zu befreien. Wie ich es anfangen und auf welchem Wege es gelingen mag, weiß ich noch nicht. Aber Gott wird mir helfen. Meine Bitte an Sie alle hier ist: Helfen Sie mit im Gebet für diese Sache, dann wird es uns gelingen."

Es entstand eine feierliche Stille, und Herr von Warneck umarmte den Kriegsmann. –

Donna Ximena Alvarez beschäftigte sich fast ausschließlich mit dem Anfertigen feiner Stickereien für kirchlichen Schmuck und saß oft ganze Tage vom Morgen bis zum Abend über diesen Arbeiten. Sie hielt auch Else dazu an und machte ihr den Vorschlag, unter Aufsicht der Nonnen im Kloster der 'Heiligen Lucie' einige besonders schwierige Muster herzustellen, da sie sich von dem Umgang mit den frommen

Klosterschwestern zugleich einen heilsamen Einfluß auf das Gewissen ihrer Schutzbefohlenen versprach. Else war damit gern einverstanden, zumal ihr die bisherige Einsamkeit und Abgeschlossenheit oft sehr zusetzten. Während sie mit Donna Xemina auf dem Weg zum Kloster über den Schloßhof schritt, schaute der spanische Wachtposten am Tor sie so durchdringend an, daß es ihr sogleich auffiel. Für einen Moment stutzte sie: diesen Mann hatte sie früher irgendwo schon einmal gesehen! Doch sie ließ sich nichts anmerken. Während ihrer Arbeit im Kloster kam ihr der Mann jedoch nicht aus dem Sinn. Auf dem Rückweg sah sie ihn wieder. Mit dem Rücken an die Wand gelehnt, summte er wie in müßiger Träumerei ein Lied in holländischer Sprache vor sich hin. Else lauschte aufmerksam und verstand jedes Wort:

„Wend her dein Auge licht und klar!
Ich kam, um dich zu retten.
Ich bin dein Freund, Klaus Hasselaer,
möcht' sprengen deine Ketten!“

Da fiel es wie Schuppen von ihren Augen; und obwohl der Sänger aus Vorsicht sein Gesicht von ihr abgewandt hatte, erkannte sie mit heimlichem Jubel, wer hier zu ihrer Hilfe und Befreiung bereitstand. Sie fühlte sich nicht mehr verlassen, und zum ersten Male seit ihrer Gefangennahme begann sie bisweilen nun auch selbst eines jener Lieder zu singen, die sie früher so oft und gern mit Käthe gesungen hatte.

Etwa eine Woche später wurde ihr anstelle der gerade abwesenden Donna Ximena gemeldet, eine alte Flamländerin sei da, die feine Brabanter Spitzen zum Verkauf anbiete. Else, die eine gewisse Spannung in sich aufkommen spürte, entschloß sich, die Ware persönlich in Augenschein zu nehmen. Und wirklich entdeckte sie in der stattlichen sonnengebräunten Händlerin, die ein breites Flämisch sprach und vor ihr und im Beisein ihres Dieners Diego ihre Waren ausbreitete, ihren Freund Hasselaer, der seine Rolle vortrefflich zu spielen verstand. Else verhielt sich, solange Diego im Zimmer war, sehr vorsichtig, bis sie schließlich den alten Diener mit dem Auftrag wegschickte, er solle aus einem anderen Zimmer ihre Geldbörse holen. Diesen Moment nutzend, brachte Klaus aus seinem Korbe das Gewand und die Haube einer Bäuerin zum Vorschein, indem er auf holländisch sagte: „Für Ihre Verkleidung – schnell, verstecken Sie es!" Und hastig flüsterte er weiter: „Am kommenden Samstag fliehen Sie! Ich wollte, es könnte schon früher sein, aber erst dann habe ich Wache! Sie ziehen dies bäuerliche Kleid an mit der Kopfhaube, pressen ein großes helles Tuch vors Gesicht, als hätten sie Zahnschmerzen, und nehmen irgend einen Pack Wäsche unter den Arm, der für die Wäscherin bestimmt sein könnte! Und haben Sie keine Angst! Treten Sie forsch auf! Spricht man Sie an, sagen Sie, Sie seien auf dem Weg zur Waschfrau Agathe Roget! Sie gehen dann schnell zu der Stelle, wo Sie mich neulich auf Wache stehen sahen, und von dort werde ich Sie zu Frau Roget führen. Sie ist eine gute, gottesfürchtige Frau, und bei ihr sind Sie fürs erste in Sicherheit. Haben Sie alles gut verstanden?"

Else nickte. Und während Diego mit dem Bescheid zurückkam, er könne die Börse nirgends finden, kehrte auch Donna Ximena nach Hause zurück, welcher die Spitzenhändlerin nunmehr ihre Waren zu einem so günstigen Preis abließ, daß Frau Ximena sie dringend ersuchte, doch bald mit neuen Waren wiederzukommen. Dazu war die Händlerin gern bereit. Beim Abschied erklärte sie noch, ihr Sohn Roland diene bei der Garde und sei im Lager allgemein bekannt; wenn man kurzfristig etwas brauche, möge man sich an ihn wenden; er sage ihr dann sofort Bescheid.

Von diesem Augenblick an fühlte sich Else von einem großen Druck befreit, wußte sie doch nun, daß man sich bemühte, sie freizubekommen. Es kostete sie viel Mühe, ihre Freude nicht zu zeigen. Mit Spannung sah sie dem zur Flucht bestimmten Tag entgegen.

Da trat eine völlig unerwartete Wendung ein, die sich ihr gewaltig auf die Seele legte. Donna Ximena wurde von einer befreundeten Dame zu einer musikalischen Abendveranstaltung eingeladen, an welcher mehrere junge Offiziere teilnahmen, deren geschicktes Lautenspiel die Gastgeberin nicht genug zu rühmen wußte. In seltenem Großmut erlaubte die sonst sehr zurückhaltende Dame, daß Else mitkam; und hier nun wurde Else zufällig und unbemerkt auf eine Unterredung mehrerer fremder Herren in französischer Sprache aufmerksam. Mit Entsetzen vernahm sie, daß die Spanier eine Verschwörung gegen das Leben des Prinzen von Oranien durchzuführen gedachten, daß der Anführer eines Teiles der wallonischen Truppen in Antwerpen bestochen sei, und daß fünfundzwanzig Söldner bereitständen, um bei der nächsten passenden Gelegenheit über ihren Herrn und Gebieter herzufallen und sich den ausgesetzten Kopfpreis von je tausend Kronen zu verdienen.

In größter Aufregung kehrte Else mit Donna Ximena nach Hause zurück. Kein Schlaf wollte an diesem Abend ihre müden Augen schließen. Es war ihr klar, daß der Prinz so bald wie möglich von der über ihm schwebenden Gefahr in Kenntnis gesetzt werden mußte. Damit brachen aber gleichzeitig alle ihre eigenen Hoffnungen zusammen. Es ging nicht anders, als daß Klaus Hasselaer den bereits in allen Einzelheiten geplanten Versuch zu ihrer Befreiung aufgab und statt dessen sofort nach Antwerpen abreiste, den Prinzen rechtzeitig zu warnen.

Ach, die Befreiung rückte wieder in ungewisse Ferne, und es bedurfte eines heftigen inneren Kampfes, bis Else sich mit festem Entschluß von allen eigenen Wünschen freigemacht hatte zugunsten der Rettung des Prinzen, an dessen Leben so viel hing für die Freiheit des ganzen Volkes. Sie betete inbrünstig, und Gott schenkte ihr Zuversicht und stärkte sie, sich zum Wohle anderer zu entscheiden. Dann kam auch Ruhe über sie, und sie vermochte die Augen zu schließen zu friedvollem Schlummer.

Am nächsten Tag galt es nun, sofort ein nochmaliges Zusammentreffen mit Klaus Hasselaer zu arrangieren. Und dankbar stellte Else fest, wie Gott ihr dazu den Weg ebnete. Denn gerade an diesem Morgen suchte Donna Ximena nach einer passenden Spitze für den Ärmelbesatz eines neuen Kleides, so daß sich wie von selbst die Gelegenheit ergab, den Hausknecht Diego mit entsprechender Nachricht an die Spitzenhändlerin zu senden, mit einer Auswahl von Mustern auf die Burg zu kommen. Während in der Zwischenzeit Donna Ximena die Klosterkapelle besuchte, um zu beten, schrieb Else an Hasselaer einige Zeilen, worin sie das Vernommene kurz, aber genau schilderte, und die mit den Worten schlossen: „Die Rettung des Prinzen ist wichtiger als die meinige. Darum so schnell wie möglich nach Antwerpen!“

Eine Stunde später trat, der Anweisung gehorchend, die Spitzenverkäuferin mit ihrer Ware ins Zimmer und breitete sie vor den beiden Damen aus. Während des Handels fand Else Gelegenheit, ihr Briefchen unbemerkt zu übergeben. Der Handel ward schließlich zu Donna Ximenas Zufriedenheit abgeschlossen, doch schon am folgenden Tag brachte Diego die Nachricht, daß Roland desertiert und samt seiner Mutter verschwunden sei. –

Wochen vergingen. Der Winter kam und damit kurze Tage. Else sah und hörte nichts von Hasselaer. Hatte ihre Warnung den Prinzen rechtzeitig erreicht oder war alles umsonst gewesen? Hatten die Mörder gar schon ihr Ziel erreicht? Sie wußte es nicht. War der treue Klaus zurückgekommen? Oder war er gefaßt und wegen Fahnenflucht erhängt worden? Auf all diese marternden Fragen gab ihr niemand Antwort. Nur eines entging ihr nicht: sie wurde schärfer bewacht als früher. Donna Ximena unterließ es, sie ins Kloster mitzunehmen, der alte Diego verfolgte sie ständig wie ein Schatten, und selbst der gute Pater Beltran zeigte sich irgendwie eingeschüchtert und verlegen.

Eines Tages hörte Else zufällig, wie Diego auf der Haustreppe mit erhobener Stimme zu jemandem sprach: „Ich hab' Euch schon mehrmals gesagt, Frau Agathe Roget, daß Ihr uns die Wäsche nicht mehr ins Haus bringen, sondern warten sollt, bis ich sie selbst abhole!"

Dieser wohlbekannte Name durchzuckte Else mit freudigem Schreck. Schnell trat sie nahe an die Brüstung, konnte aber das Gesicht der Waschfrau nur noch flüchtig erkennen, da Diego, sobald er Fräulein Else gewahrte, die Wäscherin mit hastiger Bewegung wegwinkte und, so rasch ihn seine Beine zu tragen vermochten, die Treppe heraufkam, indem er mit untertäniger Miene fragte, ob das gnädige Fräulein etwas zu befehlen habe. Besonders seltsam und auch recht unangenehm war, daß kurz darauf Donna Ximena unter dem Vorwand einer notwendigen Luftveränderung Else ganz in das Kloster der 'Heiligen Lucie' tat, wo sie nunmehr von jeder Berührung mit der Außenwelt abgeschlossen war. In der Stille und Einsamkeit der alten Kreuzgänge fühlte sie sich bald wie im Grab. Die Nonnen waren zunächst recht freundlich zu ihr. Als sie aber sahen, wie Elses Lippen bei allen Litaneien und Gebeten in der Klosterkapelle geschlossen blieben, erblickten sie in ihr nur das eingedrungene, unerwünschte Weltkind, dessen Gesellschaft sie sich schämten und von dem sie sich mehr und mehr abwandten. Trostlos reihte sich nun Tag an Tag, Woche an Woche. Der Winter kam und ging. Ein neuer Frühling hielt seinen Einzug. Fast vermochte Else ihre Einsamkeit nicht mehr zu ertragen. Da wurde sie an einem Märztag des Jahres 1583 plötzlich in das Gemach der Priorin gerufen, wo Donna Ximena sie mit freundlichem Lächeln begrüßte.

„Mein teures Kind“, rief die alte Dame mit einer herzlichen Umarmung, „das vereinbarte Prüfungsjahr geht jetzt seinem Ende zu, und ich bin überzeugt, daß du dich nun bereit findest, am kommenden Sonntag dein Glaubensbekenntnis abzulegen, worauf sogleich die Hochzeit mit Juigo erfolgen kann. Die Vorbereitungen sind schon getroffen.“

Else fuhr zusammen und wurde blaß. Gleich darauf aber faßte sie sich wieder und erklärte fest, daß sie noch immer in ihrem Gewissen gebunden sei, an der als Wahrheit erkannten evangelischen Lehre festzuhalten, und daß sie nach wie vor entschlossen sei, lieber ihren Verwandten Palmeda anzurufen, als einem verräterischen Heuchler die Hand zu reichen.

Vergebens suchte die Priorin sie hiervon abzuschrecken, indem sie mit grauenvollen Einzelheiten erzählte, wie Palmeda erst kürzlich seinen eigenen Gärtner der Inquisition zur Folterung und Hinrichtung überantwortet habe. Obwohl Else bei dieser Schilderung am ganzen Körper zitterte, blieb sie dennoch fest, und ihr Blick zeugte von der Unerschütterlichkeit ihres Entschlusses.

Daraufhin wandte sich die Priorin an Donna Ximena.

„Nun, ich sehe, daß wir auf diesem Wege nicht zum Ziel kommen. Aber glücklicherweise hat ein Kloster noch mancherlei andere Mittel, um halsstarrige junge Damen zur Vernunft zu bringen. Überlassen Sie mir die nötigen Maßnahmen. Denn letztlich handelt es sich ja um das Seelenheil unseres Schützlings."

Diesem Hinweis konnte sich die streng katholische Donna Ximena nicht verschließen und nahm mit tränenden Augen Abschied.

Nun wurde Else in gröbere Kleidung gesteckt und mußte bei schmaler Kost die niedrigsten Küchenarbeiten verrichten, wobei sie ohne Rücksicht von früh bis spät kommandiert und gescholten wurde. Zwischendurch wieder mußte sie mehrere Tage lang bei Wasser und Brot in einer kleinen Zelle eingesperrt sitzen, bis sie erneut ihre Magddienste aufzunehmen hatte. So vergingen mehrere Wochen. Oftmals war sie versucht, durch ein einziges kleines Wort des Widerrufs ihre Not zu enden. Aber jedesmal rief sie zu Gott, und Er gab ihr neue Kraft. Wie tröstlich waren ihr jetzt die Bibelsprüche, die sie auswendig gelernt hatte und die nun ihr Vertrauen und ihren Mut immer wieder belebten.

Doch dann kam ein Tag, an dem sie, völlig am Ende ihrer Kraft, beschloß, Palmeda über ihre Lage Nachricht zu senden – mochte es ausgehen, wie es wollte! Zu ihren Aufgaben gehörte es auch, die Zelle der Priorin zu reinigen. Als sie sich einmal ungestört wußte – die Priorin mußte zu einer Besprechung –, ergriff sie auf deren Schreibpult Feder und Papier und schrieb hastig folgende Zeilen nieder:

„Geehrter Herr und Vetter!
Ich – Ihre unglückliche Verwandte, Else von Warneck, bin durch Don Juigo Alvarez überfallen, meiner Heimat und meinen Freunden entrissen und wider Willen hierher geführt worden. Sein Plan ist, mich zu heiraten, um auf diesem Wege ein Anrecht auf die Besitzungen von Anvelois zu erlangen. Und weil ich mich entschieden geweigert habe, in seine Wünsche einzuwilligen, hat man mich gewaltsam in das Kloster der Heiligen Lucie gesperrt. Ich wende mich nun, geehrter Vetter, an Ihre Güte und beschwöre Sie bei Ihrer ritterlichen Ehre, mich zu befreien. Ich werde Sie niemals in dem Besitz von Anvelois stören und habe keinen anderen Wunsch, als daß Sie mir die Heimkehr nach Holland ermöglichen. Man nennt mich hier Isabella Alvarez; aber in Wahrheit bin in ich Ihre ergebene Kusine

Else von Warneck“

Nachdem sie die Adresse geschrieben, verbarg sie den Brief in den Falten ihres Gewandes und setzte ihre Arbeit fort, ohne zu wissen, auf welchem Wege sie ihre Zeilen sicher in die Hände Palmedas gelangen lassen könnte. Aber Gott half weiter. Denn während sie am nächsten Tag in der Küche beschäftigt war, wurde dort als Geschenk für die Priorin eine Torte abgegeben, in deren Überbringerin Else mit frohem Erstaunen die Waschfrau Agathe Roget erkannte. Sie anzusprechen, verhinderte die Gegenwart der Köchin. Aber während allgemein die Torte bewundert wurde, vermochte Else Frau Agathe den Brief zuzustecken und einen kurzen, tröstenden Blick zu erhaschen. Und wenn auch gleich darauf die Köchin schon wieder mit zornigem Scheltwort auf die arme Else losfuhr, so tat dies doch nun nicht mehr weh, denn der Schimmer neuer Hoffnung ließ alle Not vergessen.

Drei Tage später wurde Else von einer der Nonnen aus ihrer Zelle geholt mit der Aufforderung, die Kleider zu wechseln, weil der Graf Palmeda durch ein Schreiben der Statthalterin ihre Auslieferung befohlen habe.

„Du wirst deine listigen Intrigen noch einmal bereuen!" rief ihr die Priorin mit zornblitzenden Augen nach, als sie durch den langen Gang schritt, der zum Ankleidezimmer führte.

Vor dem Portal des Klosters stand schon eine vornehme Kutsche bereit, welche sie rasch durch die Straßen Namurs bis zu einem stattlichen Hause brachte, über dessen Tor ein gräfliches Wappen prangte. Dies war die Stadtwohnung Palmedas. Im Vorzimmer traf Else zu ihrer großen Freude die alte Agathe Roget an.

„Gepriesen sei der Herr, der bis hierher geholfen hat!" Mit diesen Worten begrüßte Else ihre treue Freundin. Die Alte nickte ihr lächelnd zu, hob aber trotzdem den Finger und warnte: „Noch sind Sie nicht in Sicherheit, Kind, obwohl unser guter Hasselaer und ich oft gewünscht haben, Sie möchten in Ermangelung jeden anderen Mittels nun doch die Hilfe des Grafen anrufen. Es ist ein gefährlicher Schritt. Aber ohne den Willen Gottes fällt kein Haar von unserem Haupte."

„Wie – Hasselaer ist hier in Namur?" rief Else froh.

„Wo sollte er anders sein?" war die Antwort. „In den letzten sechs Monaten hat er vergeblich Tag für Tag sein Leben aufs Spiel gesetzt und versucht, Sie zu sehen oder gar zu sprechen. Ständig hatten er und auch ich die Festung im Auge, bis wir endlich erfuhren, daß man Sie fortgebracht hatte. Da begannen wir erneut nach Ihnen zu suchen. Ja, es kostete viel Mühe, Sie im Kloster ausfindig zu machen. Die kleine List mit der Torte erschloß uns schließlich den Zutritt. Und nun sind Sie hier – und stehen vor einer schwierigen Entscheidung. Unser Freund Hasselaer rät, dem Grafen Palmeda im Vertrauen auf seinen Edelmut hinsichtlich Ihres Glaubensbekenntnisses die volle Wahrheit zu sagen und alle etwaigen Folgen dieses Schrittes demütig in Gottes Hände zu legen. Denn mit unserer Macht ist ja nichts getan, wenn unser mächtiger Herr und Heiland nicht selbst für uns streitet."

Bewegt neigte Else das Haupt. „So glaube ich auch", sagte sie fest, „ich werde tun, was Klaus Hasselaer rät."

„Ich werde mich draußen auf der Straße mit einem Marktkorb als Obsthändlerin niederlassen", erklärte Agathe, „damit ich jeden Augenblick zu Ihrer Verfügung sein kann."

„Ich danke Ihnen von Herzen", erwiderte das junge Mädchen bewegt und drückte der alten Frau einen Kuß auf die Wange. „Womit habe ich es verdient, daß Sie so gut zu mir sind?"

Die Alte lächelte wehmütig. „Welchen Wert hat mein Leben anders, als daß ich dem Volke Gottes beistehe, wenn es in Gefahr steht? Meinen Mann und meinen

Sohn hat mir das Ketzergericht grausam hingemordet. Eine Tochter hatte ich, sie war in Ihrem Alter; man warf sie von der Brücke in die Maas. Und vielleicht trifft eines Tages auch mich selbst ein ähnliches Los. Das Märtyrertum scheint in unserer Familie unausweichlich zu sein." Mit diesen Worten wandte sie sich zur Tür und ging langsam hinaus. Else blieb eine Zeitlang allein. Dann trat ein Diener ein und bat sie, ihm zu folgen.

Der Graf von Palmeda, eine stattliche Gestalt in mittleren Jahren mit dunklem Bart und ernst blickenden Augen, stand in der Mitte eines geräumigen und prächtig ausgestatteten Gemachs und empfing sie mit kurzem Gruß. Else verneigte sich tief. Nach einer höflichen Einleitung begann Palmeda das Gespräch auf Juigo Alvarez zu lenken und zu erforschen, in welcher Weise und mit welchen Mitteln er die junge Dame in seine Gewalt gebracht habe. Der Graf war entrüstet, als er die Einzelheiten der Entführung vernahm. Dann fragte er, was sie jetzt zu tun gedenke. Else erklärte, sie habe keinen anderen Wunsch, als in Frieden nach Holland zurückzukehren.

„Nun, eine friedliche Regelung hinsichtlich der Besitzverhältnisse, womöglich auf ewige Zeit, wäre auch mir sehr willkommen", pflichtete ihr Palmeda bei. „Ich habe in diesem Sinne bereits mit der Statthalterin gesprochen und von ihr die Zustimmung erhalten, zwischen Ihnen, Kusine Else, und meinem fünfzehnjährigen Sohn eine Verlobung zu bewirken, wodurch alle Streitigkeiten um Schloß Anvelois hinfällig würden."

Else erschrak bei diesen Worten. Nun gab es kein Ausweichen mehr. Sie mußte dem gefürchteten Mann ihren evangelischen Glauben bekennen. So begann sie, zuerst noch mit zitternder Stimme, ihren Bericht;

doch bald klangen ihre Worte immer fester und zuversichtlicher. Sie gestand, daß sie die katholische Kirche verlassen habe, daß sie sich in ihrem Gewissen gebunden fühle und willens sei, bis zum Tode in dem auszuharren, was sie als die alleinige Wahrheit erkannt habe. Sie verzichtete nochmals ausdrücklich auf alle ihre Rechte und schloß damit, daß es jetzt in seinen Händen sei, sie entweder nach Holland zurückzuschicken oder sie dem Ketzergericht zu überliefern.

Der Graf maß das Zimmer mit großen Schritten. Das mutige Bekenntnis nötigte ihm Achtung ab. Die flehenden Blicke griffen ihm ans Herz. Zugleich fühlte er sich ein wenig geschmeichelt, weil sie sich ihm so völlig und rückhaltlos auslieferte. Andererseits lehnte seine katholische Überzeugung es ab, ihr womöglich noch seine Unterstützung zu gewähren. Schließlich entschied er sich kurz und sagte: „Ich nehme unter diesen Umständen an, daß Sie nicht ohne geheime Freunde in der Stadt sind. Ich bitte Sie, diese Nacht als Gast in meinem Hause zu verweilen. Sollten Sie morgen Gelegenheit zur Flucht finden – nun, ich werde meine Nachforschungen auf das geringste Maß beschränken. Falls Ihnen bei Ihrer Flucht etwas zustößt – dafür lehne ich jegliche Verantwortung ab. Ich denke, Sie haben verstanden. Mehr kann ich nicht tun. Leben Sie wohl. Ich ehre in Ihnen den mutigen, aufrechten Geist unserer Familie." Er reichte ihr die Hand, welche Else mit Ehrerbietung küßte.

Am nächsten Morgen schlüpfte eine schwarz verschleierte Gestalt aus Palmedas Haus. Agathe Roget, die mit ihrem Obstkorb bereits an der Straße saß, richtete sich erfreut auf, als Else ihren Arm berührte, und führte sie ohne Aufenthalt durch ein Gewirr von engen

Gassen zu ihrem Hause, das klein und unscheinbar in der Nähe der Stadtmauer gelegen war. Nachdem sie eine steile Treppe erstiegen hatten, betraten sie ein kleines, sauberes Gemach, an welches ein etwas tiefer gelegenes Geheimkabinett stieß. Agathe Roget führte Else hier hinein, verriegelte die Tür hinter ihnen beiden und sagte dann laut: „Gottlob, Kapitän Hasselaer! Der Herr hat unsere Schritte gesegnet." Da öffnete sich oben an der Decke eine Falltür, eine Strickleiter wurde herniedergelassen, im nächsten Augenblick erschienen auf ihr zwei kräftige Beine, und freudestrahlend stieg Hasselaer herunter, um seine Schutzbefohlene zu begrüßen.

„In den letzten sechs Monaten", erzählte er, „habe ich jede Nacht dort oben zugebracht, denn seit Sie, um das Leben des Prinzen zu schützen, auf die eigene Rettung verzichteten, war es mein dringendstes Anliegen, Ihnen – koste es, was es wolle – die Freiheit zu verschaffen."

„Und ist meine Warnung dem Prinzen von Nutzen gewesen?" forschte Else gespannt.

„Sie war die erste mehrerer Warnungen, die ihm zugingen", antwortete Hasselaer, „die er zum Glück sehr ernst nahm. Die Sache wurde untersucht, und die Verschwörer sind verhaftet. Der Prinz hat mich beauftragt, Ihnen seinen herzlichen Dank zu überbringen. Bald hofft er ihn auch persönlich aussprechen zu können. Auch Ihr Onkel sendet Ihnen mit tiefer Rührung die besten Grüße."

So ging das Gespräch lange hin und her. Welche Freude für Else, wieder von all ihren Lieben zu hören, wieder sich ganz unter Freunden zu fühlen!

Inzwischen hatte die alte Agathe das kleine Dachzimmer, Klaus Hasselaers bisheriges Versteck, in Ordnung gebracht, welches die „Prophetenkammer“ genannt wurde. Denn in früherer Zeit hatte der fromme Roget hier oftmals arme Prediger verborgen gehalten, die unter Lebensgefahr im Geheimen das Evangelium verkündigten, und so hatte sich unter den verfolgten Gläubigen in Anlehnung an die Geschichte von dem Propheten Elisa und der Sunamitin dieser Name verbreitet und erhalten. Mit ein wenig Neugierde stieg Else hinauf. Die Zelle war natürlich klein und lag unmittelbar unter dem Giebel. Ihr Licht erhielt sie durch zwei schmale Öffnungen, die von der Straße kaum zu sehen waren und durch hölzerne Läden verschlossen werden konnten. Die Einrichtung bestand aus Bett, Stuhl und Tisch, auf dem neben einem Leuchter eine Abschrift des Evangeliums lag. Nach Anweisung ihrer alten Freundin zog Else die Strickleiter hoch, verschloß die Bodenluke und empfand, während sie sich auf das einfache Lager niederließ, das Gefühl einer Sicherheit und Erlösung, wie sie es lange nicht mehr gekannt hatte. Drunten aber berieten Klaus und Agathe über die Maßnahmen der weiteren Flucht. –

Der Aufmerksamkeit der frommen Klosterschwestern und der Donna Ximena blieb es nicht lange verborgen, daß Else aus dem Hause Palmedas entflohen war. Sie erhoben deswegen ein großes Geschrei und verwunderten sich nicht wenig, daß der Graf Elses Flucht nicht verhindert habe. Dieser zuckte die Achseln und erklärte, eine Ketzerin sei schwerer zu überlisten als eine Zauberin. – Kurze Zeit später forderte Palmeda den jungen Juigo Alvarez wegen des Planes, sich unrechtmäßig die Besitzungen von Anvelois anzueignen, zu einem Zweikampf heraus. Während des Gefechtes verletzte er seinen jüngeren Gegner schwer am Knie. Juigo blieb hierdurch zeitlebens behindert, mußte den Kriegsdienst aufgeben und kehrte ein Jahr später in seine Heimat zurück.

Etwa zwei Wochen brachte Else in der Prophetenkammer zu. Dann hatte Hasselaer alle nötigen Vorbereitungen zur Flucht beendet. Als Bauernjunge verkleidet nahm Else dankbar Abschied von der treuen Agathe Roget. Glücklich gelangte sie mit ihrem Begleiter Klaus in aller Frühe eines sonnigen Sommermorgens zum Stadttor hinaus. Nach einstündigem strammem Fußmarsch fanden sie in einem kleinen Dorf zwei Pferde bereit, auf denen sie ihre Flucht fortsetzten. Um die Mittagszeit rasteten sie an einem klaren Bächlein und aßen von den mitgenommenen Vorräten, während die Pferde sich am saftigen Ufergras gütlich taten. Beim Weiterreiten begegnete ihnen eine Gruppe bewaffneter Söldner. Einer von ihnen machte sich den Scherz, den breitrandigen Schlapphut Hasselaers mit der Spitze seiner Pike aufzufangen und durch die Luft zu schwingen. Seine Kameraden lachten laut und machten sich lustig darüber. Klaus machte gute Miene zum bösen Spiel. Der Verlust des Hutes wäre zu verschmerzen gewesen. Aber Klaus dachte an seine große Narbe an der Stirn, an der man ihn leicht erkennen konnte; deshalb zog er sein großes buntes Taschentuch hervor und band es sich um die Stirn. Doch als die beiden Reiter in dem nächsten Dorf, in Moolen, an einem Bierhaus vorüberkamen, vor dem eine Anzahl Söldner aus großen Humpen ihren Durst löschten, wurden die Zecher sofort auf Hasselaers seltsamen Kopfschmuck aufmerksam, traten ihm in den Weg, lachten und spotteten über ihn und verlangten eine Erklärung wegen seiner ungewöhnlichen Vermummung. Vergebens versuchte Klaus mit einem

Scherzwort an ihnen vorbeizukommen. Doch da griff einer der Söldner nach dem Zügel von Hasselaers Pferd. „Schaut euch den Kerl an – seht genau hin! – das ist ja unser lieber Roland! Schurke! Bist dessertiert! Und das mitten im Krieg! Runter vom Roß, mein Freundchen! Der Finderlohn kommt uns gerade recht!“

Hasselaer erblaßte vor Schreck – man hatte ihn erkannt! Da trat er seinem Pferd in die Weichen, riß die Zügel an, daß das Tier sich hoch aufbäumte, die fremden Söldner wurden zur Seite gefegt, und schon galoppierte Klaus davon. Er sah sich nach seiner Begleiterin um; sie folgte ihm auf den Fersen.

„Schnell, schnell, Fräulein Else! Schnell fort von hier! Sie werden uns folgen! Dort vorn biegen wir von der Straße ab! Der Grenzstrom ist nicht weit!“ Erneut sah er sich um. Die Söldner hatten sich aufgerafft, ihre Waffen ergriffen und kamen hinter ihnen her.

Die Flüchtenden trieben ihre Pferde an. Das Geschrei und Lärmen ihrer Verfolger kam näher. Nach wenigen Minuten hielten sie am Fluß. Else starrte auf das Wasser; sie schien einer Ohnmacht nahe. Da drängte Klaus sein Tier nahe an das ihre, hob sie zu sich auf den Sattel und trieb sein Pferd ins Wasser. Es bäumte sich auf, mußte aber dem starken Arm seines Reiters folgen. Als sie die Mitte des Flusses erreicht hatten und kaum noch den Boden unter sich spürten, pfiff die erste Musketenkugel um ihre Ohren. Bald folgte Schuß auf Schuß. Plötzlich spürt Else, wie der Arm, der sie umschlungen hielt, zusammenzuckte. Endlich gelangten die Hufe des Pferdes auf festen Boden, sie kamen glücklich ans Ufer und waren in Sicherheit.

Doch auf einmal stöhnte Klaus Hasselaer schmerzvoll auf.

„O, Kapitän Hasselaer – sind Sie verwundet?“ fragte Else erschrocken.

„Ja, sie haben mich erwischt. Nehmen Sie bitte die Zügel, Fräulein Else, und treiben Sie das Tier zur Eile an. In Imbres treffen wir auf die erste Wache unserer eigenen Leute – ich fürchte, weiter komme ich nicht mehr – “

Else erschrak zutiefst. Sie folgte Hasselaers Anweisungen, und kurz nach Sonnenuntergang erreichten sie den Wachtposten von Imbres. Mit letzter Kraft meldete Klaus Hasselaer sich beim Wachtkommandanten, nannte seinen Namen und erklärte mühsam:

„Ich übergebe Ihnen die Nichte des Geheimsekretärs von Warneck, die in Verkleidung heimlich aus dem Kloster zu Namur geflohen ist. Senden Sie die junge Dame bitte so bald wie möglich unter sicherer Begleitung zu ihrem Onkel. Ich – hätte sie gern selbst nach dort gebracht, aber – ich bin verwundet – meine Stunden sind gezählt – ich kann nicht mehr – “

Eine Ohnmacht ließ ihn vom Pferd sinken, und der Kommandant fing ihn auf. Im Nu war auch Else bei Ihm, bettete das Haupt des Sterbenden in ihren Schoß und neigte, von Schmerz und Trauer überwältigt, das Gesicht über den Retter ihres Lebens. Nach einer Weile schlug der Schwerverletzte noch einmal die Augen auf und schaute sie an.

„O, Kapitän Hasselaer!“ rief sie unter Tränen, „ich bin schuld an Ihrem Tod! Für mich lassen Sie Ihr Leben...!“

„Nein, nein, Fräulein Else! Ein Krieger steht immer in Lebensgefahr. Und Sie sind gerettet! Mit mir aber geschehe des Herrn Wille. Wenn auch der Leib stirbt, so wird doch die Seele leben – bei und mit Ihm, der für uns alle litt und starb – mein Heiland..." Es waren seine letzten Worte. –

Unter sicherem Geleit schickte der Wachtkommandant am nächsten Tag, nachdem Klaus Hasselaer in Imbres beigesetzt war, die trauernde Else nach Antwerpen. Aber sie traf weder den Prinzen noch den Onkel an. Der Prinz war nach Delft zurückgekehrt, und die Familie Warneck hatte wieder die trauliche 'Deichfarm' bezogen. Daher suchte Else das Haus jenes Bekannten auf, mit dessen Segelschiff sie ehemals die so verhängnisvolle Vergnügungsfahrt gemacht hatte. Der Pförtner, ein noch jugendlicher Invalide mit einem Stelzfuß, trat ihr am Eingang des Tores entgegen, um nach ihrem Wunsch zu fragen. Plötzlich blieb er wie erstarrt stehen und rief: „Fräulein Else von Warneck!"

Überrascht musterte Else den Versehrten und erkannte mit wehmütigem Erstaunen in ihm den einst so munteren Dirk Jonas. Dirk freute sich unendlich, diejenige, die sein Leichtsinn in soviel Not und Gefahr gebracht hatte, gesund und heil vor sich zu sehen. Mit umso größerer Trauer hörte er vom Tod seines Gefährten Klaus Hasselaer. Erschüttert sagte er leise:

„Auch auf der 'Deichfarm' scheint der Tod Einkehr halten zu wollen. Käthe ist seit mehreren Wochen sehr schwach, und ihr Befinden verschlechtert sich zusehends."

Leider mußten die Bekannten, in deren Familie Else die liebevollste Aufnahme fand, diese Nachricht bestätigen, und nun hielt es sie keinen Augenblick länger als nötig in Antwerpen. Bereits am nächsten Tag reiste sie in Begleitung Dirks mit der Post nach Delft. Wie klopfte ihr Herz, als am Horizont zuerst die hohen Deiche, dann die bekannten Windmühlen und endlich der heimatliche Kirchturm auftauchten. Dann lag sie in den Armen des Onkels, der ihr immer wieder übers Haar strich. Wie zärtlich war der Kuß der lieben Tante! Und wie leuchteten die Augen Adrians, als er ihr beide Hände entgegenstreckte! Wenig später kniete sie am Krankenlager der Kusine, die mit fieberglänzenden Augen, bleich und vor Aufregung fast sprachlos, in den Kissen ruhte.

„Käthe!"

„Else!"

Das war alles, was sie hervorbringen konnten. Für beide war dieses Wiedersehen von unaussprechlicher Freude und zugleich tiefster Wehmut. Denn schon der erste Blick hatte Else gezeigt, wie schwach Käthe war. Wider Erwarten jedoch übte die Freude eine belebende Wirkung auf die Kranke aus. Sie fühlte sich in den folgenden Tagen so wohl wie lange nicht mehr. Else widmete ihr Tag und Nacht ihre ganze Kraft. Für die beiden durch verschiedenes Leid geprüften jungen Christinnen waren es heilige Stunden der innersten Gemeinschaft. Mit tiefer Anteilnahme lauschte Käthe dem Bericht über die Erlebnisse ihrer Kusine, und umgekehrt machte auf Else die Ruhe und Abgeklärtheit, der fast heitere Seelenfrieden, mit dem die Leidende ihrem Tod entgegensah, den größten Eindruck. Verschiedene Male konnte Else ihr noch aus der Bibel vorlesen; und jedesmal verklärte sich dann das Gesicht der Sterbenden wie von einem Vorgeschmack himmlischer Freude. Dann aber kehrte eines Morgens die Mattigkeit in verstärktem Maße zurück. Gerade an diesem Tage rollte draußen ein Wagen vor, und das laute Bellen eines Hundes verkündigte die Ankunft des Prinzen von Oranien und seiner Gemahlin, der Prinzessin Luise von Coligny, die es sich nicht hatten nehmen lassen, persönlich zur 'Deichfarm' herauszukommen, um Else zu begrüßen. Mit geröteten Wangen stand das junge Mädchen dem stattlichen Edelmann gegenüber, der wegen ihrer hochherzigen Handlungsweise Worte der Anerkennung und des Dankes an sie richtete und sie seiner Gattin mit den Worten zuführte: „Sieh, Luise, hier ist die Retterin meines Lebens!“ Die freundliche Prinzessin drückte tief bewegt einen Kuß auf die Wange der strahlenden Else und überreichte ihr ein goldenes Armband, indem sie mit warmem Ton sagte: „Es soll kein Lohn sein, mein Kind, aber es ist uns ein Bedürfnis, dir zu danken und diesen Dank durch ein kleines Geschenk auch zu bezeugen.“

Ehrerbietig neigte Else sich über ihre Hand, und die Prinzessin umarmte sie herzlich.

Das fürstliche Paar machte dann noch einen kurzen Besuch bei der kranken Käthe. Viel sprechen konnte diese nicht mehr. Aber der Blick, mit dem sie zu der Prinzessin aufschaute, war deutlich ein Dank und ein Segenswunsch zugleich.

„Liebste Käthe, hast du auch Schmerzen?“ fragte Prinzessin Luise mit großer Anteilnahme.

„Mein Heiland hilft tragen; bald – bald werde ich bei Ihm sein“, antwortete Käthe. Obwohl ihr diese wenigen Worte offensichtlich Mühe machten, zeugte ihr Gesicht von einem tiefen Seelenfrieden.

Auch der Prinz war tief bewegt. Tränen standen in seinen Augen, als er beim Abschied Herrn von Warneck zuflüsterte: „Möchte der Herr auch uns einen so seligen Heimgang bereiten, teurer Freund!“

Noch ehe die Nacht anbrach, war Käthe von Warneck in Frieden entschlafen. –

Ein Jahr war vergangen. Noch immer wütete der Krieg in den Niederlanden. Verschiedene neue Mordanschläge waren auf den Prinzen verübt worden. Aber die Hand des Herrn war über ihm, daß ihm kein Leid geschah.

Auf der 'Deichfarm' herrschte stille Trauer. Doch langsam erblühte aus ihr der Keim einer neuen frohen Zukunft. Die Herzen Adrians und Elses hatten sich gefunden. Voller Freude erteilten Herr und Frau von Warneck ihre Zustimmung. Die Hochzeit wurde nur im engsten Familienkreis, aber unter Teilnahme des Prinzen und seiner Gemahlin gefeiert. –

An einem sonnigen Sommermorgen des Jahres 1584 trat Else, einfach, aber anmutig gekleidet, für einen Augenblick vor die Tür ihres Hauses und ließ nachdenklich ihren Blick über die friedliche Landschaft gleiten. Ringsum klangen die Glocken weidender Rinder, auf dem Hof gackerten die Hühner, und am Horizont sah man die rasch sich drehenden Flügel mehrerer Windmühlen. Die junge Frau lehnte sich an den Gartenzaun. Seltsam klar reihten sich in ihren Gedanken in schneller Folge Bilder aus Vergangenheit und Gegenwart; besonders die Zeit im Kloster und ihre Angst hinter den Festungsmauern Namurs, aber auch die so überaus friedlichen Stunden an der Seite Käthes wurden ihr überdeutlich bewußt. Und wieviel Grund zur Dankbarkeit empfand sie bei der Erinnerung an den Augenblick, wo sie dem geliebten Gatten die Hand zum Bund der Ehe reichte! Und die Zukunft? Schon glaubte sie einige Schleier lüften zu können, als ihre Aufmerksamkeit plötzlich auf eine Männergestalt gelenkt wurde, die sich von Delft her der 'Deichfarm' näherte. Da erkannte sie den Wanderer – es war ja Onkel Otto! Was er wohl zu solch ungewöhnlicher Stunde hier draußen wollte? Und wie sah er aus! Sein Blick schaute bestürzt aus bleichem Gesicht. Er ging wie ein sehr alter Mann.

„Was fehlt dir, Onkel, bist du krank?“ rief sie ihm entgegen.

Er schüttelte den Kopf. Dann kam es kaum hörbar über seine Lippen: „Unser Fürst und Vater ist nicht mehr! Die Kugel eines Meuchelmörders hat ihn getötet!“

In der Tat waren die teuflischen Anstrengungen, die Philipp II. von Spanien und seine Ratgeber unternommen hatten, den verhaßten Oranier zu beseitigen, endlich von Erfolg gekrönt worden. Ein fanatischer Bursche von sechsundzwanzig Jahren hatte sich unter der Maske eines Eiferers für die „neue Lehre“ an den Prinzen heranzumachen gewußt und ihn bei der Aushändigung eines erbetenen Reisepasses mit mehreren Schüssen zu Boden gestreckt.

Das ganze Volk der Niederländer trauerte um seinen großen Toten, und Tausende strömten zu seinem Sarg. Da lag er, die schmalen Lippen für immer geschlossen. Der Kardinal Granvella hatte ihn einst den „Schweigsamen“ genannt. Jetzt war er es in Wahrheit geworden.

Aber seine Taten redeten laut. Denn was er für die Niederlande und darüber hinaus für den evangelischen Glauben getan und erstritten hat, ist groß und bedeutend auch in unserer Zeit.

Nur wenige Monate später starb Herr von Warneck an einem Herzschlag. Sein Neffe Adrian verpachtete den landwirtschaftlichen Besitz der ‚Deichfarm’ an Dirk Jonas, da es ihn selbst zu einer gelehrten Tätigkeit drängte. Er vergrößerte das Haus durch einen Anbau und eröffnete ein Heim für Knaben, die sich auf das höhere Studium vorbereiten wollten. Damit kehrte in der stillen ‚Deichfarm' ein fröhliches Leben ein. Frau Else hatte alle Hände voll zu tun, um den großen Haushalt in Ordnung zu halten. Aber für die mannigfache Mühe wurde sie allezeit reichlich entschädigt durch die Zuneigung, mit der das ganze junge Volk an ihr hing. Ihr eigenes Söhnchen aber, der kleine Otto, war der erklärte Liebling der Großtante Martha, die ihren Lebensabend im Hause der Kinder verbrachte. Sie wachte mit nimmermüder Zärtlichkeit über seine ersten Lebensjahre, und als er schon ein wenig größer geworden war, konnte man oft die beiden zusammensitzen sehen, und ernsthaft blickten die dunklen Augen des Kindes auf die Lippen der Großtante, wenn sie ihm erzählte vom Großonkel und vom Leben und Wirken seines Freundes und Herrn, des Fürsten von Oranien.

Quellennachweis

(„Der Weg nach Luv", Band 15)

Die vorstehenden drei Erzählungen entstammen folgenden Quellen:

Doktor Luthers Singerlein – von L. Haarbeck –
Christl. Verlagshaus GmbH, Stuttgart – 1941 –

Der Dorfschulmeister (Originaltitel: „Finstere Mächte")
– von Wilhelm Ley –
Vereinsbuchhandlung G. Ihloff u. Co., Neumünster i. H. 1935

Für Glauben und Vaterland – von W. B. –
Erschienen in „Der Kinderbote",
Erziehungsverein Elberfeld, Jahrgang 1885; (Neubearbeitung von Dr. O. Bornhak in „Der Kinderbote", Jahrgang 1926)

Im selben Verlag erschienen ferner:

Der Weg nach Luv

Band 1: „Schiff in Not“
(240 S.) „Allein in London“
„Bessies Mission“
„Hans Kohl“

Band 2: „Der Leuchtturm auf dem Glockenfelsen“
(240 S.) „Lieschens Hauptmann“

Band 3: „Gold“
(320 S.) „Toon, der Landstreicher“

Band 4: „Auge um Auge“
(240 S.) „Eigene Wege“
„Ja, ich bin glücklich“

Band 5: „Die Ferienreise“
(248 S.) „Giuseppe“
„Jenseits der Brücke“

Band 6: „Überwunden“
(264 S.) „Weg hat Er allerwegen“
„Die Fledermaus“
„Der Weidenhofbauer“

Band 7: „Sturmzeiten“
(232 S.) „Wer nur den lieben Gott läßt walten“
„Der Findling des Fenlandes“
„Die Versuchung“

Band 8: „In des höchsten Herzogs Dienst“
(248 S.) „Der Sieg des Glaubens“

Band 9: „Schiffbruch“
(256 S.) „Alles mit Gott“
„Vergib uns unsere Schuld“
„Der Sohn des Künstlers“
„Friede nach Streit“

Band 10: „Licht in der Finsternis“
(248 S.) „Gefahr! - Schleuse zu!“
„Der Sonnenschein von der Kleinweid“

Band 11: „Um der Krone willen“
(264 S.) „Heimkehr!“
„Die verlorene Banknote“

Band 12: „Die Sanduhr“
(234 S.) „Die Zwillinge vom Wetterhof“
„Grenzgänger“

Band 13: „Ein Königskind“
(272 S.) „Der Hirtenknabe“

Band 14: „Doktor Luthers Singerlein“
(329 S.) „Der Dorfschulmeister“
„Für Glauben und Vaterland“